铁路货车状态修实践研究丛书

大数据时代下的铁路货车状态修实践

康凤伟　王文刚　边志宏　易　彩　著

张卫华　主审

科学出版社

北　京

内 容 简 介

本书为"铁路货车状态修实践研究丛书"的第三辑，系统而全面地阐述了大数据时代下铁路货车状态修实践运用的基本思路、系统架构和过程。全书共 7 章，完整论述了铁路货车状态修系统的构建，包括业务逻辑的建立、平台架构的设计、系统功能的应用开发；详细介绍了铁路货车状态修大数据的设计方案，包括大数据的组织处理、数据中心架构的设计、信息技术功能应用的开发、生产指标算法及数字化生产模型的建立；进而描述了大数据架构下铁路货车状态修信息技术基础设施建设实例，并阐明了铁路货车状态修实践中的经济效益和大数据在铁路货车状态修中的发展趋势。

本书适合交通运输工程专业的科研人员、设计人员及工程技术人员阅读参考，并可兼作高等院校车辆工程、铁道工程、载运工具运用工程等专业相关方向的教学用书。

图书在版编目（CIP）数据

大数据时代下的铁路货车状态修实践 / 康凤伟等著. -- 北京 ：科学出版社，2025. 3. --（铁路货车状态修实践研究丛书）. -- ISBN 978-7-03-081256-8

Ⅰ. U279. 3

中国国家版本馆 CIP 数据核字第 20257UJ547 号

责任编辑：牛宇锋　纪四稳 / 责任校对：任苗苗
责任印制：肖　兴 / 封面设计：蓝正设计

科 学 出 版 社 出版
北京东黄城根北街 16 号
邮政编码：100717
http://www.sciencep.com
北京汇瑞嘉合文化发展有限公司印刷
科学出版社发行　各地新华书店经销
*
2025 年 3 月第 一 版　　开本：720×1000　1/16
2025 年 3 月第一次印刷　　印张：16
字数：323 000
定价：198.00 元
（如有印装质量问题，我社负责调换）

"铁路货车状态修实践研究丛书"序

　　随着新一代信息技术的快速发展，状态修成为当今国际上最重要的铁路货车运用管理科技实践。截至 2018 年底，国家能源投资集团有限责任公司(以下简称国能集团)年运输煤炭总量达 3.5 亿 t，列车牵引总重最大达 2 万 t。国能集团的铁路货车保有量多(达 52492 辆)、运输周转率高、运营线路曲线多、坡度大且坡道长、铁路货车的检修体量大、工况多且体系复杂，实施状态修是提升国能集团铁路货车运用管理水平的必经之路；在无经验可借鉴的情况下，全面建设符合我国国情和国能集团铁路货车实况的状态修体系，面临极大的挑战，需要突破状态获取、零部件寿命管理与预测、状态综合诊断决策、修程修制建设等一系列关键技术，这也是其他重载运输国家和地区要实行状态修所面临的共性问题。"铁路货车状态修实践研究丛书"正是从研究逻辑搭建、理论成果先行、试验研究验证和方法实施落地等方面，详细介绍了具有典型重载运输特色的铁路货车状态修从方法到实践的全过程，便于广大学者学习研究。

　　该丛书以"神华重载铁路货车状态检修成套技术研究及装备研制"项目为依托，构建适用于我国重载铁路货车的状态修体系。项目通过对国能集团所属各分公司铁路货车检修集中调研，对铁路货车各车型车体、转向架、制动等主要零部件常见故障类型、故障部位及故障率进行检测和分析，详细掌握车辆关键零部件的磨耗及失效规律，为铁路货车状态修的实施提供重要理论支撑。在此基础上，通过大量试验研究，完成铁路货车状态修工艺规程体系编制，将铁路货车状态修具体细分为在线修、状态一修、状态二修、状态三修和状态四修五个修理等级；建立起列车健康状态诊断模型和状态监测与维修系统，可实时监控并追踪车辆运行健康状态，根据诊断决策报告，确定列车修程和施修内容。诊断模型通过大数据分析，在维修中不断自我修正与完善，持续优化零部件的失效规律和寿命预测模型。2020 年 4 月状态修全面试行和 2020 年 10 月 28 日智能运维状态一修整备线正式投入使用，标志着我国重载铁路货车检修实现了计划预防修到状态修的跨越，正式进入智能诊断、精准施修的智能运维新时代。至此，铁路货车状态修从理论研究到初步实践，真正探索出了一条适合我国重载铁路货车检修由计划预防修向状态修逐步改革的路线。项目的实施对于推动铁路运输行业发展以及我国经济社会发展具有重大意义。

铁路货车状态修体系的理论与技术取得重要进展，亟须通过一套系统全面的图书来呈现这些成果，以适应重载铁路货车检修制度改革的需要；同时，我国重载铁路货车状态修的研究人员一直缺乏一套具有系统性、学术性、先进性的丛书来指导科研实践。为了满足上述需求，"铁路货车状态修实践研究丛书"应运而生，从理论方法、模型构建到工程实践系统，全面地阐述铁路货车状态修体系的总体内容。丛书由三辑构成，分别为《铁路货车状态修方法与实践》《重载铁路货车健康状态综合判别模型》《大数据时代下的铁路货车状态修实践》。第一辑系统地介绍铁路货车状态修的研究方法与实践路线，第二辑详细地描述重载铁路货车健康状态综合判别模型的构建方法与工程应用，第三辑全面地阐述铁路货车状态修大数据实践运用的系统架构与应用过程。

目前正值我国经济体制改革发展之际，铁路货车修程修制改革势在必行。该丛书的出现，能为我国乃至世界重载运输在铁路货车修程修制改革方面提供成功的思路和案例，并在铁路货车状态修体系构建、零部件失效规律及寿命预测、健康状态获取与综合判别、智能运维及修程修制改革方面有很强的理论与技术指导作用。该丛书不但可以作为交通运输学科的专业教科书，而且是一部铁路货车运用、检修、管理人员和机车车辆工程技术人员的实用参考书。

中国科学院院士
美国国家工程院(外籍)院士
西南交通大学首席教授
2022 年 11 月 2 日

前　言

　　我国当前正处于"十四五"规划实施期间，"创新、协调、互联网+、一带一路"等新指导理念不断涌现，铁路货车又迎来了发展的全新机遇与挑战。目前我国铁路货车采用"日常检查、定期检修"的计划预防修检修制度。日常检查包括列检和运用维修，定期检修包括段修和厂修。多年来，这种以规定年限作为车辆检修周期的模式保证了铁路运输的基本需求，但随着科技新技术、新工艺、新材料的不断运用，当前的车辆技术装备迅速升级，车辆零部件的使用寿命与可靠性已经得到了大幅度的提升，而检修方面却改变甚微，既有车辆检修运用管理体制也暴露出了许多的弊端。为了进一步加快车辆周转，提高运输效率和经济效益，释放运输生产能力，铁路货车开展了大刀阔斧式的改革和创新，对修程修制进行了大胆探索，在国内率先启动了状态修的研究。状态修的实施是我国铁路行业在大数据时代的一次历史性突破。状态修的核心是改变铁路货车检修管理体制，在车辆全部零部件寿命体系的基础上，建立信息化标准、参数、规范、信息技术基础架构的平台，探索寿命零部件的失效规律和监测数据综合研判规律，依托车辆基本结构数据和轨边检测系统的监测数据，建立诊断决策系统，通过调度生产指挥系统对车列-车辆-零部件的剩余寿命、健康状态、修程判定等，建立数据化的显示、查询、分析、决策控制系统。状态修本质是改变铁路货车日常维护、定期检修的流程驱动模式，依托数据将货车检修逐步转换为数据及智能驱动的模式。为了构建真实反映货车状态修的数据流程，必须依靠信息化、数字化手段来准确、高效地实现模式转变，需要统筹规划状态修的信息化建设框架，建立全新的信息智能化管理系统，升级完善既有信息系统功能，明确业务、技术、数据、应用、展示、网络、硬件、实施、备份及安全防护等各方面的建设规范，为货车检修工作创新提供信息化支撑。

　　作者在《铁路货车状态修方法与实践》一书中提及货车状态修过程中，无论是基于全寿命周期从历史海量数据中挖掘车辆及部件的失效规律，还是对车辆及零部件状态值的动态监测，抑或是对新流程、新工艺的控制，都无法靠人工计算或检查的方式来实施，需要通过信息化手段，积累和存储大量的实际应用信息数据，以求获取货车零部件演化退变规律，不断修订和建立最经济有效的检修工艺流程和检修模式。在信息化时代必须依靠信息化手段才能准确、高效地实现目标。因此，状态修的实施离不开信息化，必须依靠信息化手段来实时监测、自动判别、动态预警和智能控制。在状态修的道路上，信息化必须随行。作者在不断思考和研究铁路货车状态修的信息化系统建设，并尝试构建了国能集团铁路货车状态监测维修系统(HCCBM)，实现基于数据驱动的铁路货车状态修。HCCBM通过货车运用、检修寿命周期的闭环正反馈过程，持续改进判别模型进而不断优化检修，实现基于铁路货车健康、数据驱动的状态修检修模式。

作者以"神华重载铁路货车状态检修成套技术研究及装备研制"项目为依托，在广泛收集国内外有关高速重载货车检修资料和对实际检修过程的考察、调研的基础上，经过消化吸收和系统归纳整理，开发了适用于实现铁路货车状态修模式的信息化系统，编写了"铁路货车状态修实践研究丛书"第三辑《大数据时代下的铁路货车状态修实践》一书。本书旨在比较全面、系统地介绍有关基于状态修模式下铁路货车的大数据应用，信息化系统开发的基本概念、基础理论及模型应用的实践路线，以基本概念为主，力求理论联系实际。本书力争重点突出、内容新颖、叙述全面，不但可以作为交通运输学科的专业教科书，同时也是一本铁路货车运用、检修、管理人员和机车车辆工程技术人员的实用参考书。

全书共7章：第1章介绍我国铁路货车检修现状，讲述大数据时代下铁路货车检修面临的机遇与挑战，概述铁路货车状态修的发展实践和方法研究。第2章说明铁路货车状态大数据的特点、来源和分类，介绍数据的标准化与初始化，以及大数据在状态修信息化系统中的应用。第3章阐述铁路货车状态修的业务逻辑与架构、平台架构的设计，基于数据管理，建立状态修应用架构，设计数据接口交互方式，考虑到后续智能化发展需求，给出扩展与冗余设计方法。第4章开发面向铁路货车状态修系统的主要功能应用，包括知识库系统、车辆检修系统、零部件检修系统、智能分析系统、诊断决策系统、生产指挥系统。第5章介绍状态修生产指标及其计算方法，以此构建状态修数字化生产模型，并对生产模型数据流进行过程监控。第6章介绍大数据架构下铁路货车状态修信息技术基础设施建设，并辅以实例：黄骅生产中心、北京灾备中心、黄骅—北京容灾系统。第7章从状态修组织系统化、状态修数据自组织、货车性能状态智能评判、货车状态修自决策、货车生产调度高效化和维修资源配置智能化等方面说明大数据驱动下铁路货车状态修实践的高效化与智能化，并展望大数据在铁路货车状态修中的发展趋势。

本书的出版得到了诸多的支持和帮助。首先感谢国能集团对开展和实施铁路货车状态修的大力支持，北京京天威科技发展有限公司、北京交通大学、西南交通大学在状态修信息化建设中的贡献，以及中车齐齐哈尔车辆有限公司、中车长江车辆有限公司、中国铁道科学研究院集团有限公司对状态修实践的贡献。特别感谢铁路货车状态修项目的总顾问西南交通大学张卫华教授为本书贡献了智慧与指导。感谢北京京天威科技发展有限公司、北京交通大学以及西南交通大学参加铁路货车状态修项目研究的老师、研究生以及工程师，他们的研究成果极大地丰富了本书的内容，本书的成稿也是他们共同努力的结果。最后要衷心感谢科学出版社的领导和编辑，是他们的直接支持和辛勤工作促成了本书的及时出版。

　　铁路货车状态修体系形成时间还不长，大数据时代下的铁路货车状态修信息化系统需要在实践中不断完善，限于作者水平，书稿并没有达到预期的要求，希望在以后的工作中逐步完善。如此种种，肤浅和粗糙之处敬请同行多多指教，书中疏漏或不足之处也敬请广大读者批评指正。

作　者

2024 年 5 月

目　　录

第1章

大数据时代铁路货车检修制度的变革

1.1 我国铁路货车检修现状

1.1.1 计划预防修实施现状

目前我国铁路货车长期采用"日常检查、定期检修"的计划预防修管理模式，较好地适应了铁路运输"高效周转、安全第一"的发展要求。计划预防修制度主要分为两类[1]：一类是日常维修，又称运用维修，由列检所单位和站修所单位根据《中华人民共和国铁道部铁路货车站修规程》和《中华人民共和国铁道部铁路货车运用维修规程》对货车进行技术常规性检查，发现问题马上修理，保障货车以最好的技术状态在铁路上安全行驶，最大限度地避免事故的发生；另一类是定期检修，即以一定时间为周期对车辆进行检查和维修，主要包括厂修和段修。

厂修是对车辆进行全面检查、彻底修理，并进行必要的现代化技术改造，目的在于恢复车辆的基本技术性能，使修理后接近新造车辆水平。主要零部件的技术质量应能保证在一个厂修期内正常运用。厂修一般在车辆修理工厂进行，必要时可以在有条件的车辆段进行。

段修是对车辆进行全面检查、重点分析，着重分解检查车辆的走行部、车钩缓冲装置(钩缓)和制动装置等部件，消除故障隐患，修复损坏、磨耗的零部件；按规定更换磨损过限的零部件，防止故障扩大。段修的目的是保持车辆的基本性能，延长车辆的使用寿命，保证车辆安全运行。段修在车辆段进行，主要零部件的技术质量应能保证一个段修期内正常运用。

根据《中华人民共和国铁道部铁路货车厂修规程》和《中华人民共和国铁道部铁路货车段修规程》的规定，当前我国各类铁路货车检修周期及修程设置如下：

(1) 70t 级通用货车、80t 级专用货车按段修 2 年、厂修 8 年管理，C80E(H、F)

敞车按段修周期 2 年、厂修 8 年(第一个厂修周期 10 年)管理。

(2) 60t 级货车车辆配置结构型式较多，受到历史继承性因素影响，检修周期不统一。目前除 P65 型棚车，其他敞、棚车段修 1.5 年、厂修 9 年，均已完成提速改造，具备与 70t 级货车检修周期统一的条件。

(3) 罐车运输的货物多为易燃易爆等危险品，段修 1 年、厂修 4 或 5 年，保证运用安全。

(4) 平车木地板检修周期短，段修 1 年、厂修 5 年；目前正在开展复合材料地板改造，完成后段修 2 年、厂修 6 年。

1.1.2 计划预防修信息系统

1. HMIS 主要功能

铁路货车技术管理信息系统(Huoche management information system，HMIS)是在信息化管理要求的统一规划和部署下，应用计算机技术、网络技术、信息技术和系统化开发方法，融合现代科学管理理论和软件工程理论，对全国铁路货车及其装用配件的技术结构和技术状态进行日常管理和动态跟踪的铁路货车管理综合系统。该系统是铁路货车技术管理宏观决策及企业完成生产任务和实现经营目标的信息基础，同时具备宏观(行业)管理功能和企业辅助决策、生产组织、质量控制和技术管理功能。

按管理范围，HMIS 的功能如下：①计划实施。按照逐级下达的铁路货车生产计划，具有计划实施、兑现考核功能。②生产组织和质量控制。按照生产计划，具有检修车扣留、入线预检、技术作业、过程控制、质量验收、检修车/报废车管理等功能。③数据传输。按照 HMIS 段(厂)级出口规范，具有技术数据形成及上报功能。④辅助决策。

按管理层次，HMIS 可划分为部级应用系统、局级应用系统、段(厂)级应用系统。HMIS 部级应用系统根据每辆铁路货车由新造到报废的全部技术数据建成铁路货车技术信息动态库及相关技术管理信息。HMIS 局级应用系统具备区域管理功能，各铁路局车辆处建立具有区域性和中长期决策、管理功能的信息管理局域网，依靠 HMIS 局级应用系统形成局域性的铁路货车技术信息库及相关技术管理信息。HMIS 段(厂)级应用系统则在各车辆段建立具有计划实施、生产组织、质量控制、技术管理及辅助决策功能的信息管理局域网，依靠 HMIS 段(厂)级应用系统形成企业管理信息库及相关技术管理信息。

2. HMIS 部级应用系统

1) 建设目标

根据 HMIS 总体设计和统筹规划，依据 HMIS 技术规范和建设原则，以计算机硬件、网络、通信系统为装备基础，以应用铁路货车技术管理基础数据为系统核心，依据每辆铁路货车由新造到报废的基础技术数据，建立全面、准确、适时的铁路货车技术管理信息动态库，实现铁路货车技术中长期宏观决策、日常管理信息化。

2) 系统功能

HMIS 部级应用系统功能如下：

(1) 建立铁路货车技术管理信息动态库。铁路货车技术清查信息化：可随时分析、掌握全国铁路货车(包括自备铁路货车)保有量及铁路货车车种、车型、制造时间、制造工厂和铁路货车的主要技术参数，实现按车种分布情况、载重别分类、制造年限、转向架型号、车钩、阀型、轴承型号、缓冲器型号等铁路货车技术清查的信息化。

(2) 铁路货车技术履历管理信息化。可随时分析、掌握每辆铁路货车当前或历史的技术状态及技术参数，实现每辆铁路货车从新造到报废，包括厂修、段修、辅修、临修、运用、加装改造、主要零部件更换、故障等主要技术履历管理的信息化。

(3) 铁路货车技术管理工作信息化。按照铁路货车技术管理的职能，实现全路车辆调度(货车部分)、新造、厂修(入段(厂)修)、段修、站修、运用、轮轴、制动、安全、自备铁路货车、机保车、报废等技术管理工作信息化。

(4) 铁路货车及主要零部件寿命管理信息化。

(5) 其他功能，如铁路货车定检到期预测及定检过期报警等。

3. HMIS 局级应用系统

1) 建设目标

根据 HMIS 总体设计和统筹规划，依据 HMIS 技术规范和建设原则，在各铁路局车辆处以计算机硬件、网络、通信系统为装备基础，以应用铁路货车技术管理基础数据为系统核心，实现区域内铁路货车技术中长期决策、管理信息化，为铁路货车技术信息动态库提供全面、准确、实时的基础数据。

2) 系统功能

HMIS 局级应用系统功能如下：

(1) 建立铁路货车技术信息局级动态库。

(2) 为领导决策及铁路货车技术、安全、生产等管理提供全面、准确、实时、动态的信息支持。

(3) 根据各局车辆处铁路货车技术管理的职能，实现全局车辆调度(货车部分)、货车入段厂修、段修、站修、运用、轮轴、制动、安全、自备铁路货车、机保车等技术管理的功能。

(4) 按照 HMIS 技术规范，具有铁路货车技术管理信息汇总、恢复、上报等功能。

4. HMIS 段(厂)级应用系统

1) 建设目标

根据 HMIS 总体设计和统筹规划，依据 HMIS 技术规范和建设原则，在车辆段(厂)以计算机硬件、网络、通信系统为装备基础，以铁路货车技术管理数据电子化、流程电子化为软件核心，可实现企业计划实施、生产组织、质量控制、技术管理、辅助决策等功能，为铁路货车技术信息动态库提供全面、准确、实时、动态的基础数据，并为财务、材料、人事等管理预留数据接口和技术规范。

2) 系统功能

HMIS 段(厂)级应用系统功能如下：

(1) 建立铁路货车技术信息段(厂)级动态库。

(2) 为领导决策及铁路货车技术、安全、生产等管理提供全面、准确、实时、动态的信息支持。

(3) 具有列检、站修、段修、修配、轮轴等生产单位中所有铁路货车技术管理基础数据的集中或分点录入、纠错、确认功能，形成数据电子化的铁路货车技术管理信息。

(4) 具备系统和网络功能，可对计划实施、生产组织、技术管理等进行过程、质量等控制，并为技术指导和管理提供数据依据。

(5) 按照 HMIS 技术规范，具有铁路货车技术管理信息形成、恢复、上报等功能。

(6) 按照 HMIS 总体设计方案，预留可扩展到工位级的数据接口、技术规范，以及为企业的财务、材料、人事、办公等管理提供数据支持的功能。

1.1.3 计划预防修的弊端

计划预防修通过计划来实现修理的预防性，在没产生故障前就对车辆进行修理，是一种以使用年限作为车辆检修周期的模式。多年来，此种模式满足了铁路运输的基本需求，然而随着科技的不断发展，当前的车辆技术装备升级迅速，车辆零部件的使用寿命与可靠性已经得到了大幅度的提升，而货车检修修制的改革却改变甚微，因此既有的车辆检修运用管理体制也暴露出了越来越多的弊端，主要体现在：

(1) 由于车辆列检检查范围大、频次高，定期检查执行厂、段统一的检修作业标准,并不针对每辆车的具体技术状态加以区分(使用效率不同,车辆技术状态也不尽相同),进行按期全数检查维修,因此存在普遍的过度修现象,极大地浪费了维修物料与人力资源,造成维修成本居高不下。

(2) 列车通过修缺乏统一的检修预报监控系统。列车通过修普遍存在一个列检同时进行了人工检修和机检检测,所际间不能满足规定中列车人工检修安全保证区段的要求,由于信息不对称出现交叉重叠作业现象,造成了大量检测设备及人力、物力的浪费,未能实现资源的有效利用。

(3) 列车缺乏统一的检测、跟踪、监控、预报、分析系统,未实现有效数据积累、存储及分析的联动,列车轨边检测 5T 设备出现了区块化管理的现象,不能有效整合和利用宝贵的连续监控数据。未对列车装车→运输→卸车和列车卸车→排空→装车的全程进行有效监控。

(4) 检修与运用之间缺乏高效的信息互通、共享途径,存在"两层皮"现象,例如:车辆装卸造成的破损信息不能及时传递;红外线轴温监测系统、货车运行状态地面安全监测系统跟踪的车辆热轴信息、踏面擦伤信息不能及时传递给检修;检修在车辆上采用的新技术、新材料运用不清楚等。这些由于检修与运用间缺少沟通途径而产生的问题,严重制约了检修质量的有效、合理管控。

(5) 检修车基本装置-零部件结构信息不完善,各种零部件的寿命交错、不清晰,缺乏统一的"车种车型-装置(部件)-零部件"的结构树管理规范。当前新品(检修品)寿命管理无序,新品、检修品、即用品未建立合理科学的寿命阈值,检修周期与零部件缺陷退化无科学的对应关系。由于运用标准与检修标准间存在必然差异,车辆检修零部件质量只能定性确定,无法定量确定,这种信息不对称结果,只能在厂、段、临修检修过程中,利用大量新品更换、全数检测、检查、修理等方法来解决,造成了定期检修过度修理的现象。

1.2　大数据时代下铁路货车检修的发展机遇与挑战

1.2.1　货车检修发展历程

铁路货车检修制度是伴随着社会技术、经济和铁路运输需求的发展而变化的,检修修程经历了从无到有、从简单到复杂、从频繁到科学合理的过程[2]。

我国铁路货车检修制度大致可分为四个阶段,铁路货车的技术每一次进步会在其后的检修制度中得到体现,铁路货车定期检修的修程与周期,也应进行数次相应的调整。

20 世纪 50 年代初,车型、转向架的简统大幅提高了检修效率和质量,促进了第一次检修制度的变革。"日常检查、定期检修"的这种制度初具雏形。

20世纪60～70年代，铁路货车由50年代的铆接结构发展为焊接结构，车体材质由普通碳素钢发展为耐候钢，货车的可靠性大幅提升，检修量因此减少，厂修周期也由50年代的4～5年逐步提高到8～9年。

自1978年起，滚动轴承逐步在新造、厂修铁路货车上使用。到2003年，新造货车滚动轴承全部取代滑动轴承，废除了轴检制度，铁路货车检修间隔由3个月延长到6个月。

2005年3月起，新造铁路货车全部取消辅修修程，随后铁路货车在厂修、段修后逐渐取消辅修修程，至此铁路货车检修间隔由6个月提高到1～1.5年。

目前，铁路信息监测系统已经大规模成功应用，检修技术与管理方法不断进步，但检修制度始终没跳出计划修的范畴，国内铁路货车为保安全，配件通常会重复检查、过度维修，不同配件的磨损规律往往又是不同的，因此也会存在配件维修不足的风险。

1.2.2 大数据的发展概况

大数据已经是我国社会发展的一大标识，已经受到了政府部门和相关企业的广泛重视[3]。随着信息技术的不断深入发展，我国每年数据量的增长速度越来越快，大数据应用已经融入各行各业，其典型应用如下[4]。

1. 企业内部大数据的应用

大数据的主要来源和应用都来自于企业内部。企业内部大数据的应用能够在多个方面提升企业的生产效率和竞争力。具体而言：市场方面，利用大数据关联分析，准确了解消费者的使用行为，挖掘新的商业模式；销售规划方面，通过大量数据的比较，优化商品价格；运营方面，提高运营效率和运营满意度，优化劳动力投入，准确预测人员配置要求，避免产能过剩，降低人员成本；供应链方面，利用大数据进行库存优化、物流优化、供应商协同等工作，可以缓和供需之间的矛盾，控制预算开支，提升服务。

2. 物联网大数据的应用

在物联网中，现实世界中的每个物体都可以是数据的生产者和消费者，这一属性使得物联网成为大数据的重要来源和大数据应用的主要市场。物流行业是物联网的应用代表。美国联合包裹运送服务公司(UPS)为了使总部能在车辆出现晚点时跟踪到车辆的位置和预防引擎故障，在货车装置传感器、无线适配器和全球定位系统(global positioning system，GPS)。同时，这些设备也方便了公司监督管理员工并优化行车线路。UPS为货车定制的最佳行车路径是根据以往的行车数据利用大数据技术总结而来的。实践次年证明，UPS的驾驶员少跑了近4828万km的路程。

3. 在线社交网络大数据的应用

在线社交网络是一种在信息网络上由社会个体集合及个体之间的连接关系构成的社会性结构。在线社交网络大数据分析通过基于数学、信息学、社会学、管理学等多个学科的融合理论和方法，为理解人类社会中存在的各种关系提供了一种可计算的分析方法。在线社交网络大数据应用可以在前期警告、实时监控和实时反馈等方面帮助人们了解人的行为，以及掌握社会和经济活动的变化规律，主要包括网络舆情分析、网络情报搜集与分析、社会化营销、政府决策支持、在线教育等。

4. 医疗大数据的应用

医疗健康数据是持续、高增长的复杂数据，蕴涵的信息价值也是丰富多样的，对其进行有效的存储、处理、查询和分析，可以开发出其潜在价值。安泰保险为了提高代谢综合征预测的准确性，从千名患者中选择 102 名完成试验。在一个独立的实验室工作内，通过患者的一系列代谢综合征的检测试验结果，在连续 3 年内，扫描 60 万个化验结果和 18 万个索赔事件。将最后的结果组成一个高度个性化的治疗方案，以评估患者的危险因素和重点治疗方案。医生可以通过食用他汀类药物及减重 5kg 等建议以减少未来 10 年内 50% 的发病率，或者通过患者目前体内高于 20% 的含糖量，建议降低体内甘油三酯总量。

5. 群智感知

在移动设备被广泛使用的背景下，群智感知开始成为移动计算领域的应用热点。大量用户使用移动智能设备作为基本节点，通过蓝牙、无线网络和移动互联网等方式进行协作，感知任务分发，收集、利用感知数据，最终完成大规模、复杂的社会感知任务。在大数据时代下，空间众包是一种极具代表性的群智感知模式，其工作框架如下：服务请求方要求获取与特定地点相关的资源，而愿意接受任务请求的参与者将到达指定地点，利用移动设备获取相关数据，最后将这些数据发送给服务请求方。

6. 智能电网

智能电网是指将现代信息技术融入传统能源网络构成新的电网，通过用户的用电习惯等信息，优化电能的生产、供给和消耗，是大数据在电力系统上的应用。智能电网可以有效解决电网规划、发电与用电的互动、间歇式可再生能源的接入等问题，实现电力资源动态配置和智能化决策。

通过应用案例可以发现：一方面，各行业人员利用数据资料为其解决问题，并且十分重视大数据创造的价值。另一方面，大数据的广泛应用与智能化是分不开的。智能化主要指的是人工智能在产品或工作中的应用，以进一步提升效能或工作效率的过程。在此过程中，通过大数据应用的推广，人们可以更加准确地发现和了解用户的需求，以保证与人们生活需要相匹配，不仅符合人类社会生活的需要，更是创新生产和生活方式，从而真正意义上实现生活的智能化。

1.2.3　基于数据驱动的货车检修面临的主要问题

大数据在货车检修中的应用主要体现在铁路货车车辆安全监控方面，主要利用大数据信息管理手段，对海量铁路货车检修信息即时进行动态大数据分析处理，及时掌握铁路货车运行品质和技术状态，实现安全评判、质量保障[5]。

行车动态安全监测系统(包括红外线轴温监测系统(trace hotbox detection system，THDS)、货车运行故障动态图像监测系统(trouble of moving freight car detection system，TFDS)、货车运行状态地面安全监测系统(trace performance detection system，TPDS)、货车滚动轴承早期故障轨边声学诊断系统(trackside acoustic detection system，TADS))由安装在铁路沿线的监测设备和检查终端组成。将监测设备采集的列车动态监测数据无线传输到检查终端，利用内置于检查终端的智能识别算法对监测数据进行识别和检测，发现故障数据，并进行异常预警，最终由检车员在检查终端确认车辆故障数据。智能识别算法是在充分挖掘学习车辆状态大数据的基础上建立而成的，能够有效降低检车员工作量及行车事故数量。

因此，目前在货车检修中，利用大数据能够实现在车辆发生故障前了解关键零部件和车辆状态，检车员需要挑车修(在整列车中挑出故障车辆送到检修基地进行维修)，不仅无法利用大数据掌握设备状态退化信息与异常征兆的规律，也未能建立车辆状态与检修策略间的联系，直接导致车辆休时过长、有效利用率降低、维修费用升高的现象。

1. 货车维修数据量大且分散，无法形成有效的合力

铁路货车检修体系包含庞大的业务群，包括以物联网自动感知为代表的数据流应用、以车辆检修运用采集为代表的生产作业应用等。"4T"、HMIS、车号自动识别系统(automatic train identification system，ATIS)等货车运用检修领域系统的广泛应用为装备公司积累了近皮字节(PB)级规模的车辆及安全关键零部件的制造、运用、调度指挥、检修作业、设备检测、运行状态监测等全寿命周期数据。但是，现有业务数据多分散于不同的应用系统中，在跨业务、跨层级共享过程中，存在数据编码不统一、共享口径不一致、多系统交叉共享压力大等问题，无法充分发挥信息化的整体优势。

2. 货车检修作为离散型作业过程，要求从业人员具备专业的数据应用水准

货车检修生产过程属于多品种、小批量离散型装配式生产检修过程，并且属于由不同零部件加工、维修子过程并联或串联组成的复杂过程。相对于制造过程，维修过程的维修对象更难预测。待检修货车基本情况、配件装用情况、运行过程中的监测故障、加装改造要求、预检发现的重大故障等均会影响生产组织。因此，通过运行状态监控提出货车维修方案就要求从业人员具备专家级业务水平。

3. 尚未实现车辆设计、制造、维修的全寿命周期闭环应用，无法形成产业链的正反馈

目前装备公司货车检修数据主要集中在车辆运用、维修部门，尚未实现车辆设计、制造、使用和维修单位业务流、信息流融合共享，缺乏数据分析、数据挖掘、建模仿真应用能力，无法为整车及安全关键零部件的设计、制造、检修、运用提供有效的数据支撑。

4. 业务部门缺乏高效数据分析的手段及能力

业务部门对数据分析有极大的需求，缺乏数据支撑及多维数据分析手段致使业务部门数据应用大多停留在日常业务功能实现和常规统计分析方面。由于数据应用深度不足、数据驱动能力不强，业务部门缺乏对现状的精确把握，以及对业务未来的预测，无法满足精准化管理和智能检修发展需求。

5. 数据驱动智能维修管理创新能力不足

业务高速发展推动企业不断升级改造硬件条件，扩展底层架构，但如何实现数据的高效融合应用，建立货车全寿命周期的电子档案，使货车数据和"地对车"、"车载"等安全监测数据实现"端对端"连接；如何利用大数据支持精细化运营，挖掘关键零部件退化规律；如何进一步提高列车、车辆质量状况和品质指标获取的自动化、智能化；如何实现铁路货车健康状态评估、故障预警和维修决策支持等问题均需发挥创新能力，运用大数据治理、存储、分析、展示等相关技术，为铁路运输提供基于数据驱动的智能维修。

1.3　铁路货车状态修的发展实践和方法研究

1.3.1　铁路货车状态修国内外发展实践

1. 国外铁路状态修发展

状态修是国外铁路货车检修实施的主要模式，于美国、澳大利亚、加拿大和

南非等国家相继发展与实践[6]。

美国是采用状态修最早的国家，初期实行"日常检查、状态修"模式，存在车辆频繁解编、扣修、重新编组、技术经济性差等问题，后来逐步与定期检查相结合，实行"定期检查状态修"模式。《北美铁路协会联运货车现场维护手册》是美国铁路货车实施状态修的基础，车辆拥有者根据自己车辆的特点可制定合适的维修策略，但不能违背《北美铁路协会联运货车现场维护手册》的要求。采用转向架性能检测、声学轴承故障探测、热轴探测、车轮裂纹自动检测、动态图像检测等先进的 5T 系统，实现对车辆状态的准确监测诊断，通过大数据分析对故障进行预判，优化检修方式。

澳大利亚三大矿业公司的检修模式分别是：FMG 矿石车是 18 个月进一次检修车间，除车轮必须镟修外，其他部件实行状态检查，需修理的部件以换件修为主。RioTinto 矿石车的车轮 2 镟修一次(车轮寿命基本在 10 年左右)；轴承 4 年更换新品(仅 K 级轴承)；弹性旁承体和心盘磨耗垫 6 年更换新品；10～12 年进行一次车辆大修。BHP 矿石车实行状态修的零部件主要包括转向架和钩缓装置中的车钩、钩尾框、钩舌；车辆运行 220 个往返(运行 14～15 个月或 18.7 万 km)后进检修车间主要进行车轮镟修(可以不拆卸车轮镟修)，车钩、钩尾框、钩舌进行不分解探伤、制动试验(单车试验)等工作；轴承约 1200 个往返(约 102 万 km)后进行更换，制动阀、钩缓装置 5.5 年分解检修。

加拿大太平洋铁路公司货车以运煤和矿石为主，铁路货车实行"日常检查状态修"与"定期检查状态修"并存的检修制度。规定运煤铁路货车每运行 1 个往返后对空车进行一次日常检查(相当于我国的列检)，发现磨耗到限或裂纹、破损的零部件，采用更换的方法代替修理，主要是更换到限闸瓦等，同时进行制动试验和检查货车状况等工作。对矿石车每年定期送检修厂进行检修，重点检修转向架、车钩、缓冲器、制动系统，除车轮外上述零部件若磨耗到限或裂纹、破损也必须更换。

南非铁路公司每 4 个月对运用铁路货车进行一次一般性外观检查，判定能否继续正常运行；每 30 个月进检修厂，重点对转向架、车钩、缓冲器、制动系统进行一次全面检查，除车轮外上述其他零部件若磨耗到限或裂纹、破损则更换；车钩、尾框使用 48 个月后更换，缓冲器使用 60 个月后更换。定期检查发现问题时即更换新件；关键配件需送到有资质的工厂进行专业化集中检修。

2. 国内铁路状态修发展

目前中国国家铁路集团有限公司尚未启动货车状态修修理体制。作为国内能源运输业的代表，国能铁路货车运营单位积极推动铁路货车检修数字化升级改造，解决现行的定期检修体制带来的"过度维保"与"数据孤岛"问题，推动铁路货车状态修朝着自动化、智能化的方向发展，打造铁路货车状态修"国能模板"。

　　国能铁路货车运营单位货车状态修的模式是在货车车辆基本结构与关键零部件实时监测、数理统计和科学分析的基础上，探索货车精准施修的工作方式。状态修通过物联网等技术手段实时监测货车关键部件运作状态，建立关键零部件衰退特性与列车运行里程、列车安全监控结果等状态参数内在关联关系模型，以数字化技术赋能货车关键零部件检修流程，促使货车及关键部件动态监测、静态分析、健康诊断、精准施修、寿命管理、全生命追踪等精准检修流程实现数字化。

1.3.2　中国铁路货车状态修方法研究

1. 铁路货车状态修的含义

　　状态修是指货车在实际使用状态下，经过对车辆基本结构的数理统计和科学分析，并结合当前车辆技术条件，有计划地确定其在一定状态下是否修理的检修方式。其应用可合理减小目前计划预防修维修制度的弊端，实现从计划预防修转变到状态修，是检修管理体制的突破，以合理的技术规章为基础，通过对车辆的状态监测和技术诊断，可随时掌握设备预报列车(车辆)的故障(缺陷)及状态情况，能根据列车(车辆)实时情况,确定是否需要维修及需要维修的部位、具体的修程(修理等级)、恰当的维修时间和维修所需要的工装及材料等,不需要维修的则免维修，避免了维修中的盲目性，克服了车辆定期检修次数较为频繁、修理时间较长、工作量大、车辆运用效率低、维修基地现代化程度低等缺点。

　　状态修的重要标识是"状态"，车辆状态将会发生不断的演变，从新车到可以用无须修，再到应该修，最后到必须修，如何实时准确或相对准确地判定出车辆的状态，判别出影响安全的故障状态，确定合理的阈值区间，给出何时修(即何时应该修、何时必须修)的节点提示，并配以状态修的标准给出如何修的结果意见(实施修理到什么程度)十分重要。这些如果不确定，那么状态修实施阶段将会缺少合理输入的支撑，对整个状态修影响深重。

　　状态修的目标是提升货车全寿命(检修管理)的经济效益，提高运输组织效率和车辆使用效率，保障煤炭运输体系安全运转，其关键是如何保证车辆运行安全。同时，状态修应具备容错性，要允许存在一般故障的车辆或零部件继续运用。如果有故障就修理是不合理的，要综合考虑调运车辆的成本、车辆停用时间的成本等因素。

　　从总体角度看，对于状态修，"能不能用"可能比"能用到什么程度"更重要。状态修可以是针对零部件的，可以是针对车辆的一个子系统(装置的状态)，也可以是针对整车的状态。

2. 铁路货车状态修基本内容

1) 状态修修程设置

货车实施状态修修程(修理等级)设置的总体框架如图 1.1 所示,建立在线修到状态修(Z1~Z4)相结合的修程(修理等级)体系,其中状态修根据整列车的不同技术状态,具体细分为状态一修、状态二修、状态三修、状态四修,分别简称 Z1修、Z2 修、Z3 修、Z4 修。以全新的零部件寿命管理体系为基础,以运行里程为检修周期计量单位,以车列(普列)为基本检修单元,结合零部件寿命预测以及零部件退化、缺陷与里程的失效规律及先进的检测装备等手段,对货车健康状态进行综合、量化的评判与修程(修理等级)的科学决策,从而实现对车辆故障的精准施修与寿命管理零部件的快速、批量换件修。

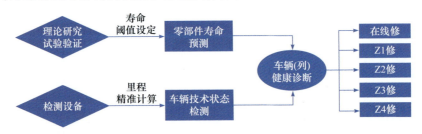

图 1.1　状态修修程(修理等级)总体框架

针对列车运行过程中车辆及零部件发生规律性和离散性的不同故障的特点,根据系统综合评判决策采取不同的、有针对性的修理方法。状态修各级修程(修理等级)的检修内容呈现逐级递增,但原则上货车同一部位修理均执行统一的检查标准与修理工艺质量标准。各级修程(修理等级)主要检修重点与检修方式归纳如下。

(1) 在线修。

在线修主要是预防性修理。针对个别车辆技术状态不良的情况,采用机检为主、人检为辅的作业方式,即利用常规外观检查结果结合监测系统预报结果,对列车运行过程中的离散性故障进行处置。

在线修具体作业范围:对往返列车卸空后的一次常规检查,对装重列车通过高坡区段前的试风作业,同时对监测设备预报的故障进行必要的检查、处理。针对途中列车发生故障及监测设备预报的拦停故障进行检查确认和应急处置。

(2) Z1 修。

Z1 修主要是全面检,不架车、不分钩:一是针对整列车闸瓦集中磨耗到限的状态,须整列车入线进行批量检修;二是结合系统中的监测设备预报历史数据、诊断报告等信息,对技术状态不良的车辆检查确认并处理。

Z1 修主要作业范围:对全列车技术状态进行全面检查;依据系统诊断报告中的故障进行确认、修复;对闸瓦进行批量更换;对关门车、破损车及轮轴故障车等进行专项修理。

(3) Z2 修。

Z2 修主要是全面检，架车、分钩、转向架和钩缓装置不分解：一是对整列车轮对踏面集中磨耗到限的状态，须整列车入检修基地进行批量检修；二是结合系统中的监测设备预报历史数据、诊断报告等信息，对技术状态不良的车辆进行全面检查确认并修复。

Z2 修主要作业范围：对全列车技术状态进行全面检查；对轮轴、钩舌、制动阀等进行批量更换和检修；对系统诊断报告中的故障进行确认、修复；作业内容覆盖 Z1 修作业内容。

(4) Z3 修。

Z3 修主要指全面检，架车、分钩、分解转向架和钩缓装置：一是对整列车转向架和钩缓装置中关键零部件寿命、磨耗集中到限状态，须整列车入检修基地进行批量更换和检修；二是结合系统中监测设备预报历史数据、诊断报告等信息，对技术状态不良的车辆进行全面检查确认并修复。

Z3 修主要作业范围：对全列车技术状态进行全面检查；对转向架的心盘磨耗盘、轴向橡胶垫、轴箱橡胶垫、弹性旁承体等寿命管理零部件集中批量更换，对钩缓装置中的车钩、尾框、缓冲器进行检修，对制动阀、软管连接器进行检修或更换，对基础制动装置等零部件集中检修；依据系统诊断报告中的故障进行确认、修复；作业内容覆盖 Z2 修作业内容。

(5) Z4 修。

Z4 修主要指全面检，架车、分钩、各装置全面分解：一是对整列车主要大部件探伤集中到限状态，须整列车入检修基地进行批量更换和检修；二是对各部位装置分解检查和功能恢复。

Z4 修主要作业范围：对车辆及各部位进行全面分解、除锈、探伤、检测、试验等，全面恢复性能。

2) 新型零部件分类方式

在重载铁路货车状态修模式下，根据零部件寿命管理特点对铁路货车全部零部件重新开展分类管理，建立基于状态修的全寿命零部件-使用寿命零部件-易损零部件全新的零部件三类管理方式，每一类零部件的基本定义如下。

(1) 全寿命零部件。

第一类全寿命零部件是指价值高、实行强制报废的关键零部件。在状态修方法中，对中国国家铁路集团有限公司既有规程规定的有强制报废年限或里程的零部件，通过相应手段实现全寿命周期信息追踪的，如车钩、钩尾框、摇枕、侧架、各部位橡胶体等，将纳入全寿命零部件管理范畴，并把年限指标换算为里程指标，主要按运行里程执行报废规定。检修过程中，装车零部件与车辆建立对应关系，进行详细记录、追踪、统计及分析。

(2) 使用寿命零部件。

第二类使用寿命零部件是指有一定价值、可重复修复使用的重要零部件。在零部件使用过程中，存在各类失效形式与质量缺陷，通过检修恢复其功能，此类零部件可实现阶段性信息追踪，如车轮、制动梁、制动阀等，在状态修中将其纳入使用寿命零部件管理范畴。把年限指标换算为里程指标，按运行里程执行寿命管理规定，并将利用射频识别(radio frequency identification，RFID)电子标签、二维码标签等技术，在零部件的检修过程中，跟踪记录零部件的拆卸、检修、装车等信息，形成对零部件使用寿命的历史记录。

(3) 易损零部件。

第三类易损零部件是指使用过程中容易损耗的、可简单修复或直接报废的一般零部件。在使用过程中不进行个体信息追踪，仅针对使用状态进行简单修理或进行报废、更换，如紧固件、车门、闸瓦等，将其纳入易损零部件管理范畴。对该类零部件不进行详尽记录，仅以车列为单位，统计零部件损坏、修理、更换的数量，并对统计数据进行趋势分析。

对上述三类零部件实行动态管理机制，在理论方法及模型建立过程中，重点针对第二类与第三类零部件开展规律性分析。随着数据的不断累积，掌握零部件与里程对应的失效规律后，第二类零部件可执行里程报废制度，转为第一类零部件；对故障频发的第三类零部件，可转为第二类零部件进行寿命跟踪。各零部件的分类可实行动态管理。

3) 状态修总体技术路线

重载铁路货车状态修秉承理论结合实际的技术路线，如图 1.2 所示。首先，通过对车辆基础理论的深入研究，全面掌握车辆零部件寿命预测和失效规律，建立全新的零部件寿命管理体系，实现对关键零部件的剩余寿命预测；然后，对车辆检测设备进行综合开发应用，实现对车辆技术状态的全面掌握，建立智能化的状态修诊断与决策信息系统，对车辆健康状态的综合研判；最后，通过建设车辆技术状态大数据中心，实现对车辆零部件全寿命周期数据、车辆检修历史记录、"多 T"设备的原始测试数据、运行里程信息的全面管理，并形成对零部件剩余寿命预测阈值的反馈指导，形成闭环反馈机制，从而指导修程(修理等级)的合理判定。

具体地，可将技术路线概括为如下几个部分：

(1) 从时间周期转变为以运行里程作为确定检修周期的计量单位。以全寿命零部件和使用寿命零部件构成的信息及数据为基础，建立车辆与装置(部件)、部件与零部件之间的退化及缺陷的技术指标、参数、对应关系，通过对列车(车辆)故障信息的准确推送，实现检修作业的精准施修与寿命管理零部件的快速、批量换件修(如转向架、钩缓装置、轮对轴承的整体更换)。

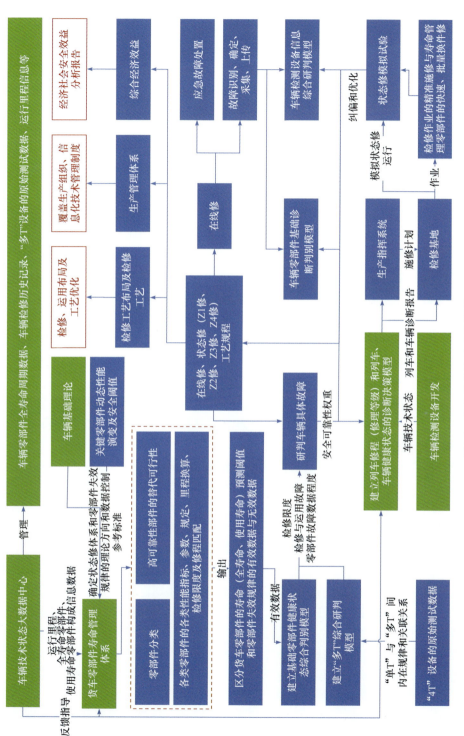

图1.2　状态修总体技术路线图

(2) 以关键零部件动态性能演变及安全阈值理论研究作为基础，确定状态修的寿命体系、零部件失效规律的数据控制参考基准。

(3) 建立货车零部件寿命管理体系，对三类零部件进行合理分类；系统设置各类零部件的各类性能指标、参数、规定、里程换算、检修限度及修程(修理等级)的匹配；以零部件重要程度，寻找装置(部件)及零部件的"短板"，确保高可靠性部件的替代可行性。

(4) 构建货车零部件寿命管理体系，确定货车零部件的寿命(全寿命、使用寿命)预测阈值，统计零部件失效规律的有效数据(运行里程与零部件性能退化或缺陷的对应值)。

(5) 以货车零部件的寿命(全寿命、使用寿命)预测阈值和零部件失效规律的有效数据为基础，依据零部件在车辆结构中的重要程度及在安全系统中的权重关系，建立零部件-车辆-列车基础零部件健康状态综合判别模型。

(6) 以"4T"设备的原始测试数据为基础，建立"单T"与"多T"间的内在规律和关联关系。揭示"单T"与"多T"间的内在规律，结合多年的"4T"设备积累数据，利用大数据分析平台，建立"多T"综合研判模型。

(7) 以零部件健康状态综合判别模型和"多T"综合研判模型为基础：一方面，以检修工艺规程设计与完善确定的检修限度(原型尺寸、修理限度、检查限度)为基准，结合列车在检修过程中实时录入的实时故障数据；另一方面，以"多T"内在、关联规律建立的模型为基准，结合列车在运用过程中实时采集的"4T"数据，并结合依据检修规程设计确定的检修范围以及两个模型反馈的零部件故障程度，研判车辆的具体故障。

(8) 在两个模型研判车辆具体故障的基础上，从安全可靠性权重角度，建立具有确定列车修程(修理等级)和列车、车辆健康状态的诊断、决策模型，实现自动判定列车修程(修理等级)、随机实时提供列车和车辆诊断预测报告。对运用列车进行实时跟踪，实现监控、评判，监控列车运行品质和健康状态。向检修列车提供各车辆完整、准确故障缺陷诊断预测报告，指导检修工作。

(9) 依据列车修程(修理等级)和列车、车辆健康状态的诊断决策模型输出的列车及车辆诊断报告，以及生产指挥系统给出的施修计划，结合在线修、状态修(Z1修、Z2修、Z3修、Z4修)工艺规程，规定列车、车辆修理修程(修理等级)范围，确定列车修程(修理等级)，并根据运输生产组织合理安排整列入线施修。检修基地接到施修计划后，依据车列的"多T"故障信息、诊断报告，及时推送到位，合理组织生产，对车列和车辆实施精准检修，压缩修时，降低修车成本。

(10) 在线修原则上按照在线修、状态修(Z1修、Z2修、Z3修、Z4修)工艺规程确定检修范围及标准，除对应急故障正常处置外，还需对列车及车辆发现的故障及时识别、确定、采集及上传，从而保证车辆零部件基础诊断判别模型和车辆检测设备信息综合研判模型输入数据的完整性和准确性。

(11) 检修基地接到相关修程(修理等级)施修计划后，依据在线修、状态修(Z1修、Z2修、Z3修、Z4修)工艺规程，结合入线列车提供的列车和车辆诊断报告，对列车车辆故障进行精准施修，结合寿命零部件的管理要求，进行快速、批量换件修。对施修过程中所涉及的检修零部件严格执行检修工艺规程的质量记录规定和信息化相关采集、录入、上传、核查规定，对相关零部件的信息保证采集、录入、上传完整、准确。

(12) 为了真实验证列车健康状态，做出正确的评价、判断、决策，通过大量采集信息数据和状态修模拟试验线数据，建立深度自学习模型，对运用车辆零部件基础诊断判别模型、车辆检测设备信息综合研判模型，以及决策模型状态修诊断、判别模型，进行系统或相关数据纠偏和优化，进行自学习不断优化改进。

(13) 通过检修工艺布局及检修工艺、生产管理体系给出的施修计划、综合经济效益，实现减少列车故障甩挂，降低修车成本，保证检修工作便捷、快速、高效、安全运转。建立全新的货车检修管理体制，最大限度地降低直接成本和间接成本，提高货车检修的经济效益。

参 考 文 献

[1] 王晓东. 我国铁路货车检修制度现状及发展趋向[J]. 价值工程, 2012, 31(29): 292-294.

[2] 高平, 张龙. 国内外铁路货车检修制度浅谈[J]. 时代汽车, 2019, (10): 7-8.

[3] 毕玉. 大数据时代的智能化机遇和挑战[J]. 科学与财富, 2019, (23): 362.

[4] 张引, 陈敏, 廖小飞. 大数据应用的现状与展望[J]. 计算机研究与发展, 2013, 50(S2): 216-233.

[5] 李光. 大数据平台在铁路货车检修中的应用[J]. 太原铁道科技, 2017, (2): 25-27.

[6] 李权福, 邵文东, 王洪昆, 等. 状态修检修技术在神华重载铁路货车上的应用探讨[J]. 铁道车辆, 2021, 59(2): 115-118.

第2章

面向铁路货车状态修的大数据组织

2.1 数据特点

2.1.1 铁路货车状态大数据含义与基本特点

1. 铁路货车状态大数据含义

铁路货车状态大数据是指铁路货车及其装用配件在设计、制造、运用、检修、报废过程中，实时产生并收集的涵盖操作情况、工况状态、环境参数等体现车辆运行状态的数据。

该数据贯穿于铁路货车生产组织、技术管理、安全质量、经营管理等各个环节，使铁路货车系统具备描述、诊断、预测、决策、控制等智能化功能的模式。

该数据通过大数据技术处理加工，旨在从铁路货车状态大数据中挖掘有价值的新信息，促进企业的产品创新，提升经营水平及生产效率。

2. 铁路货车状态大数据基本特点

铁路货车状态大数据具有以下特点：

(1) 数据规模庞大。随着状态修中互联网、物联网、移动互联等技术的深度应用，状态监测设备的大量接入，利用信息化手段不断采集、计算、存储整车及零部件的全寿命周期的技术状态相关数据，以及未来不断纳入的新的业务系统数据，状态数据量呈现爆发性增长，具有规模庞大、无边界的特性。

(2) 类型复杂多样。铁路货车状态大数据包含基础数据、运用数据、检修数据、运行监测数据、决策分析数据等多种数据，具有数千个数据项，数据类型复杂，如视频、日志、音频、图片等，涵盖了多种货车不同工况下不同物理源辐射出的大量健康状态信息。除了结构化组织良好的业务数据，其他可利用的半结构化、非结构化数据增长迅猛，加剧了状态修数据类型的复杂多样。

(3) 增长速度、处理响应速度非常快。在大数据时代，大数据的交换和传播主要是通过互联网和云计算等方式实现的，其生产和传播数据的速度非常快。此外，为保证数据处理的时效性，高效挖掘故障信息并及时预警，数据处理的响应速度非常快，如太字节(TB)级数据量查询实时毫秒级响应能力。

(4) 价值巨大但密度较低。铁路货车状态修通过人工或检测监测手段准确识别车辆状态，有效及时地对车辆故障进行维修；按车辆的实际技术状态确定修理时间和修程，对车辆技术状态监测设备、零部件检测水准和故障的数据分析能力要求高。因此，状态修业务数据中蕴含了指导状态修业务开展的价值。然而，铁路货车数据采集及监测设备长期处于正常工作状态，监测数据蕴含的信息重复性高，数据价值密度低，需要对数据进行提纯，从大量不相关的各种类型的数据中挖掘出对未来趋势与模式预测分析有价值的数据。通过对不同状态大数据的训练与测试，建立多种状态修自学习模型，利用实际生产数据为各模型提供修正依据和优化建议，实现以数据驱动业务发展。

2.1.2　铁路货车状态大数据对状态修的支撑

状态修根据先进的状态监测和诊断技术提供车辆状态信息，判断车辆的异常，预知车辆的故障，并根据预知的故障信息合理安排检修项目和周期的检修方式，即根据车辆的健康状态来安排检修计划，实施检修。由此可知，大数据是状态修的坚实基础，支撑状态修全过程的实施。

1. 大数据支撑状态修科学决策

一是利用大数据管理工具对海量、多类、多种数据进行集成与处理；二是通过计算机、深度学习等技术对大数据进行分类学习，建立关键零部件衰退特性与列车运行里程、列车安全监控结果等状态参数内在关联关系模型，以科学技术手段评判零部件、车辆、车列状态，从而实现对故障的精准施修与寿命管理配件的快速、批量换件修；三是基于大数据分析成果，监控列车的健康状态，按健康状态数据快速决策检修车辆，实施整列扣修，并动态跟踪车列检修和运用进度，实现运力资源充分利用，满足状态修模式下生产调度指挥的业务需求。

2. 大数据支撑状态修稳定运行

利用货车实时运用数据持续优化状态修模型，形成建模、反馈、持续优化的正向循环，保证模型的有效性和价值性，从而评判出符合当下车辆状况的诊断结果，辅助用户快速决策，进一步支撑状态修顺畅稳定运行。

3. 大数据支撑状态修资产管控

铁路货车状态修可以理解为大数据在铁路货车制造、检修、运用全过程的信息化、数字化、智能化应用，为数据赋能，增加企业收益，促使数据角色由业务的附属物转变为数据资产。

2.2　数　据　来　源

随着铁路货车检修行业信息化、网络化的不断深入以及重载铁路状态修的业务流程的逐渐标准化，铁路货车状态修过程中产生的数据信息日益增长。针对这些海量、多类型的数据信息，目前还缺乏一套完整、规范及统一的数据管理标准，使用传统的数据处理方法进行管理显得有些能力不足。利用大数据在数据组织、管理、共享方面的优势，可以有效地对海量、多源异构的铁路数据进行处理，实现铁路状态修数据的管理和共享。

铁路货车状态修模式的实施，离不开检修设备、信息系统为其提供实时有效的货车状态数据。状态修大数据来源分为既有业务系统提供的基础数据、状态修过程中采集的业务数据和货车轨边及车载设备采集的车辆运行状态数据三个部分。第一部分，既有业务系统提供的基础数据主要包括 HMIS、运输系统、企业资源计划(enterprise resource planning，ERP)系统等提供的各类业务数据，为状态修业务开展提供基础支撑。第二部分，状态修过程中采集的业务数据主要是由为支撑铁路货车状态修开展而新建的状态修数据中心、状态修诊断决策综合判别系统、状态修生产指挥系统在检修过程中采集到的业务数据，以及智能 TFDS、轮对状态在线综合检测系统、重载铁路货车闸瓦监测系统、TPDS、全方位 TFDS、铁路货车智能机器人巡检系统、铁路货车量值检修系统、铁路货车定位追踪管理系统、铁路货车车辆轴温无线探测系统、铁路车辆制动故障预测预警系统等与车辆检修、运用相关的设备采集的业务数据。第三部分，货车轨边及车载设备采集的车辆运行状态数据包括"4T"设备、车号地面自动识别设备(AEI)等既有轨边设备检测数据，同时包含为状态修新建的"4T"补强设备、车载设备等的检测数据。

2.2.1　铁路货车基础数据

铁路货车基础数据，即静态运力资源数据，指货车状态修模式下存储位置、容量以及内容不易改变的数据，包括基础设施数字化、货车装备数字化、状态修知识数字化和人员数字化形成的相关数据，将以知识库的形式存储于数据中心。静态数据的获取将在数据中心建成初期，以数据库一次性批量导入的形式完成，同时建立知识库管理功能，对后续过程中数据的新增、变更及废除进行规范管理。

1. 基础设施数据

1) 线路及运距

货车运输线路包括神朔线、朔黄线、包神线、大准线、黄万线、准池线、新巴准线等主干线，也包括西延线、庄阴线、聘宇线、机库线、阴火线等支线。运距指线路上各站点间的距离，以相邻两点间距离为基础，同时建立单点到同一线路上其他各点的任意两点间距离，方便运行里程计算累加距离的直接、快速获取。

2) 分公司、列检等主要单位

在线路上，对分公司、列检、站修、检修基地及其相应的管线范围数字化，包括各单位的编码、简称、位置、隶属关系。同时将检修基地内存车线、厂房布局、生产流水线布局数字化，包括检修基地和列检作业场的基础信息，含名称、编码、经度、纬度、检修总能力(辆/年，分修程、车型)、检修资质(一级修等修程资质，分修程、车型)、日台位能力、台位、车间等信息，还包括检修基地和列检作业场内部股道的分布信息，如股道性质、股道长度、股道最大容车量等。

3) 站点及轨边探测设备

对线路上车站数字化，包括车站名称、编码、公里标、经度、纬度、所属线路、是否装卸站、装卸站缩写、装卸能力、调向点、调向能力、交界口、接口路局、办事处等信息。对 AEI 点、THDS/TPDS/TADS/TWDS/TFDS(TWDS 指货车轮对尺寸动态监测系统)设备点数字化，对目前长期无法跟踪货车走行距离的港口、电厂装卸点，根据 GPS 速度突变自动设置虚拟站点，采集精度、维度、补偿距离等信息。对本次状态修同步新建的 TWDS、闸瓦测量等设备点数字化，每次过车采集车轮、闸瓦的尺寸信息。将线路上近 500 个设备采集点，建立包括报文编码、设备名称、类型、公里标、所属线路、探测方向、是否启用、是否正常运行、所属车站、探测方向、经度、纬度、设备型号、厂家、安装时间、传输方式等近 20 个维度的数据字典。

2. 车辆装备数据

基础设施数字化之后，通过固定编组车列数据库、列和辆的关系数据库、辆和配件之间零部件结构清单(bill of material，BOM)的结构关系数据库，以及运用管理、在线修的工艺流程数据库，对货车装备进行数字化。

1) 固定编组车列数据库

固定编组车列数据库将纳入状态修的固定编组全部进行跟踪。对每列车建立车型、车列编码、小列车次、编组辆数、黄标方向、分值、运行里程、最近过站点、欠编情况、预测下次修程、预测下次修程剩余里程的数据库。

2) 列和辆的关系数据库

列和辆的关系数据库对每辆车建立车辆的车型、车号、编组车次、辆序、黄标方向、标签安装位置、同组车号、分值、运行里程、最近过站点、预测下次修程、预测下次修程剩余里程的数据库。

3) 辆和配件之间 BOM 的结构关系数据库

辆和配件之间 BOM 的结构关系数据库对每个配件建立型号、装车位数、寿命类型、制造日期、制造单位、材质、质保期、走行里程、分值、预测下次分解修程、预测下次分解修程剩余里程、预测剩余寿命等的数据库。同时建立保证上述数据库完整、准确的编码库,包括车型、配件型号、寿命分类、制造单位、失效形式、检修故障库、典型故障库、5T 故障的编码。BOM 是状态修编码中至关重要的部分,是一套全新的车辆结构编码,包括基础 BOM、车体 BOM 树形结构、车体 BOM 分位树形结构、BOM 与车型图号对应关系等内容。

4) 运用管理、在线修的工艺流程数据库

对货车状态修的相关知识数字化,对整列车建立运用管理、在线修的工艺流程数据库;对状态修的每个配件,建立指标库,包括寿命阈值、指标配件的检修周期、配件可分解修理等级等;对状态修的整车及配件检修的工艺过程,建立配件的分解组装关系、工艺流程及每个工序的质量卡控标准数据库。

3. 理论方法与模型结果数据

经过对状态修模式下车辆及零部件寿命、失效规律、检修工艺等的理论研究,形成了一系列对状态修起到强理论支撑作用的模型数据,包括:

(1) 车辆及零部件检修工艺模型,揭示在线修、Z1 修、Z2 修、Z3 修、Z4 修的范围、工艺流程关系及各流程采集数据关系。

(2) 寿命配件寿命模型,表征寿命管理零部件的分类、跟踪内容、寿命标准等。

(3) 零部件失效规律模型,揭示零部件磨耗、缺陷规律、突变和时间节点的关系。

(4) 车辆诊断模型,阐述诊断机理,提供列报告模板、辆报告模板。

(5) 车辆修程预测模型,阐述修程预测方法。

同时,还包括研究所形成的标准、作业指导书等非结构化电子书数据。

4. 人员相关数据

在静态的运力资源中,将人的因素数字化。对参与到整列车的检修运用的调度人员、预检人员、配件加修人员、整车检修人员、质检人员、验收人员等信息进行数据入库。

根据每个配件检修的每道工序进行人员安排,运用管理人员部署和建立人员的组织结构、角色、资源和权限的数据库，将检修人员分为以下几类：

(1) 车体钢结构的检查、焊修、喷漆、标记、质检、验收人员。

(2) 转向架的分解、检查、焊修、组装、质检、验收人员。

(3) 基础制动的除锈、检查、探伤、组装、质检、验收人员。

(4) 空气制动的试风、检查、维修、试验、质检、验收人员。

(5) 内制动的分解、检查、维修、组装、质检、验收人员。

(6) 钩缓装置的分解、检查、探伤、维修、质检、验收人员。

(7) 轮轴的检查、退卸、探伤、维修、质检、验收人员。

2.2.2　铁路货车运营数据

动态检修运用数据指在检修运用过程中不断更新变化的数据，其总的数据存储量无法被确定，数据中心为现有的每一个数据元素定义一个确定的初始大小空间，为若干个数据元素分配若干个同样大小的空间。当问题的数据量发生变化时，数据存储空间的大小也随之发生变化。如果数据量增加，就重新向系统申请新的空间，即遵循数据中心的资源申请管理。如果数据量减少，就将现有多余的空间归还给系统。

1. 车辆编组状态数据

状态修模式下，为了保证列车健康状况相近化管理，铁路货车采用"客车化"管理，即对小号车实行编号管理，将管理单元由车辆变为车列，以列车的固定编组管理为基础(固定编组列车指在牵引定数确定的情况下，要求车辆的型号固定、数量固定、顺位固定的列车)，在运行过程中以列为单位进行跟踪，实行整列检、整列扣、整列修，以提高车辆检修效率。但在实际的运用检修过程中，存在故障甩车后未能及时补轴，或补轴恢复编组的车辆与原编组车型不一致等情况发生，导致固定编组列车出现欠编、混编的现象(数量不满足固定数量要求，其他均满足固定编组列车要求时，称为欠编；只有部分车辆型号不满足固定车型要求，其他均满足固定编组列车要求时，称为混编)。为全面执行状态修的检修管理要求，需对固定编组列车中的欠编、混编车辆进行识别，目前存在的问题有：①无法自动识别固定编组列车是否为欠编、混编，无预警手段，车辆调度无法获取欠编、混编的列车相关信息；②对于确定欠编、混编的列车，无法自动识别整列车中哪个位置的车辆欠编、哪个位置编入了其他车型，车辆调度无法精确掌握欠编、混编的车辆信息。针对以上问题，利用欠混编自动识别算法，实时获取准确的列车编组信息。具体获取方法为：

(1) 通过运输系统获取固定编组列车的信息，包括车次、车号、顺位、车型。

(2) 依据既有系统 ATIS 的过车报文，获取同一车次 ATIS 通过列车的编组信息，包括车号、顺位、车型。

(3) 将(1)和(2)中获取的同一车次的车号、顺位、车型信息进行比对，若两次的车号、顺位、车型信息完全一致，则该车为正常固定编组列车；若(2)中车辆总数少于(1)，且(2)中剩余车号、车型与(1)完全一致(示意图见图 2.1(a)，顺位 1、2、3 车辆与初始编组列车完全一致，顺位 4、5 车辆欠编)，则该车为欠编列车，并识别(2)中欠编的车号、顺位信息；若(2)中车辆总数与(1)相同，(2)中部分车号、车型与(1)不同，剩余车号、车型与(1)相同(示意图见图 2.1(b)，顺位 3、5 车辆的车型、车号与初始编组列车不同，其余顺位车辆与初始编组列车完全一致)，则该车为混编，并识别(2)中混编车号、顺位、车型信息；若(2)中车辆总数少于(1)，且(2)剩余车辆中部分车号、车型与(1)不同，其他车号、车型与(1)相同(示意图见图 2.1(c)，顺位 5 欠编，顺位 3 混编，其余顺位与初始编组列车一致)，则该车为既欠编又混编列车，识别欠编车号、顺位信息；识别混编车号、车型、顺位信息。

(4) 系统自动识别判断后，自动更新欠编、混编的列车信息及列车中的欠编车辆位置、混编车辆位置及车型。

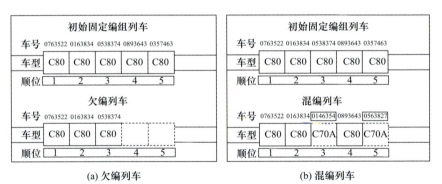

(a) 欠编列车　　　　　　　　　　　　(b) 混编列车

(c) 欠编/混编列车

图 2.1　列车编组示意图

2. 固定车组信息

C80 等装用牵引杆装置的铁路货车，车辆间采用牵引杆装置连接的固定一组车辆，称为固定车组。固定车组可有两辆一组、三辆一组、五辆一组。

固定车组必须在车辆维修基地进行拆解，因此这些车投入运用后一般固定运行。后续的检修、运输部门无法获取固定车组的组成和车列中的位置，将会造成以下问题：①状态修生产过程中诊断模型对单车的修程进行判定，而摘车修过程需要固定车组共同检修，需要预先提醒相关检修人员进行同步扣车；②状态修生产过程中按一个固定车组进行修理，因此需要预先根据固定车组信息进行台位、生产物料的准备及生产过程的数据采集；③当前重载列车不摘钩上翻车机连续翻转卸货，卸车人员必须提前检查现场固定车组情况，否则错误翻车将会导致大量牵引杆等零部件损坏，加大修车成本；④列车运输过程中若车列中混入固定车组和非固定车组车辆，目前没有给运输、检修各单位报警手段；⑤固定车组中的车辆补轴时，工作人员必须知道该车是固定车组中的哪位车，这也需要知道固定编组信息方可进行操作。因此，利用自动识别车辆是否为固定车组的算法，让工作人员不用逐辆观察识别车辆间的连接装置就可以获取固定车组的信息，当车辆发生故障时，作业人员可以及时获取到车组信息，从而进行相关作业。具体的动态数据获取方法如下：

(1) 各检修基地货车新造或者检修完成后需要将该车的相关零部件装用情况上传至数据中心服务器货车履历表上，货车履历表上包含有一位车车钩型号、二位车车钩型号及车号等信息。

(2) 根据既有系统 ATIS 传送过来的报文，分析出过车时的辆序车号。

(3) 根据得到的辆序车号在货车履历上依次查询车辆的一位车车钩型号和二位车车钩型号。

(4) 判断辆序中运行方向前一辆车的一位车车钩型号和二位车车钩型号的两位车钩或者前一辆车的二位车车钩型号和后一辆车的一位车车钩型号的连接装置是否为牵引杆，如果是牵引杆，那么这两辆车为两位固定车组(图 2.2)，如果连续的三辆车之间均是上述连接方式，那么这三辆车为三位固定车组(图 2.3)。依此类推，如果连续的多辆车之间均是上述连接方式，那么这多辆车为多位固定车组。

(5) 系统判断后将相应的数据通过界面展示的方式告知工作人员哪些车是固定编组的车，以便固定编组的车出现故障时正确扣修。

图 2.2　两位一组示意图

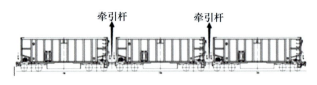

图 2.3　三位一组示意图

3. 车辆调向信息

在状态修模式下，需要实时获取车列的黄标方向信息，自动识别列车的调向动态。货物运输是铁路运输的重要组成部分，铁路货车车轮与钢轨相接触，承载着车辆的全部重量。货物列车的长期单向运行造成了车轮偏磨，从而导致轮径超差，加剧车轮磨损，缩短使用寿命，给车辆运行安全带来隐患，增加了维修成本。铁路重载运输带来的车轮偏磨问题更不容忽视，列车调向可有效均衡调整车辆两侧的车轮磨损，尽可能减小轮径差，保障车辆平稳运行。但目前列车调向数据的获取存在以下问题：①依据车轮磨耗状态，需要调向的列车，无有效预警手段，车辆调度部门无法及时获取需调向列车相关信息；②对于明确需要调向的列车，其在规定时间内是否完成调向，无有效的监控手段，人工无法自动确认列车调向结果。针对以上问题，利用一种判断列车调向的自动确认算法，彻底改变目前列车调向无计划、无预警、无监控的管理现状，调度工作人员可及时准确获取需调向列车信息，并自动确认列车是否按规定完成调向，对未完成调向的列车提供预警手段，从而解决列车长期单向运行造成的车轮偏磨，保障货物运输安全。

调向数据自动获取的方法具体过程如下：

(1) 依据既有系统 ATIS 的过车报文，获取调向点 ATIS 通过列车的编组信息，包括车号、辆序。

(2) 根据得到的车号信息，在 ATIS 过车报文中匹配该列车上一次的过车记录，获取上一次该列车的辆序信息。

(3) 将以上两种方式获取的同一列车的辆序信息进行比对，若两次的辆序完全相同，即列车 A→B→C→D→E 对应的辆序均为 1→2→3→4→5(示意图见图 2.4(a))，则表示该列车完成调向；若两次的辆序完全相反，即上一次的过车辆序为 A→B→C→D→E 对应 1→2→3→4→5，调车点的过车辆序为 A→B→C→D→E 对应 5→4→3→2→1(示意图见图 2.4(b))，则表示该列车未完成调向。

(4) 系统自动识别判断后，在系统中自动更新黄标方向数据，同时将确认结果通过系统界面告知调度工作人员，直观明确掌握需要调向的列车哪些按规定完成调向，哪些未完成调向。

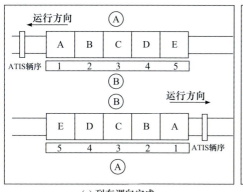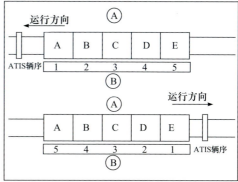

图 2.4　列车调向示意图

4. 过车报文数据

铁路货车过车报文是一种铁路轨边安装的探测设备(主要包括"5T"和 ATIS)针对通过探测点的列车对外输出对应的车辆信息文件，通过解析后可得到车号、运行方向、经过时间等过车信息，是车辆运行里程计算的重要数据源。理论上，每列车在经过探测站时只会生成一个报文，但在实际应用过程中，由于设备灵敏度、天气、过车速度等原因，会产生过车报文混乱异常的情况，通过异常处理获取高质量的报文数据十分必要。

1) 过车报文数据获取方法

剔除异常检测报文，获取高质量过车报文数据的具体方法如下：

(1) 使用数据流获取到报文的名称和内容，通过报文名称筛选报文种类。

(2) 使用函数获取报文内容长度，通过验证报文长度检测是否含有车辆信息，若检测结果是不包含车辆信息，则直接放弃解析本报文。

(3) 使用函数截取字符的方式，从报文中获取车号信息、车型信息、车次信息、上下行信息、厂家编码及车站电报码。

(4) 根据厂家编码的不同，重新获取对应车站电报码。

(5) 使用正则表达式判断车号信息是否是正确车号，若不是则这组数据废弃。

(6) 使用函数判断的方式，检测车种车型是否为正确的车种车型，不正确的重新匹配车种车型，匹配不到则放弃这组数据。

(7) 根据车辆运行方向和车号对车辆的小列车次进行匹配，若匹配结果不合格则以车次信息代替，若车次信息也不合格，则以其他内容代替。

(8) 通过以上方法可以获取的报文数据更加规范，减少了大量的无用数据，节省了存储空间，缩短了查询时间，从而达到了降低成本、减轻服务器压力、提高效率的目的。

2) 报文解析获取方法

在报文解析过程中，以往铁路货车领域常规使用的文件传输协议(file transfer protocol，FTP)操作，其较复杂，传输速度、分配解析任务速度很难满足状态修对实时性的要求；其抓取频率合理性很难掌握。若抓取频率设置过高，会出现上一波报文还没有解析完，下一波就已经被自动抓取过来的情况，进而造成严重的信息拥堵，导致解析错误。若频率过慢，又将无法满足实时性的要求；其解析顺序及容量无法根据不同路段报文量的多少而分别匹配，解析效率低。因此，状态修模式下利用监测实时获取报文更新；以数据块形式只抓取报文内容，不传递实体文件，避免信息拥堵，提高解析准确度；利用多线程解析操作，设置全线程缓存机制，保证了解析效率。过车报文具体的解析获取方法如下：

(1) 当列车通过铁路线上安装的探测设备时，设备主机将采集到的所有车辆信息以规定好格式内容的文本文件的形式上传到报文服务器指定的目录内，该服务器是一台 Windows Server 服务器。

(2) 利用报文服务器中的心跳监测组件，实时监控是否有新报文产生，若发现有更新，则自动开启获取传输通道。

(3) 传输通道由采集器、消息服务器作为中间桥梁建立，将报文内容以数据块的形式直接输送到解析服务器中，全程无纯实体文件操作。

(4) 在解析服务器中对接收到的报文信息进行全范围扫描，获取报文数量、名称、个数等统计信息。

(5) 利用统计结果将报文自动分组(每一组称为一个线程)，形成多线程解析模式。

(6) 扫描每个线程中的报文内容，获取明细信息。

(7) 按报文属性分位数，读取信息，分别存储。

(8) 存储过程中，自动生成弹性分布式数据集(resilient distributed dataset，RDD)缓存，对所有线程同时备份，当报文出现某位内容为空时，可直接补充空位，无须再遍历比对找出差异后再补充。

(9) 匹配车号信息，将上述列报文分解为一辆车对应一条报文，即辆报文。

(10) 解析完毕后，将解析结果信息进行保存，结束流程。

(11) 将缓存中的动态位所含信息自动删除，将车型、车号、设备编号等不变的信息形成字典库，避免每次更新时重复缓存。

5. 车辆运行里程信息

状态修的一个重要标识是将计划修中的时间周期转变为以里程作为重要参数对修理等级进行科学判定，因此在运用过程中将自动跟踪货车整车及零部件的运行里程动态信息。运行里程是利用数据中心的大数据平台，对获取的车辆动态过车报文进行处理，并进行里程的实时计算。

1) 整车和零部件的多维度走行公里实时获取

在保证过车报文这一数据源的实时与准确后，利用报文服务器、数据采集器、消息服务器、实时计算引擎和应用服务器之间的配合，采集程序实时监控上传的报文，自动采集、抽取、清洗出有效的车辆过车数据，并且通过算法实时计算出整车和零部件的多维度走行公里结果，具体过程如下：

(1) 报文服务器用于实时收集探测点采集到的车辆信息，以统一标准格式的文本存储，为数据采集器的数据来源。

(2) 数据采集器与报文服务器连接，用于实时收集过车报文信息，为计算整车和零部件走行里程的数据来源。

(3) 消息服务器与数据采集器连接，数据采集器将采集到的车辆文本信息抽取到消息服务器中，为实时计算引擎提供数据源。

(4) 实时计算引擎用于在线将车辆过车数据与其他理论模型的车辆健康评估结果数据联合起来，实时计算车辆和零部件走行公里数。

(5) 实时计算引擎与消息服务器连接，实时计算引擎实时从消息服务器中获取车辆过车数据，并且按照业务规则进行解析，清洗为有价值的可用于计算走行里程数的数据。

(6) 应用服务器与实时计算引擎相连，实时计算引擎的计算结果部分数据用于在业务系统中做业务交互、分析。

2) 车辆支线走行里程获取方法

货车公司在状态修的列车上安装 GPS，列车在运行途中，每 10min 跟踪一次 GPS 定位信息，包括车型、车号、车次、经纬度等。GPS 具有较高的定位精度，对部分关键作业场站、港口、装卸煤矿厂等没有安装地面识别设备的地方，即无法获取车辆过车信息计算运行里程的范围进行里程补偿。可以摒弃以前依靠人为经验及通过车辆在场站停留时间进行距离估算的方法，获取更加真实、有效的车辆支线走行公里数据。具体获取方法如下：

(1) 在列车的某个或某几个车辆上安装货车 GPS 定位设备，用于检测、上报车辆经纬度、走行公里数、车型、车号、固定编组顺序号等信息。

(2) 在状态修数据中心增加需要支线走行公里累计的进出支线咽喉处 AEI 的经纬度坐标(一般进口、出口为同一经纬度坐标)。

(3) 将 HMIS、ATIS、GPS 与数据中心的时钟同步。在保证各个系统自身内部时钟同步的基础上，实现和数据中心时钟服务器保持时钟同步。

(4) 结合 ATIS 数据以及 HMIS 中安装货车 GPS 设备的车辆所属列车运行方向等，分析附近存在的关键作业场站，并通过预警信息进行接近提示。

(5) 安装货车 GPS 设备货车在正线运行过程中每 10min 反馈一次信息，当接近支线咽喉处 AEI 范围 10km 后，GPS 设备货车在运行过程中每 3min 反馈一次信息，进入支线走行公里补充预警阶段。

(6) 进入预警阶段后，实时分析 GPS 定位技术反馈的报文信息，分析该货车 GPS 报文中经纬度信息与进出支线咽喉处 AEI 经纬度信息，选择最接近的 GPS 反馈报文作为进入关键场站的标识，列车作业完成后，通过进出支线咽喉处的 AEI，根据 GPS 反馈的报文信息与该进出支线咽喉处 AEI 的经纬度坐标进行匹配，取最接近的一次作为离开的标识，将这两个 GPS 定位技术反馈的信息作为列车进入或离开作业场站的车辆里程走行公里统计节点。列车进入和离开关键作业场站一定是匹配出现的。

(7) 将处于进入和离开关键作业场站的两个 GPS 报文中的走行里程相减，即可得到该车辆在关键作业场站的支线走行公里数。

(8) 安装 GPS 设备的货车在支线运行过程中每 3min 反馈一次信息，当再次离开支线咽喉处 AEI 范围 10km 后，GPS 设备货车在运行过程中每 10min 反馈一次信息，消除支线走行公里补充预警阶段。

(9) 状态修数据中心实时掌握车辆编组状态，通过查找安装该 GPS 设备的车辆，可以找到同属于该列车编组其他车辆的信息，同时将该安装 GPS 设备的车辆的支线走行公里数作为其他所有同列车编组车辆的支线走行公里数。因此，可以计算出整列车辆在关键作业场站的支线走行公里信息，该支线走行公里信息可以有效补偿列车、车辆及零部件的走行公里数，为货车车辆及零部件的健康监控、状态修预报等提供更加精准、有效的走行公里数。

6. 车辆运用实时位置信息

在货车运用过程中，实时跟踪现在车位置，即掌握所有现在运用列车的分布 (现在车分布)，携带列车所在的股道、顺位、车号、到发站、品名等信息；同时跟踪保留车的数量和位置，包括保留车的车号、车型、末次位置、滞留时间；大点车的位置和数量，包括大点车的车号、车型、末次位置、滞留时间。目前以上属性的车辆分布监控覆盖包神线、神朔线、朔黄线、甘泉线、黄万线、新巴准线。

2.2.3 铁路货车服役性能状态数据

1. "多T" 系统监测数据

1) THDS 数据

车辆红外线轴温监测系统(THDS)：利用轨边红外线探头，动态监测通过列车轴承温度，发现热轴故障，并通过配套故障智能跟踪装置，实现热轴精确跟踪和预报，强化了燃切轴事故防范能力。THDS 数据包括故障发生线别、故障探测站点、经过探测站点时间、零部件、故障位数、故障编码、故障描述、车号、零部件唯一标识、车速、车次、车型、AEI 轴位、轴距、环温、温升、车辆热轴等级、辆序、运行方向、是否有波形、探测位置等。

2) TADS 数据

货车滚动轴承早期故障轨边声学诊断系统(TADS)：利用轨边噪声阵列实时采集运行货车滚动轴承噪声，实时在线监测运行车辆滚动轴承早期故障，将燃切轴事故的防范关口提前。TADS 数据包括故障发生线别、故障探测站点、经过探测站点时间、零部件、故障位数、故障编码、故障描述、车号、零部件唯一标识、车速、车次、车型、运行方向、设备识别轴位、远近端、预报级别、处理方式、反馈结果、零部件编码、故障来源、监测对象、监测部位、辆序等。

3) TFDS 数据

货车运行故障动态图像监测系统(TFDS)：利用轨边高速摄像技术，实时在线监测通过货车，采用图像智能识别技术和人机结合的方式判别运行货车隐蔽和常见故障，实现列检作业革命性变革，极大地提高了列检作业质量和效率，提高了铁路货车运输安全性。TFDS 数据包括故障发生位置、探测站、通过时间、车速、车次、车型、车号、零部件 ID、图像信息、故障部位、故障描述等。

4) TPDS 数据

货车运行状态地面安全监测系统(TPDS)：利用安装在正线上的轨道测试平台，动态监测通过列车轮轨相互作用连续的垂向力和横向力，并在联网分析处理的基础上，识别车辆运行状态，同时还可监测车轮踏面损伤和车辆超偏载状态等危及行车安全的隐患。通过对报警车的追踪和处理，重点防范脱轨事故的发生。TPDS 数据包括故障发生位置、探测站、通过时间、车速、车次、车型、车号、零部件 ID、故障轴位、故障描述、左右偏、前后偏、最大冲击当量、超重级别、故障 ID、处理方式、AEI 方位、零部件编码、预报级别、故障来源、线别、超重值、总重、偏载值、偏重值、踏面损伤等级、设备识别轴位、辆序等。

5) C-TWDS 数据

货车轮对在线综合监测系统(comprehensive train wheel detection system，C-TWDS)：对装车轮对的状态数据进行分析和跟踪，对故障进行提前预警，为维修人员进行轮对维护和检修提供有效的信息支持和决策参考，及时跟踪相关状态，进而实现车辆轮对的状态修。C-TWDS 数据包括轮缘厚度、轮缘高度、轮缘垂直磨耗、踏面圆周磨耗、轮辋厚度、踏面图像等监测数据。

6) C-TPDS 数据

曲线通过性能监测系统(curve train perfermance detection system，C-TPDS)：通过对车辆曲线通过性能进行检测，最终实现对车辆曲线动力学性能的评定，检测数据实时对地传输，为状态修诊断与决策提供数据支持。C-TPDS 数据包括货车通过曲线的横向力和垂向力等。

7) C-TBDS 数据

BrakeView-shoe 轨边测量系统(C-TBDS)：对闸瓦进行监测与异常报警。C-TBDS 数据包括特定型号货车转向架闸瓦位置、轮廓、磨损情况、闸瓦预检信息。

8) TIDS 数据

轨边热成像监测系统(trackside thermal imaging detection system，TIDS)：利用轨边红外热成像，实时对线上列车车辆轴箱轴承、轮对温度分布情况进行非接触可视化监测，实现对列车车辆热轴故障、热轮故障的自动诊断、实时预报和故障车辆全程追踪。TIDS 数据包括车辆轴温、轮温、热轴故障、热轮故障、报警信息(包括探测站名称、列车通过时间、车次、运行方向、编组辆数、车号、故障车位、左/右侧、轴位、报警等级和轮轴热图等)。

9) I-TFDS 数据

智能铁路货车运行故障动态图像检测系统(intelligence-trouble of moving freight car detection system，I-TFDS)：利用图像自动识别技术，在大量货车图像数据中自动识别故障图片信息，过滤正常车辆数据，减少人工浏览作业时间，促进列检检车作业的效率提高与制度管理的结构优化调整。I-TFDS 数据包括报警信息(报警等级、故障车的过车时间、故障车在当列过车中的辆序、故障车中具体的故障名称及故障坐标)。

10) TODS 数据

铁路货车动力学性能监测系统(truck operation detection system，TODS)：检测货车动力学性能及车辆故障的多货车动力学状态监测设备，为现有"5T"设备故障检测的功能拓展，通过轨边装置检测货车通过时的垂向和横向轮轨力以及轮对横移量等关键参数，最终实现车辆动力学状态的监测和故障的判定并及时预警和报警，为车辆检修提供参考与数据支持。TODS 数据包括故障及预警信息(故障等级、故障位置、故障内容)。

11) 基于激光和红外热成像技术的动态转向架监测系统数据

激光辅助的高速工业视觉系统(双目视觉采集系统)用于对运行中的转向架进行检测。基于激光和红外热成像技术的动态转向架监测系统数据包括转向架关键部件的热辐射分布数据、三维模型下的故障及预警数据。

2. 运用过程跟踪数据

生产指挥系统按照状态修诊断决策综合判别模型提供的诊断报告对修程的判别安排列车排产，调度人员通过系统实现对车列的扣修操作。当列车需要在线修时，检修人员通过系统可以看到实时查询该车列全部的基本信息、诊断报告信息、运行过程中的质量信息，包括"5T"设备故障、建议更换零部件等，检修人员可参看"5T"的故障并进行核对，可通过手持机采集人工检查发现的故障等数据，形成电子车统卡片。当诊断报告判定该车需要进行等级修(如 Z1 修)时，依然利用生产指挥系统扣车，被扣车辆经检修基地门口 AEI 后，自动显示基地接车线内的存车情况。自动获取每辆车携带的整车及零部件的基本信息 700 余项，携带车辆各系统评分情况及"5T"报警等质量信息和车辆健康分数、各系统得分等诊断报告详细内容。预检人员对该车携带的故障确认并且记录预检发现的故障。

预检之后实现调车作业数字化，系统支持对存车线车辆多维度查询及数字化调车作业，系统支持按修程、车型、黄标方向、休时等多维度的查询筛选，并支持对这些车拖拽自动形成调车作业单。根据数字化调车过程，系统全景展现检修基地作业场情况，用户可以按需选择各修程的车高亮显示，也可以调用每辆车的基本信息。

调车作业后进入检修状态，根据诊断报告的预检情况，系统首先全面生成货车的检修计划，包括进度计划(含各工序的计划完成时间、实际开工时间、实际完成时间)、质量计划(含车号、车型、零部件型号、尺寸、换长、空重、故障数量、重点质量检修项目等)、零部件更换计划(含换上和换下零部件的名称、位数、制造单位、铸造号、出厂日期、型号、材质、运行里程、剩余里程等)。

针对检修过程，若整列检修，则跟踪每个车辆的作业进度。若整车检修，则跟踪每个工序的作业进度，同时对预检故障进行确认，特别是对"5T"故障进行闭环。对建议更换零部件进行更换处理，形成电子一车一档。对整车的检修进度系统同步进行监控，包括架车、钩缓、转向架、制动、车体、落车、油漆、交车。获取从轮对收入、轮对外观检查、轮对测量、轴承开盖、轴承推卸、清洗除锈、磁探、超探、人工复探、车轮车床、轮径测量(轮径测量机与货车状态监测维修系统(the information system of Huoche condition based maintenance，HCCBM)的双向数据交互)、轴承压装(HCCBM 与轴承检修基地、轴承立体库及轴承压装机的多项交互)、标识版刻打、轴承关盖、轴承磨合到轮对支出的整个工艺流程中需要记录的关键数据(轮轴卡片、轴承发送单、车统-50C、辆货统-403、车统-50A、轮轴/轮对/车轴发送单等)。

2.3　数　据　分　类

按照分类依据的不同可以将状态修大数据分为不同类型。

2.3.1　按数据类型分类

1. 结构化数据

现有应用系统中产生的数据通常记录在关系型数据库中，如常用的 Oracle、

Sybase 等数据库。这部分数据量巨大，涉及检修、运用、调度等检修运维过程数据。结构化数据又分为主数据、事务数据和分析数据，如图 2.5 所示。

1) 主数据

主数据包含了车辆基础数据和运行基础数据，如整车信息、零部件信息、走行里程等。

2) 事务数据

事务数据即车辆运行过程数据，分为两部分：①实时数据，包括走行里程、货车追踪信息、调度指令信息等；②非实时数据，包括修程信息、零部件寿命、磨耗信息等。

3) 分析数据

分析数据主要用于后期状态修工作维修决策，包括汇总类数据、分析类数据、决策类数据等。

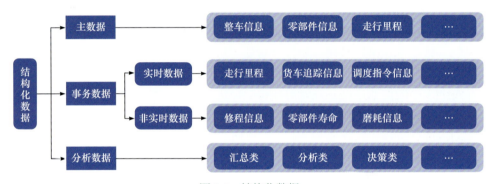

图 2.5　结构化数据

2. 非结构化数据及半结构化数据

企业内部存档的大量电子文档、表格和表单等文本文件，以及视频监控系统中的视频、音频和图片等视图信息，这些根据结构化程度不同分为非结构化数据和半结构化数据，增长量巨大，而且采集、存储、应用相对困难。如图 2.6 所示，其中非结构化数据也有实时数据和非实时数据：①实时数据包括电报、文件等；②非实时数据包括作业指导书、图纸、操作规程等。

图 2.6　非结构化数据及半结构化数据

2.3.2　按数据业务属性分类

按数据业务属性分类，状态修大数据分为：

(1) 基础地理数据，包括坡度、弯道、气温等。

(2) 车辆运行数据，包括速度、空重、里程等。

(3) 车辆制造数据，包括厂家信息、生产日期、到过期年限等。

(4) 车辆运用数据，包括"5T"信息、典型故障等。

(5) 车辆检修数据，包括收入支出零部件信息、检修故障等。

2.3.3　按数据来源分类

1. 业务系统数据

业务系统数据包括 HMIS、运输系统、ERP 系统等既有业务系统数据，还包括智能 TFDS、轮对状态在线综合检测系统、重载铁路货车闸瓦监测系统、TPDS、TFDS、铁路货车智能机器人巡检系统、铁路货车定位追踪管理系统、铁路货车车辆轴温无线探测系统、铁路车辆制动故障预测预警系统等为开展状态修新建系统数据，具体如下。

HMIS：HMIS 历史数据(货车履历、零部件基本信息、零部件装用记录等)。

运输系统：ATIS 过车数据、"多 T"过车数据。

ERP 系统：零部件名称、零部件编码等。

2. 轨边及车载设备检测数据

轨边及车载设备检测数据包括"多 T"设备、AEI 等既有轨边设备检测数据，还包括为状态修新建的"多 T"补强设备、车载设备等检测数据，具体如下。

铁路货车智能机器人巡检系统：轮缘信息、轮辋信息、闸瓦信息、故障描述、故障图片。

"多 T"系统：车列信息、车辆信息、轴承信息、故障信息、故障图片信息。

轮对状态在线综合检测系统：车列信息、轴距信息、超标分析。

重载铁路货车闸瓦监测系统：车列信息、闸瓦测量信息。

铁路货车定位追踪管理系统：GPS 定位追踪信息。

2.3.4　按数据应用的时效性分类

1. 实时数据

实时数据有走行里程、调度系统等要求实时获得的当前状况数据，对数据的时间性要求高。

2. 非实时数据

非实时数据包括修程修制等指导性数据，供车辆检修执行标准操作，更关注施行的长期效果，分析指定的工艺标准与状态修的匹配程度数据，按周、月、季、年来查看分析的非实时性要求的数据。

2.3.5　按数据采集对象分类

为了保证数据的及时性、准确性、完整性、合理性和高效性，根据应用系统各自的管理特色，从数据的采集对象出发，主要分为车列、车辆、零部件三个维度。

1. 车列有关数据

车列有关数据以列编组号为关键字段，主要采集数据有列基本信息、里程信息、运行轨迹、当前位置、诊断报告、扣修记录(修程)、调向记录、编组变更记录。

2. 车辆有关数据

车辆有关数据以车号为关键字段，主要采集数据有车辆基本信息、车辆制造信息、里程信息、车辆装用零部件信息、车辆改造信息、车辆历次扣修记录、车辆历次检修记录卡片(检查项点信息、检修故障信息、检修结果信息)、车辆休时、车辆位置、车辆运行轨迹、诊断报告、车辆检修作业流程跟踪信息等。

3. 零部件有关数据

零部件的技术状态是车辆技术状态的基础，零部件有关数据以所装车的车号、零部件名称、编码为关键字段，因此对于第一、二类零部件，即全寿命零部件和使用寿命零部件应能够根据零部件的唯一 ID 跟踪到该零部件的基本技术状态信息、历次检修信息、历次检修后运行里程、空重里程、万吨里程、总里程、历次检修检测卡片信息、追溯历次装车下车信息、外形尺寸、使用寿命、组装质量、质量缺陷、运用检查缺陷、动态检测缺陷、行车安全、施修工艺。

数据内容包括基本信息、BOM 编码信息、安装位数信息、制造信息、里程信息、历次检修记录卡片(卡片样式、三检一验)、历次装卸记录、剩余寿命、全寿命周期技术状态查询、诊断报告、零部件检修作业流程跟踪信息。

2.4　数据标准化与初始化

铁路货车状态修数据是保证状态修业务稳定开展的基础信息资源，与其他信息资源相比具有共享性、稳定性、原始性和高价值性等特点。共享性是指状态修业务数据需要跨部门、跨系统进行共享的基础数据，需要在总公司、分公司、检修车间等各层级的多个业务信息系统间保持共享性和一致性。稳定性是指状态修业务数据中涵盖很多基础信息是铁路货车检修信息资源中寿命周期较长、不易频繁变化、比较稳定的信息，如车站信息、公里标信息、车体结构 BOM 编码信息、零部件使用寿命等，在一段时间内相对稳定。原始性是指状态修数据从业务系统中初次采集、未经过二次加工，如车站名称、车站过车报文信息等，都是反映车辆运行过程中的原始信息，是状态修修程判断、工艺改进的基础数据，一般不可以再拆分。高价值性是指状态修数据具有较高的业务价值，通过数据共享、多维度分析等可以产生指导铁路货车状态修的高价值信息。

通过对铁路货车状态修业务数据特点的分析，结合具体的业务需求，目前状态修数据存在的问题具体如图 2.7 所示。

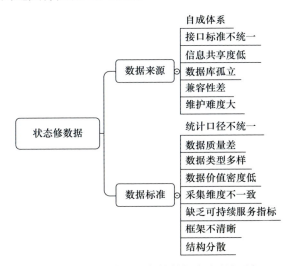

图 2.7　铁路货车状态修数据存在的问题

铁路货车状态修要求各检修单位对生产过程中的各类基础数据记录，如车辆预检、分解检查、故障记录、施修方法等进行数字化、标准化、规范化的采集，形成状态修车辆检修记录、技术履历等，由此形成各类生产、技术、质量数据的采集、分析、汇总、上报。同时状态修的数据要求在各相关业务系统中进行全过程流通、共享和使用，因此状态修行业的信息化并不等于各类信息的简单堆叠，需要通过统一的数据编码和数据初始化进行标准化管理。

2.4.1　数据标准化

数据编码规则是数据标准化的基础，是最重要而且难度较大的一项工作，通过数据编码规则可以保证信息的完整性、规范性、一致性、准确性、唯一性和关联性。在参考国家和行业标准的基础上，借鉴铁路 HMIS 编码规则，按照如下原则对铁路状态修编码进行设计：

(1) 已有国家铁路颁布标准的按标准执行。

(2) 在满足需要的条件下，涉及货车技术管理的需要统一规范共用部分。

(3) 需要具备唯一性、简单性、稳定性、可维护性、通用性和适用性。

(4) 设计应规范化、代码分类属性系统化，按照国际、国家及国家铁路颁布标准，同时应当体现出铁路货车状态修管理的行业特色。

(5) 应具有足够的容量，同时具备扩充能力。

按照以上原则，状态修数据中心从根本上规范了维修分公司单位编码、货车站修作业场单位编码、货车列检作业场单位编码、技术交接及装卸检修作业场单位编码、车轮车间单位编码、造修工厂单位编码、车型编码、车辆零部件结构清单、零部件型号编码、零部件故障编码、TPDS 故障编码、施修方法编码、修程(修理等级)编码、探测设备编码、车站编码、铁路线编码等数据编码规范。以上编码同时预留了充足空间，以适应货车状态修技术发展的需要。

2.4.2　数据初始化

数据初始化主要从两方面进行控制，一是数据交换共享方案的定制，二是数据接口的构建与管理。

1. 数据交换共享方案的定制

状态修数据中心是管理数据的规范中心、生产数据的汇集中心、决策数据的加工处理中心、管理应用的发布中心，状态修业务数据均需要统一纳入数据中心进行统一管理，其他系统数据进入数据中心时，需要按照状态修信息化框架要求形成正式的数据交换共享方案，数据中心按照统一的数据库设计规范建立相应的数据结构，并按照方案中规定的交互方式及交互频率进行数据输入与输出操作，进而保证数据库设计、数据表结构、命名规范、字段设计规范、特殊字段设计规范、交互内容、交互方式、交互频率的统一。

2. 数据接口的构建与管理

状态修模式下各种数据繁多，相互间的交互需要标准的接口规范及管理。通过建立统一的数据管理制度，提供统一的接口管理功能，可为应用和数据开放提供依据，支持数据达到高可用的状态。数据中心通过多种接口方式实时或定时从不同源系统中抽取数据，抽取的数据首先到达数据中心接口数据层进行初始化处理，通过初始化处理工作后方可形成铁路货车状态修业务数据为状态修业务开展及其他业务系统运行或理论模型提供基础数据支撑。状态修数据中心按照数据交换共享方案获取数据，并根据方案内容明确交互频率、交互方式、交互周期等。共享的数据进入数据中心后，数据格式和定义与数据中心既有数据存在不同程度的变化，因此数据中心在数据整合过程中会通过数据映射方式对数据进行转换，数据映射主要是根据数据交换共享方案中定义的数据结构、数据定义建立映射关系。通过格式转换、数据匹配等数据聚合等操作实现数据转换。通过以上一系列数据处理操作，状态修相关数据分别进入状态修数据中心建立的业务表中，完成状态修数据中心的数据初始化。

2.5　数　据　应　用

货车状态修过程中，无论是基于全寿命周期从历史海量数据中挖掘车辆及部件的失效规律，还是对车辆及部件状态值的动态监测，或是对新流程新工艺的控制，都无法靠人工计算或检查的方式来实施。在信息化时代必须依靠信息化手段才能准确、高效地实现目标。因此，状态修的实施离不开信息化，必须依靠信息化手段来实时监测、自动判别、动态预警和智能控制。在状态修的道路上，信息化必须随行。

2.5.1　信息化建设基本原则

铁路货车状态修改变铁路货车定期检修流程驱动模式，依托数据将货车检修从资源驱动转换为数据驱动，逐步实现货车智能检修。状态修从有效跟踪车辆运行状态，到通过诊断模型判断修程，整个铁路货车状态修过程中都需要信息化的支撑。从状态修信息化顶层统筹规划，货车状态修信息化建设基本原则如下。

1. 先进性、成熟性和实用性

信息系统设计兼顾思维的合理性、技术的可行性及方法的正确性。由于货车状态修需要对零部件状态进行全过程在线监测，根据设备健康状态实时更新优化检修的工作模式，同时状态修涉及零部件从设计、生产到使用全过程的信息状态，且零部件的各类信息在不断更新变化，因此信息系统应具备先进性和发展潜力。同时信息化系统必须具有成熟、稳定的特点，以满足状态修整体系统的可靠性。由于信息化体系建成后的主要使用对象是用户，故实用性应放在首位，既便于用户使用，又利于系统管理。

2. 规范性、兼容性和可实现性

状态修信息化建设是一个庞大的系统工程，其体系设计、系统实施等必须遵循一系列的规范及标准，以确保其分系统的有效协调，从而使整个系统互联互通、信息共享。同时，考虑新的铁路货车状态修的规范标准与既有系统的兼容性，对既有系统底层设计做出适当调整或优化，在不影响既有系统日常运行的情况下，满足状态修业务的支撑要求。

3. 可靠性、稳定性和容错性

在满足技术先进性和开放性的同时，在系统结构、技术措施、系统管理等方面，确保系统运行的可靠性和稳定性，使系统达到最大的平均无故障时间。与此同时，铁路货车状态修的信息化系统应具备高度容错性，保证系统正常运行。

4. 可扩展性、可持续性

为了对安全关键配件进行更准确的状态监测，需要拓展铁路货车定位追踪管理系统、C-TPDS 等多个子系统在车载领域的监测应用。因此，为适应信息化系统不断拓展的需求，状态修数据中心的软硬件环境必须有良好的平滑可扩充性，提供简便、规范、畅通的基础数据服务，确保数据具备相互兼容和交流的条件及能力，便于各种资源集成到门户系统中，及时为用户提供服务。

5. 安全性和保密性

在铁路货车状态修信息化建设过程中，既要充分考虑信息资源的共享，又要注意信息资源的保护和隔离，针对不同的应用场景和不同的网络通信环境，采取不同的方法措施，包括用户安全性、数据安全性、运行安全性等。在统一身份认证中，安全策略、密码与安全设备选用、网络互联、安全管理等，必须符合我国信息安全法律法规，保证数据传输的安全性，且所采用的数据加密技术不可逆。

2.5.2 状态修信息化系统

HCCBM 是铁路货车智能运维状态修的重要支撑系统，由车辆技术状态数据中心、诊断决策综合判别系统和状态修生产指挥系统构成。HCCBM 应用覆盖货车检修、运用全过程，可实现车辆运行健康状态实时监控与轨迹跟踪，自主诊断确定列车修程和施修内容，同时诊断模型可通过大数据分析在车辆检修过程中不断自我修正、完善，形成各业务间的互生优化，真正做到智慧维修降本增效。

1. 车辆技术状态数据中心

车辆技术状态数据中心，以下简称数据中心，是 HCCBM 的核心枢纽，为货车状态修数字化过程提供设备支撑能力、数据采集能力、数据处理能力、数据管控能力、数据开放能力，提供一套符合货车状态修检修标准、以数据驱动为设计理念的应用软件。

2. 诊断决策综合判别系统

诊断决策综合判别系统，以下简称诊断决策系统，依托其内部配件剩余寿命预测模型、车辆技术状态检测系统预测模型和车列健康诊断模型，实现对车列修程的诊断决策，实现对车辆技术状态的诊断生成、查询及多条件对比分析。将诊断决策结果输出给数据中心和生产指挥系统，指导后续车辆修理及数据分析。

3. 状态修生产指挥系统

状态修生产指挥系统，以下简称生产指挥系统，基于诊断决策模型的成果，监控列车运行中的健康状态，按健康状态数据实施整列高效扣修，动态跟踪车列检修进度，满足状态修模式下生产调度指挥的业务需求。

2.5.3　检修业务信息流与系统框架

1. 各业务间逻辑关系

信息化的核心价值在于满足业务需求，强有力的业务结合性是信息化框架构建的重要出发点。因此，将历史应用软件的全部数据首先输入数据中心，形成状态修基础知识库后，再为各子系统提供所需数据，梳理货车状态修各系统间的逻辑关系，明确状态修各规程、资料、文档、模型、数据之间的传递关系，形成输入输出逻辑关系图，如图 2.8 所示。

状态修信息化框架为状态修提供技术标准及规范，指导数据中心、生产指挥系统、诊断决策系统的信息化软件建设，同时提供状态修网络硬件方案指导数据中心硬件建设。根据铁路货车状态理论方法，状态修信息化框架各业务逻辑如下：多维状态下铁路货车关键零部件动态性能演变及其安全限值支撑零部件寿命管理体系的构建，关键零部件安全阈值信息支撑零部件失效规律的建立，关键零部件剩余寿命预测及车辆子系统评判方法支撑诊断决策系统的建立；零部件失效规律是零部件寿命管理体系建立的依据，关键零部件剩余寿命预测及车辆子系统评判方法、零部件失效规律和零部件寿命管理体系共同支撑工艺规程的设计与完善；状态修模拟运行试验与状态修工艺规程及诊断决策系统密切关联，互通模拟运行试验需求结果报告；验证试验与模拟运行试验、状态修工艺规程、生产指挥系统密切关联，互通验证运行需求结果报告；状态修工艺规程作为最重要的检修指导，提供工艺规程文件指导状态修生产管理体系实施、运用布局和检修工艺以及状态修综合经济效益评估。决策诊断系统技术状态采集涉及车辆技术状态检测设备研

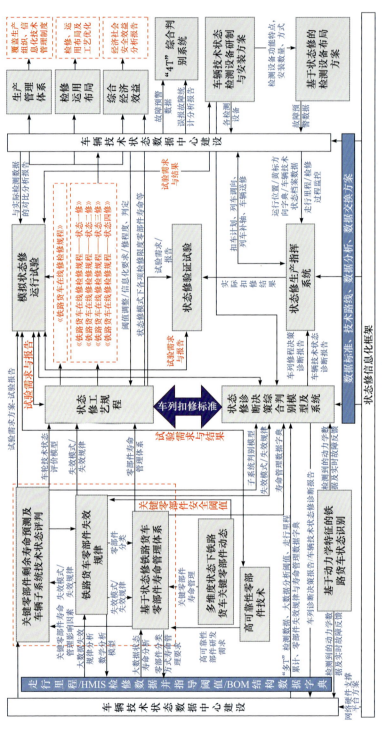

图2.8 状态修业务逻辑图

制与安装方案、基于状态修的检测设备布局方案、基于动力学特征的铁路货车状态识别模型、"多 T"综合判别模型,其输出结果均入库数据中心,作为大数据的一部分供状态修业务使用。

信息化建设随着状态修的开展不断孵化深入检修及管理全过程,形成货车检修数字资产。因此,为了保障数据中心能够顺利完成数字资产库的建设,通过制定数据规范简化数据接口关系,制定信息化系统数据存储、数据输入/输出方式,实现数据流的无缝衔接。

2. 信息化框架与业务模型及修程修制的逻辑关系

业务模型:从计划修转变为状态修后检修模式发生了根本变化,货车检修业务形成新的业务模型。首先,通过信息化手段采集货车状态,形成零部件状态、车辆状态、车列状态;其次,通过建立车列、车辆的健康诊断模型,根据车列状态精准判别车辆修程,形成数字化调度指挥体系;最后,在"在线修、状态修(Z1/Z2/Z3/Z4)"的修理过程中利用信息化手段,采集检修过程数据,将诊断模型数据的对比结果和"多 T"报警的处理结果进行验证。同时,同步构建真实反映货车状态修物理过程的数字模型,通过安全监测、精准检修等大数据资源训练模型,通过自学习摸索状态修规律,不断优化状态修过程。

数据中心及信息交互:状态修模式下,数据从原来货车检修过程的辅助采集内容,转化为状态修货车运用、检修过程的推动力,成为整个货车状态修的起因和结果。各数据汇集形成数字资产,通过状态修车辆技术状态数据中心进行枢纽运转,数据中心向下承接各子系统的交互数据需求,向上通过车辆技术状态数据中心、状态修综合判别模型、状态修调度指挥系统三套信息系统,支撑状态业务流程中货车运行状态跟踪判别、货车状态修运用检修的数字化调度指挥、检修过程的检修作业跟踪采集,依据检修运行全过程的数字化管理,构建大数据深度学习模型,形成对零部件剩余寿命预测阈值的闭环反馈机制,指导修程的合理判定,辅助状态修修程修制的改革。

信息化框架:综合货车既有信息系统的调研结果,结合状态修信息化的总体要求,对状态修业务流程和信息流程进行顶层优化设计,为各子系统提供信息化建设的标准、规范。首先,为数据中心制订硬件支撑方案,涵盖资源分配、硬件配置、数据存储、安装集成、备份及恢复等内容。同时,明确开发规则,并做好信息化安全防护工作。其次,制定统一的数据编码规范,制定各子系统通过数据中心进行数据中转和交换共享方案。最后,制订个性化的数据采集方案、大数据技术选型方案,对高价值数据做相关分析,形成数据分析方案。

第 **3** 章

铁路货车状态修数据中心架构设计

3.1 铁路货车状态修业务逻辑与架构

3.1.1 状态修总体业务逻辑

1. 服务对象分析

1) 铁路货车运营单位

铁路货车运营单位参与 HCCBM 数据中心的人员，包括管理决策人员、检修部技术人员、车辆调度人员、运输管理人员。

(1) 装备公司管理决策人员。

装备公司管理决策人员对重载铁路货车状态修的检修、运用、安全、质量、效益各个维度的数据进行统计分析，并提供经营决策信息。

(2) 装备公司检修部技术人员。

装备公司检修部技术人员负责管理状态修货车车辆技术档案，包括新购、检修、运营、封存、报废车辆；掌握状态修车辆运行里程；对状态修车列、车辆诊断剩余寿命进行实时监控管理；实时掌握状态修零部件运行里程，以及零部件诊断剩余寿命；对车辆改号进行计划发布以及对改号执行情况进行监控管理；制订车辆加装改造方案，统计各分公司加装改造结果；统计各分公司日、月、季、年检修工作量；评价各分公司检修工作质量；分析运用故障、检修故障、零部件故障规律，为状态修检修工艺流程及质量改进意见提供依据；统计分析状态修检修过程中更换零部件情况；制定、执行车辆检修技术数据修程流程；对涉及检修的数据字典的变更进行审批。

(3) 装备公司车辆调度人员。

装备公司车辆调度人员负责实时监控铁路货车运营单位所有运营车辆当前的

运行位置，查询列车运行轨迹，监控车辆实时报警，监控车列及路网运行情况，列车健康状态评价分析，轨边检测设备监控情况，交口列车、保留车、大点车等情况统计分析，制订年/季/月检修计划、加改计划、列车调向计划以及扣车计划，审批、发布扣修调度命令，制订、发布列车调向计划及调度计划；实时追踪车列/车辆运行轨迹。

(4) 装备公司运输管理人员。

装备公司运输管理人员负责监控重载货车的固定编组情况；监控管内自备车分布情况、车列/车辆运行轨迹，监控交界口车流通过情况，统计大点车保留车分布情况，辅助决策。

(5) 办事处。

办事处负责提交调度计划，实时追踪车列/车辆运行轨迹，维护保留车信息。

2) 维修分公司

维修分公司由列检所(在线修作业场)、状态修基地构成。参与重载铁路货车状态修的信息化人员包括分公司决策管理人员、分公司技术管理人员、分公司调度指挥人员、各级整备车间管理人员、各级整备车间作业人员、列检所值班人员、列检所技检作业人员。

(1) 分公司决策管理人员。

分公司决策管理人员对本单位的检修、运用、安全、质量、效益各个维度的数据进行统计分析，并提供经营决策信息。

(2) 分公司技术管理人员。

分公司技术管理人员负责管理状态修货车车辆技术档案，包括新购、检修、运营、封存、报废车辆；掌握状态修车辆运行里程；对状态修车列、车辆诊断评估分值进行实时监控管理；实时掌握状态修零部件运行里程，以及零部件诊断评估分值；对车辆改号进行计划发布以及对改号执行情况进行监控管理；制订车辆加装改造方案，统计各分公司加装改造结果；统计分公司日、月、季度、年度检修工作量；评价分公司检修工作质量；分析运用故障、检修故障、零部件故障规律，为状态修检修工艺流程及质量改进意见提供依据；统计分析状态修检修过程中更换零部件情况；制订、执行车辆检修技术数据修程流程；对涉及检修的数据字典的变更进行提报。

(3) 分公司调度指挥人员。

分公司调度指挥人员对管内各列检作业及应急处置负有组织管理职责，查询调度计划；实时追踪车列、车辆运行轨迹；监控管内车辆实时报警、监控管内车列及路网运行情况、列车健康状态评价分析、轨边检测设备监控情况，以及交口列车、保留车、大点车等情况统计分析，落实铁路货车运营单位年/季/月检修计划、加改计划、列车调向计划及扣车计划，执行铁路货车运营单位调度人员发布的扣车计划；对进入分公司检修基地的车辆编制调车计划并实施；接收车列、车辆诊断报告，通知预检检查确认，交付检修车间实施；制订分公司年、季、月生产计划，制订当日的修车日计划、零部件配送计划；评价本维修分公司的生产能力(人员、设备、台位、零部件)，实时监控本维修分公司的生产进度；对欠轴车列按规定进行补轴；联系车站值班员，将修竣车列及车辆向车站办理交付。

(4) 各级整备车间管理人员。

各级整备车间管理人员负责根据当日修车日计划，制订本车间的工序作业计划；提报零部件申请；实时监控本车间工序的生产进度，监督本车间的生产质量；对本车间生产资源进行调配。

(5) 各级整备车间作业人员。

各级整备车间作业人员按照车间管理人员制订的工序作业计划，对本工序待加工的车体或零部件进行检查、登记故障、修复故障、更换零部件等工序作业。

对于有零部件集中加修能力的整备车间，对检修车辆卸下的零部件进行集中加修，并对检修良好的零部件装置进行组装，为状态修车辆提供良好的可支出零部件(装置)。

(6) 列检所值班人员。

列检所值班人员监控车辆实时报警，监控车列及路网运行情况，分析列车健康状态评价，监控轨边检测设备情况，统计分析交口列车、保留车、大点车等情况，制订年/季/月检修计划、加改计划、列车调向计划以及扣车计划；办理和审核故障车辆处置及采集上传数据核查；联系车站值班员办理临修、状态修的列车扣修及交付手续；在线修车辆；通报分公司调度，联系相关车站，办理扣修手续，由相关车站对扣修车辆进行送修。相关分公司调度，根据诊断决策系统的调向预警，通报分公司调度，联系相关车站，办理列车调向手续，由相关车站对调向列车进行调向。

(7) 列检所技检作业人员。

列检所技检作业人员主要负责对车辆在线技术状态检测系统预报的故障，以及状态不良的车辆进行人工检查确认及处理、关闭故障，并对故障信息、车辆信息进行记录、反馈。

2. 总体业务流程

铁路货车状态修的实质是改变货车计划修的由固有流程驱动的检修模式，先同步构建真实反映货车运用、检修状态的数据流，然后依托数据将货车检修逐步转换为由数据及智能驱动的模式。状态修总体业务流程如图 3.1 所示。

其中"状态"主要利用轨边设备对车列技术状态进行实时监测，利用零部件寿命模型判断寿命等效状态，最终由诊断模型实时输出车列、车辆的健康报告。

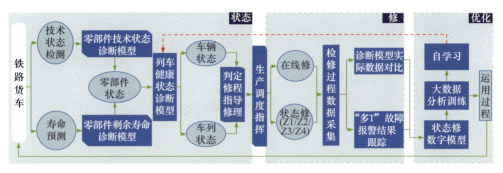

图 3.1　状态修总体业务流程

"修"根据诊断报告进行有针对性的精准施修、精准反馈。通过"在线修"对列车运行过程中的离散性故障进行处置；通过"状态修"对整列车规律性故障进行针对性修理；对批量失效的零部件进行合理匹配，建立不同级别的修理等级，减少过度分解、检测和修理。

"优化"是指同步构建真实反映货车状态修物理过程的数字模型，通过安全监测、精准检修等大数据资源训练模型，通过自学习摸索状态修规律，从而实现闭环正反馈过程，不断优化状态修数字模型，进而不断优化检修模式，提供安全优质的运输资源过程。

3.1.2　状态修过程业务逻辑

铁路货车状态修以零部件寿命管理体系为基础，结合先进的检测装备与零部件寿命预测手段建立货车诊断决策综合判别模型，建立对货车健康状态进行综合、量化的评判与修程的科学决策，实现对故障的精准施修，通过对货车运用、检修寿命周期的闭环正反馈过程，持续改进判别模型进而不断优化检修，支撑铁路货车运营单位实现基于铁路货车健康、数据驱动的状态修检修模式。

具体地，状态修过程业务逻辑可将货车运用作为起点，在运行过程中系统实时地进行车辆状态判别，通过系统内部诊断模型计算判定车辆修程，然后由调度人员借助生产指挥系统完成对需要检修车辆的扣车，最后由检修单位借助相应系统完成货车检修。检修完成后车辆再次回到线路进行运行，至此形成运用—检修—运用闭环。

为保证对状态修业务流程的优化，在充分利用既有系统数据的同时，通过决策诊断板块和理论分析板块共同作用支撑货车状态修数据流程，如图 3.2 所示。

决策诊断板块信息化应用软件是决策诊断板块的重要成果，由"车辆技术状态数据中心建设"、"状态修诊断决策综合判别模型及系统"和"状态修生产指挥系统"三个主题应用软件组成，首先建成货车状态修数字模型，从技术状态实时监测、健康状态科学评判、调度指挥有序扣车、货车故障精准修理环节直接推动状态修，同时对状态修过程产生的闭环数据进行大数据分析与挖掘。

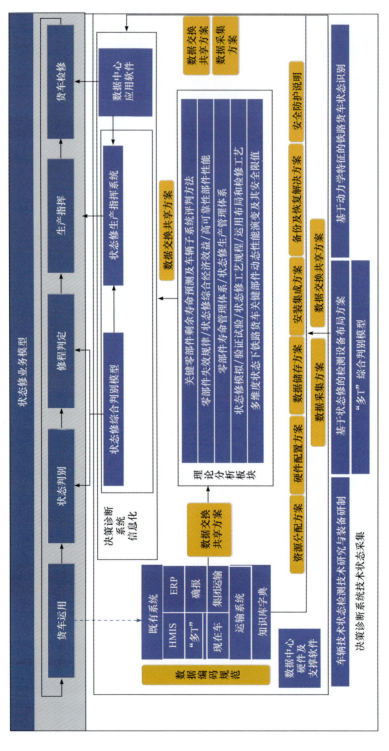

图3.2 状态修业务模型和理论分析板块支撑关系图

"车辆技术状态数据中心建设"主题应用软件为 HCCBM 数据中心、"状态修诊断决策综合判别模型及系统"应用软件为故障预测与健康管理(prognostics and health management，PHM)诊断决策系统、"状态修生产指挥系统"主题应用软件为状态修生产指挥系统。

决策诊断板块信息化应用软件数据分析结果反馈给理论分析模型板块，通过对车辆基础理论基于数据的反演分析，全面掌握车辆零部件失效规律，建立全新的零部件寿命管理体系，实现对关键零部件的剩余寿命预测，提出货车高可靠性零部件的补强方案、安全关键零部件的性能演变规律和安全限值，同时改进状态修工艺规程和生产管理体系。理论分析板块的结果优化货车状态修数字模型。决策诊断板块信息化应用软件调整状态修指挥神经网络，同时状态修模拟、验证及货车状态修运行过程中实际数据对理论分析板块的结论进行验证、取舍、优化。

决策诊断板块信息化应用软件在运行过程中，若发现货车状态修数字模型中安全关键数据在数据量、数据质量上无法支持完成高性能的数据分析与模型迭代，则进一步提出优化决策诊断板块底层数据源实施方案，包括基于动力学特征的铁路货车状态识别、基于状态修的检测设备布局、状态检测设备研制、"多 T"综合判别等，这些经过完善的数据同步补充到状态修数字模型中，形成不断迭代的正反馈过程。

至此创建了以零部件寿命预测和失效规律理论为支撑、以轨边设备精准监测为保障、以列车技术状态综合判别为依据、以重要件使用状态和关键件寿命跟踪管理开启修程、以实施精准"拆检探修"为核心、以不断迭代的数字化状态修模型为指导的铁路货车状态修数据流程。

因此，数据从原来货车检修过程的辅助采集内容，转化为状态修货车运用、检修过程的推动力，成为整个货车状态修的起因和结果。数据汇集形成的数字资产需要通过 HCCBM 数据中心做枢纽实现运转，数据中心向下承接状态修开展所需的数据交互需求，向上通过部署 HCCBM 数据中心、PHM 诊断决策系统、状态修生产指挥系统三套信息系统，支撑对状态业务流程中货车运行状态跟踪判别，实现支撑货车状态修运用检修的数字化调度指挥，支撑货车检修过程的检修作业跟踪采集，通过对货车检修运用的全过程数字化管理，对数字检修运用过程的大数据深度学习模型的建立，形成对零部件剩余寿命预测阈值的反馈指导，形成闭环反馈机制，从而指导修程(修理等级)的合理判定，辅助实现状态修修程(修理等级)修制改革。

1. 数据管理业务逻辑

数据管理是指利用计算机硬件和软件技术对数据进行有效的收集、存储、处理和应用的过程。状态修数据管理的目的在于从大量原始的数据中抽取、推导支撑状态修业务开展的有价值的信息，再利用这些信息作为行动和决策的依据。借助计算机科学来保存和管理大量复杂的数据，以便能够方便而充分地使用这些数据资源。数据管理可以确保数据的高效使用和数据的安全性，保证了数据的真实性和数据的质量。

HCCBM 数据中心是典型的数据集中、以数据为核心资产和业务的大数据服务系统。自 HCCBM 数据中心建设以来，数据积累已经达到相当规模，状态修业务数据能否得到有效的管理，关系着状态修数据资产充分发掘其价值，并最终实现状态修业务创新和价值创造。

HCCBM 数据中心数据管理业务逻辑归纳如下：

(1) 汇集货车检修、运用各个维度数据，形成有效的合力。

(2) 体现出状态修以整列为应用对象、以里程标定周期、依据列车健康状态进行针对性修理的状态修管理特色。

(3) 考虑拓展到车辆设计、制造、维修的全寿命周期闭环应用，形成全产业链的正反馈。

(4) 通过自助分析等形成高效数据分析能力。

(5) 兼容后续数据，驱动智能维修管理创新。

2. 车辆检修业务逻辑

为实现状态修实时监测、科学评判、精准修理、降低成本、加快周转、提高运输效益的目标，同时为保证修程设置更加科学、合理，修程判定及修程开启时机更加清晰，状态修工艺规程在上述应用开发基础上对修程进行了合理设置。修程设置为在线修和状态修两级修程，其中状态修修程根据整列车的不同技术状态，具体细分为状态一修、状态二修、状态三修和状态四修四个修理等级，分别简称为 Z1 修、Z2 修、Z3 修和 Z4 修。

1) 在线修

根据状态修工艺规程设计方案，在线修修程主要是"优化列检、实时监控、精准识别、故障关闭、保障安全"。主要作业内容：首先，通过及时获取轨边检测及"4T"设备的预报故障、诊断决策系统对列车-车辆的预报性报警故障、"前方人检"发现车辆故障等信息；其次，对列车-车辆进行人工检查、核对及确认，由作业人员提出列车-车辆处置意见，即放行或扣修；最后，对放行或扣修车辆进行数据采集及系统录入，若车辆为扣修车辆，则需办理扣修手续，录入系统。

(1) 检修依据：根据诊断决策系统的"多 T"综合研判和车辆技术结构理论的判定结果预报、现车故障检查确认结果判定车辆临修扣修和列车修程扣修。

(2) 作业地点：相关车站及列车运行线路。

(3) 作业内容:

① 对轴承、轮对、制动等影响车辆正常运行的故障进行关闭或摘车处理;

② 将摘车故障车辆送至专用场地处理;

③ 对机检预报信息进行人工核对;

④ 装前卸后对机检盲区和影响车辆运行安全的零部件技术状态进行检查确认。

(4) 作业流程。

① 车辆入线。

状态修诊断决策系统以 HCCBM 数据中心提供的车列的"4T"轨边测量设备数据为基础,通过状态修诊断决策综合判别模型分析,判断列车修程,若列车符合在线修程,则进入在线修修程;若列车符合其他修程,则需要通过生产指挥系统进行回送和扣车。

② 列检所值班作业。

列检所值班作业人员对系统提示的在线修车辆进行接车确认,若列检所确认接车后,在线修列车经列检所 AEI 入线,列检所作业人员填写值班作业记录,并上传 AEI 识别的过车信息至 HCCBM 数据中心;若列检所未进行接车确认,则通知下一列检所进行接车确认,如此循环。

③ 检修作业。

装前卸后对机检盲区和影响车辆运行安全的零部件技术状态进行检查确认:a. 检修作业人员记录和核对信息,更换零部件,进行机检预报核对和人工录入故障。b. 对影响车辆正常运行的轴承、轮对、制动等故障进行关闭或摘车处理,判断车列中是否有临修车辆,若无临修车辆,则直接进行整列制动试验;若存在车辆需要临修,则通过生产指挥系统进行解编。c. 将摘车故障车辆送至专用场地处理,若不能在本地检修,则通过生产指挥系统扣车回送;若有条件在本地检修,则通过生产指挥系统指挥进行临修车检修,下车零部件运往零部件加工车间进行加修,替换从零部件加工车间支出的零部件,安装零部件时,检查零部件是否符合当前车型,若不符合,则禁止装车更换零部件,若符合则支出装车。

零部件加工车间作业人员收入检修卸下的零部件,进行维修或报废,并支出专业合格的零部件,交检修作业人员。

列车检修过后,检查车列是否需要补轴,若列车欠编需要补轴,则通过生产指挥系统进行补轴,若不需要补轴,则通过整列制动试验后,整列出线。

④ 整列出线。

列车出线时,记录车列出线时间,采集并上传 AEI 报文至 HCCBM 数据中心。HCCBM 数据中心开始记录累计运行里程、更新车列车辆零部件技术档案、更新车列车辆零部件评分分值、更新车列车辆零部件剩余里程、更新"4T"系统故障反馈结果、上传零部件检测尺寸及检测记录、上传零部件更新情况。

2) 状态修

(1) 检修工艺。

Z1 修：主要工艺包括全面检查(机检盲区、影响车辆运行安全的区域及监测系统预报核查)、批量换瓦、集中处置(制动故障、车体破损故障)、专项修复(轮轴故障、钩缓故障)、制动试验(初试进行漏泄、感度、安定保压、持续一定时间的保压试验，终试进行漏泄、感度试验)，不架车、不分钩。所有检修信息归档。

Z2 修：主要工艺包括批量更换(轮轴、制动阀、空重车阀等)、探伤检查(钩舌)、制动单车试验、车钩三态作用和防跳性能检查，同时涵盖 Z1 修的作业内容。架车、分钩；不分解转向架和钩缓。所有检修信息归档。

Z3 修：主要工艺包括全面检查(整列车)、批量更换(转向架橡胶件等寿命到期零部件)、探伤检查(车轴、钩尾框、转动套、钩舌销、钩尾销等)、性能恢复(故障修复及必要的试验检查)，同时涵盖 Z1 修、Z2 修的作业内容。

Z4 修：主要工艺包括全面检、重点修。全面分解检修(整列车)、探伤检查(摇枕、侧架、制动梁、交叉杆、车钩、牵引杆等)、集中检修(其中闸调器、缓冲器大修)、性能系统恢复、涵盖 Z1 修至 Z3 修内容。

(2) 检修依据。

Z1 修：以整列车闸瓦磨耗集中到限的状态为主要依据。

Z2 修：以整列车轮对磨耗集中到限为主要依据。

Z3 修：以整列车转向架和钩缓中关键零部件寿命、磨耗集中到限为主要依据。

Z4 修：以整列车关键部件探伤集中到期状态为主要依据。

(3) 作业地点。

Z1 修：整备场。

Z2 修至 Z4 修：维修分公司检修车间。

(4) 作业流程与内容。

① 扣车。

Z1 修至 Z4 修：车列状态由状态修诊断决策综合判别模型根据车列、车辆当前剩余里程评分情况评判车列需要进行的修程，当车列的剩余里程或评分状态达到 Z1/Z2/Z3/Z4 修时，由铁路货车运营单位进行生产任务指定，由维修分公司生产调度中心执行 Z1/Z2/Z3/Z4 修扣修操作。同时，维修分公司获得该车列的所有相关技术档案以及诊断报告，用于指导本次维修。扣车操作如下：分公司调度选择 Z1/Z2/Z3/Z4 修车列扣车，提交扣车通知到列检所。列检所值班人员接收到扣车通知，将 Z1/Z2/Z3/Z4 修车列整列扣修，送入 Z1/Z2/Z3/Z4 修检修单位，并反馈给分公司调度。

② 车列入线。

Z1 修至 Z4 修：当车列驶入维修分公司时，经过维修分公司门口地面 AEI 对车辆进行识别，同时停止该车列所有车辆及车辆当前装用零部件的运行里程累计，并记录入线时间。

③ 车辆预检。

Z1 修：车列入线之后，根据车列车辆信息对车辆进行相应处理，若为首次进行 Z1 修的状态修车列，需要统一对车列、车辆以及零部件的部分寿命零部件进行初始化，并对车辆及零部件等信息进行补全后，进行预检工作；若为其他车型，则直接对车辆进行预检。

预检工作需要做预检记录，核对故障信息，进行故障确认反馈，记录零部件更换清单。

④ 存车线调车。

Z2 修至 Z4 修：维修分公司的生产调度人员制订调车作业计划，即钩计划，通过机车调车，将车列送入存车线。

⑤ 检修作业计划。

Z2 修至 Z4 修：生产部门的调度工作者根据预检结果，结合状态修诊断决策综合判别模型出具的车列车辆诊断报告，制订生产台位作业计划、零部件计划、质量计划等检修计划。

⑥ 台位架车。

Z2 修至 Z4 修：根据生产调度制订的台位作业计划，工作者将车辆送入检修库，对整列车进行分钩作业，将分钩后的车辆，架车到相应的作业台位，并将车体与走行部进行分离。

⑦ 检修作业。

Z1 修：各级整备车间作业人员针对 Z1 修的整列车闸瓦更换新品，对机检盲区和影响运行安全的关键零部件进行检查；具备制动关门车、车门故障以及在 Z1 修修复的功能；列车制动性能试验和单车制动试验；检查车列，确定状态修诊断决策综合判别模型和预检报告信息的准确性；检查车辆需要更换和维修的零部件下车维修，收入至维修分公司零部件加工车间；零部件支出扫描，更换的零部件上车，进行数据校核，若符合修竣条件，则统一填发车统-36，交由分公司调度。

Z2 修：对车辆进行检查和修理，对诊断报告推送及"多 T"预警发现的故障进行核实和处理。批量更换闸瓦、轮轴、制动阀、空重阀等；对钩舌进行探伤。对于换上的零部件，将其与车号进行关联，待车辆修竣出线后，随车辆一起累计运行里程。对车辆进行单车试验，并记录试验结果。对全寿命及使用寿命零部件进行单件管理，对检修良好的零部件，按剩余寿命进行分类摆放，便于支出上车。对修竣车辆，经质检验收检验合格后，统一填发车统-36，交分公司调度。

Z3 修：对车辆进行检查和修理，对诊断报告推送及"多 T"预警发现的故障进行核实和处理；批量更换闸瓦、轮轴、转向架橡胶件、制动阀、空重阀等寿命到期零部件；对车轴、钩舌、钩尾框、转动套、钩舌销、钩尾销等进行探伤；对于换上的零部件，将其与车号进行关联，待车辆修竣出线后，随车辆一起累计运行里程；对车辆进行单车试验，并记录试验结果；对全寿命及使用寿命零部件进行单件管理，对检修良好的零部件，按剩余寿命进行分类摆放，便于支出上车。对修竣车辆，经质检验收检验合格后，统一填发车统-36，交由分公司调度。

Z4 修：对预检发现的故障以及诊断报告中记录的故障进行处理；对整车进行抛丸，对车体进行维修，包括车门分解、更换，对地板进行维修、更换等；对钩缓、转向架、底体架进行分解检查、探伤、检测、性能试验等，对有探伤缺陷、符合报废标准的大部件进行报废处理；对磨耗到限的轮轴以及其他寿命集中到期的零部件进行批量更换，同时将更换下来的零部件(包括加装标签信息及标签)送往零部件加修车间进行检修；对于换上的零部件，将其与车号进行关联，待车辆修竣出线后，随车辆一起累计运行里程；对车辆进行检修试验，并记录试验结果；对全寿命及使用寿命零部件进行单件管理，对检修良好的零部件，按剩余寿命进行分类摆放，便于支出上车；对修竣车辆，经质检验收检验合格后，统一填发车统-36，交由分公司调度。

Z1 修至 Z4 修：零部件加工车间的作业人员收入检修卸下的零部件后，对其进行维修，并支出加工好的零部件至整备车间。分公司调度人员判断维修车辆是否属于单辆解编车辆，若是则转到生产指挥系统的补轴系统待补轴，若非则判断车列是否需要补轴，若需要则转到生产指挥系统的补轴系统进行补轴，若不需要补轴则整列出线。

⑧车列出线。

Z1 修至 Z4 修：维修分公司调度接修竣通知书，通知当地列检，由列检所值班人员向车站办理修竣列车交付手续，由车站负责进入基地将修竣列车牵出。分公司调度人员在车列出线后向车站办理交付手续，记录车列出线时间，采集 AEI 报文，数据上传至 HCCBM 数据中心。HCCBM 数据中心开始运行里程累计、更新车列车辆零部件技术档案、更新车列车辆零部件评分分值、更新车列车辆零部件剩余里程、更新"4T"系统故障反馈结果、上传零部件检测尺寸及检测记录、上传零部件更新情况。

3. 零部件检修业务逻辑

1) 整辆车检修零部件的过程跟踪、选配

状态修以运行里程为检修周期计量单位，为保证检修过程中里程及检修过程实现全程跟踪，状态修工艺规程已经定义对第一类、第二类零部件进行全过程跟踪。第一类全寿命零部件，即价值高、实行强制报废的关键零部件，如车钩、钩尾框、摇枕、侧架、各部位橡胶体等。此类零部件通过相应手段实现全寿命周期信息追踪，将纳入全寿命零部件管理范畴，并将年限指标换算为里程指标，主要按运行里程执行报废规定。第二类使用寿命零部件，即有一定价值、可重复修复使用的重要零部件，如车轮、制动梁、制动阀等。在此类零部件使用过程中，存在各类失效形式与质量缺陷，通过检修恢复其功能，此类零部件可实现阶段性信息追踪，在状态修体系中将其纳入使用寿命零部件管理范畴。检修过程中无论是第一类还是第二类零部件均须采用合适的跟踪媒介绑定，在零部件的检修过程中，跟踪记录零部件的新品装用、拆装、检修、报废等信息，形成对零部件使用寿命的历史过程记录。

根据工艺规程实施方案确定的三类零部件定义及划分原则，目前生产过程中已经识别出共计 34 种寿命追踪零部件，其中包括《货车状态修规程》规定的全寿命零部件 25 种；增补规程中有大修周期的闸调器 1 种；《货车状态修规程》附件"检修记录表单"中需要采集装车车号和位数且原 HMIS 也进行管理的制动梁组成、120 主阀、紧急阀、调整阀、传感阀、上交叉杆、下交叉杆等 7 种；另外增补转向架组件 1 种，方便检修过程中跟踪其他零部件组装。制定了 30 类全寿命零部件、使用寿命零部件进行全过程跟踪，这些零部件包括车体钢结构、摇枕、侧架、轴箱橡胶垫、心盘磨耗盘、上交叉杆、下交叉杆、轴向橡胶垫、斜楔、旁承、旁承磨耗板、闸调器、钩舌、钩尾框、缓冲器、牵引杆、车轮、车轴、轴承等。全寿命零部件具备规定的寿命里程，具体如表 3.1 所示，部分零部件具备规定的大修里程，如表 3.2 所示。

表 3.1　全寿命零部件寿命里程

序号	零部件名称	寿命里程	备注
1	车体钢结构	480 万 km	寿命追溯
2	摇枕	480 万 km	寿命追溯
3	侧架	480 万 km	寿命追溯
4	车轴	480 万 km	寿命追溯
5	牵引杆	480 万 km	寿命追溯
6	钩尾框	480 万 km	寿命追溯
7	缓冲器	480 万 km	寿命追溯
8	立柱磨耗板	320 万 km	寿命追溯
9	斜面磨耗板	320 万 km	寿命追溯
10	斜楔	320 万 km	寿命追溯

续表

序号	零部件名称	寿命里程	备注
11	钩体	240 万 km	寿命追溯
12	钩舌(铸造)	160 万 km	寿命追溯
13	钩舌(锻造)	240 万 km	寿命追溯
14	主摩擦板	160 万 km	
15	交叉杆 U、X 型弹性垫	12 年或 160 万 km	
16	交叉杆扣板(螺栓连接结构)	160 万 km	
17	轴承	16 年或 160 万 km	寿命追溯
18	轴端螺栓	10 年	
19	轴向橡胶垫	6 年或 80 万 km	
20	轴箱橡胶垫	6 年或 80 万 km	寿命追溯
21	轴箱橡胶弹簧	6 年或 80 万 km	寿命追溯
22	轴箱纵向弹性垫	6 年或 80 万 km	寿命追溯
23	弹性旁承体	6 年或 80 万 km	寿命追溯
24	旁承磨耗板	6 年或 80 万 km	
25	心盘磨耗盘	6 年或 80 万 km	寿命追溯
26	滑块磨耗套	6 年或 80 万 km	寿命追溯
27	制动软管连接器	6 年或 80 万 km	

表 3.2　铁路货车零部件大修周期表

序号	零部件名称	大修里程
1	闸调器	160 万 km
2	缓冲器	160 万 km
3	轴承	80 万 km

　　按每种零部件平均每辆车 4 个计算,在生产检修过程中每辆车有 120 个零部件需要在检修过程中进行一对一跟踪,而这部分零部件大多没有物理上的唯一标识,车辆检修时数据中心需将 120 个零部件包括唯一标识在内的技术履历信息随诊断报告一起推送到检修单位,实现零部件信息快速检索,故障精准施修,检修信息高效采集,同时工序流转时需要解决探伤、打沙过程中标签与零部件分离及后续匹配的问题,检修及装车过程中还要考虑检修零部件剩余寿命标准的一致性,为确保零部件装车可实现状态选配,现场需要综合考虑零部件待检修的状态、检修完毕的状态及相同质量状态零部件的集中存放问题。

为每一个零部件设计标签品类、跟踪流程、绑定解绑方案，如图 3.3 所示，橙色代表"绑定"状态，绿色代表"解绑"状态。

修理等级 零部件	Z2 收入	抛丸	探伤	检测	检修	试验	组装	支出	Z3 收入	抛丸	探伤	检测	检修	试验	组装	支出	Z4 收入	抛丸	探伤	检测	检修	试验	组装	支出
转向架	√						√	√															√	√
摇枕									√		√		√		√		√		√		√			√
侧架									√		√		√		√		√		√		√			√
车轴(轮轴)	√			√			√		√				√				√				√			√
轴承							√		√				√								√			√
制动梁组成													√	√	√		√				√	√	√	√
上交叉杆													√		√		√		√		√			√
下交叉杆													√		√		√		√		√			√
弹性旁承	√			√			√ 原车 原上	√				√			√ 原车 原上		√							√
斜楔																								
120主阀	√			√	√		√	√	√			√	√		√		√			√	√		√	√
120紧急阀	√			√	√		√	√	√			√	√		√		√			√	√		√	√
KZW-A阀 (调整阀)	√			√	√		√	√	√			√	√		√		√			√	√		√	√
KZW-A阀 (缓解阀)				√	√		√	√	√			√	√		√		√			√	√		√	√
钩体									√				√		√		√				√			√
牵引杆									√				√		√		√				√			√
钩尾框									√		√	√	√		√		√				√			√
缓冲器									√				√		√									√
钩舌	√		√				√		√		√		√		√		√		√		√			√

图 3.3　零部件绑定解绑方案

2) 状态修第一、第二类零部件在生产过程中的全程物流与信息流同步

目前,已经识别的每辆状态修货车 30 类 120 个车辆零部件需要在检修过程中实现信息流和物流同步跟踪,跟踪全过程如图 3.4 所示。为了实现状态修第一、第二类零部件的单件追踪,一方面要有唯一 ID 能够对应到每个零部件,另一方面是如何根据零部件的特性利用不同的跟踪媒介进行有效的识别和追踪。

首先,在铁路货车运营单位 HCCBM 数据中心建立统一的零部件管理库。HCCBM 数据中心为所有寿命管理类零部件随机生成一个长度为 32 位的唯一 ID。对于有标识零部件,每个零部件 ID 关联该零部件的名称、制造(铸造)编号、制造厂家、制造年月、型号、材质等基本信息,在零部件支出装车时,记录支出车号以及装车位数等信息。对于第一、第二类零部件中无铸造标识的零部件,零部件 ID 仅关联零部件名称以及装用车号和装车位数。同时,系统中增加既有车型 BOM 中零部件的安装位数。

其次,不同类型的零部件,ID 产生时机不同。系统将零部件分为新品、旧品、新造车装用三种情况。新采购零部件运到检修基地,在系统中进行非现车收入时,由系统为其生成唯一 ID。旧品在 HCCBM 数据中心建立时,由系统统一初始化生成零部件唯一 ID。新造车零部件由制造厂上报整车技术履历到 HCCBM 数据中心时,由系统统一初始化生成零部件唯一 ID。

　　最后，当车辆扣修进入检修基地时，HCCBM 数据中心将含 300 余个零部件的技术履历、诊断报告等信息推送到检修基地。将零部件卸下时，在系统中根据车号、零部件名称、装车位数查找到零部件的唯一 ID。为了使零部件信息快捷、有效地识别和传递，检修现场利用跟踪媒介对零部件进行标识，当零部件流转到某个工序节点时，通过手持或固定设备读取跟踪标识，快速获取零部件 ID，高效检索制造信息、故障信息、检修卡片、试验数据等，并采集零部件在本工序加工的检修检测信息。当零部件装车时，系统通过跟踪媒介将零部件 ID 与支出车号及装车位数进行关联，将零部件的制造信息、技术状态、检修检测等实时更新到铁路货车运营单位 HCCBM 数据中心，从而实现所有寿命类零部件的单件管理和全过程追踪。

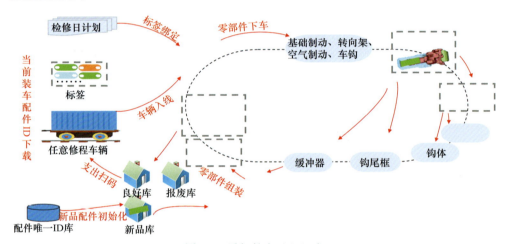

图 3.4　零部件全过程跟踪

　　零部件的标签(图 3.5)可以在零部件全寿命周期过程中共享。例如，Z1 修卸下轮对，打印一维条码粘贴在轮对上，轮对送往维修分公司进行维修，可直接用

图 3.5　轮对一维条码标签 1

扫描设备读取轮对上的标签，无须再次收入、打印标签，实现真正意义上的信息全过程共享。

零部件唯一标识在工序流转过程中会遇到很多实际问题，例如，父子级零部件分解过程中信息的传递、探伤，打沙过程中标签与零部件分离及后续匹配的问题，集中加修异地配送的零部件检修信息的跨服务器数据传输问题等。为此，HCCBM 根据零部件技术特点，应用了多种跟踪媒介，如在摇枕、侧架、制动梁、钩缓、制动阀等流水线，采用了绑定 RFID 标签的跟踪方式，其中钩缓 RFID 标签在卸车时就是钩缓各配件的组合标签，方便钩缓解体时各个标签分别继续跟踪相应的钩缓配件；在探伤、打沙等过程，HCCBM 设计了标签卸下及重新绑定的排序作业过程，确保拆卸、装用过程保持原对应关系；在轮轴各级修程检修线，采用了纸质一维条码标签打印粘贴的跟踪方式，如图 3.6 所示，支持跨检修车间的数据共享；在轴承检修流水线，采用轴承退卸时，在轴承凹槽刻打金属二维码标识的方式，实现轴承信息的传递；为避免每次检修均需绑定及解绑标签的过程，将柔性标签粘贴在部分零部件进行全过程跟踪试验等。这些都是对状态修等一、第二类零部件全程物流与信息流同步的技术解决方案的应用与探索。

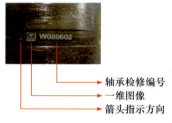

軸承检修编号
一维图像
箭头指示方向

图 3.6　轮对一维条码标签 2

4. 过程跟踪管理与迭代业务逻辑

状态修过程跟踪管理主要涵盖以下内容：

(1) 实现车辆及零部件运行里程跟踪，即实现运行里程初始化，跟踪整车及零部件技术状态数据。

(2) 铁路货车状态修检修过程跟踪。建立状态修下的检修工艺流水线，实现状态修下各修程可视化调车作业，生成状态修下动态的货车维修计划，实现状态修下生产进度计划及完成情况监控，建立状态修质量标准及完成情况监控，通过状态修下生产过程跟踪与数据的高效采集，建立地对车安全检测故障、人工检查发现的故障在状态修过程中的确认及反馈，生成检修过程中检修零部件更换清单，在车辆修竣后更新状态修车辆技术档案。

(3) 铁路货车状态修生产进度揭示。绘制货车管内图示，显示列编组、位置、流向信息、列车健康评价情况，揭示列车的利用率。

铁路货车状态修业务开展的同时，首先需要同步建设状态修数据驱动平台，数据驱动平台首先实现货车检修运用过程的数字化，通过历史数据结合专家经验摸索规律，发现生产过程、零部件研发、状态监测等环节中的短板，并进行相应专题研发和改进；其次，建立数字检修模型，并通过业务不断优化模型，通过多次迭代将模型转化为具备状态修逻辑的初步算法，形成合理匹配寿命关系的解决方案；最后，通过模拟试验列和验证试验列验证，将可行的改进应用于实际的货车状态修过程，并将检修过程对改进所带来的改善或问题进行闭环验证，将验证结果反馈给状态修模型修正，形成不断迭代的正向反馈过程，指导状态修业务开展。

铁路货车状态修是个复杂的大型信息化集成过程，在基于计划修的基础上，通过多个相关系统、业务系统同步建设，各项需求渐进明晰，因此铁路货车状态修整体采用"整体规划、分步实施、优先发布、联合验证、滚动迭代"的迭代业务逻辑，及时获取各个业务系统、各理论方法与模型的阶段性成果，并将方法与模型逐步拓展到在状态修重点车型、重点零部件、关键路径上的线性贯通，进一步拓展状态修全部车型、每个环节全部应用范围，形成面状应用，并在运行过程中发现遗漏缺失内容寻找新的创新点，为铁路货车状态修提出进一步完善建议。

3.1.3 状态修业务架构

状态修业务依托车辆状态进行适时检修，总体框架如图 3.7 所示。车辆状态的判定依托设备和模型实现静动态数据的采集、分析、计算与应用。业务涵盖数据组织、诊断决策、生产指挥、检修过程跟踪、运用跟踪、智能学习优化等多个维度，将数据驱动模式与铁路货车运用检修作业流程相结合，实现提质增效：

(1) 状态修业务接受框架方案的整体指导，依托状态修硬件及平台软件的支撑。

(2) 建立状态修知识库体系。

(3) 形成数据中心失效规律、寿命、工艺规程等各项初始模型。

(4) 根据模型对 HMIS 历史数据进行评估，选取试验车，并对试验列进行里程跟踪。

(5) 对试验车型里程初始化，包括整车里程(空车、重车、万吨、两万吨、方

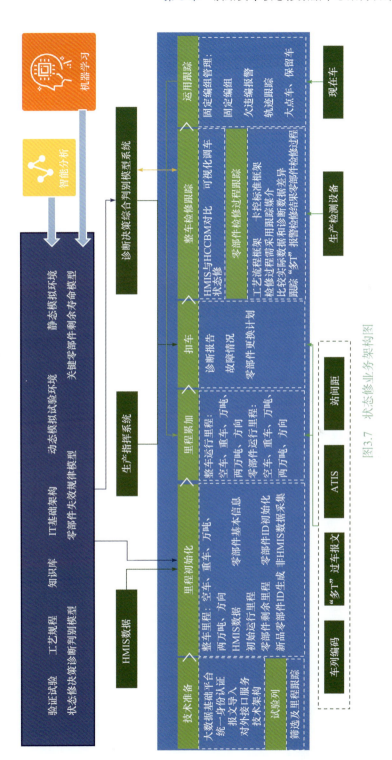

图3.7　状态修业务架构图

向）；配件里程(全寿命、使用寿命)，形成整车及配件的 ID、基本信息、初始里程、剩余里程，对其中 HMIS 包括的数据从 HMIS 历史数据导入，非 HMIS 数据须重新采集，首次形成状态修下的货车技术履历档案。

(6) 结合获取的接口 ATIS、"多 T" 过车、运距等信息，根据车辆的跟踪情况对整车及配件里程进行累加，里程信息包含空车、重车、万吨、两万吨、方向等信息。

(7) 接收生产指挥系统数据和诊断决策判别模型系统数据，对状态修车辆进行扣修，同时形成本次修程的诊断报告、重点检修故障、配件更换计划等标准。

(8) 整车里程扣车累计停止，修竣重新接续累计；配件检修过程中按诊断模型要求采集检修过程数据，比较实际数据和诊断数据的差异，跟踪"多 T"报警检修结果，按诊断模型计算剩余里程，因配件互换修全寿命配件：按唯一 ID 跟踪，使用寿命配件检修过程需采用跟踪媒介。检修过程中接入生产设备数据，并将检测结果反馈给"多 T"系统和诊断决策判别模型系统。

(9) 状态修过程中形成可视化调车、流水线设置、质量、配件进度的监控。

(10) 检修后货车运用跟踪，进行固定编组管理、客车化管理、违编报警。

(11) 检修、运用数据提交给数据中心进行智能分析和自学习模型的搭建，并将计算结果反馈给各初步模型。通过对模型相关因素的调整，各初步模型经过重新更新进一步提供给数据中心优化过的模型。

(12) 数据中心根据优化过的模型跟踪全部状态修货车里程的增加并诊断、指导扣车、重复检修及故障反馈过程，从模拟试验列、验证试验列过渡到正式状态修过程，实现常态数据的反复回馈与模型的优化工作，最终形成货车状态修模型自学习过程。

3.2 铁路货车状态修数据平台架构

3.2.1 技术架构

铁路货车状态修数据中心基本计算需求包括：

(1) 整车和零部件的多维度运行里程在线实时计算。

(2) 整车和零部件的多维度运行里程离线批量计算。

(3) 太字节(TB)级数据量在线存储，系统必须有足够的容量和带宽存储海量数据。

(4) 太字节级数据量查询实时毫秒级响应能力。

(5) 为理论方法与模型建立提供大数据体系下的多租户管理能力。

(6) 为机器学习提供数据算法库。

(7) 具备在相应的时间要求范围内进行数据的抽取、清洗、转换、加载能力。

数据中心的技术架构如图 3.8 所示，采用行业主流分层架构，包括采集交换层、数据计算与存储层、应用容器层。

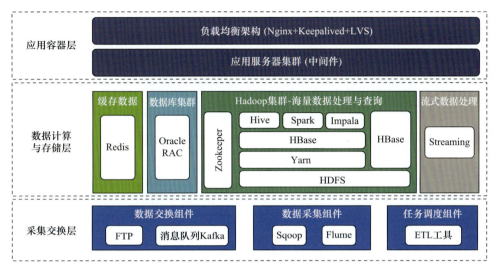

图 3.8　数据中心技术架构图

(1) 采集交换层：采用 Flume 计算框架，实现文件和消息的采集与解析；采用 Kafka 消息方式实现对消息数据的采集；采用文件传输协议(FTP)方式实现对数据文件的采集；采用 Sqoop 等方式实现将数据库数据装载到 Hadoop 分布式文件系统(Hadoop distributed file system，HDFS)。使用抽取、转换、加载(extract、transform、load，ETL)工具实现对数据采集任务的管理。

(2) 数据计算与存储层：采用 HDFS 提供统一的大数据存储，满足全量数据留存；基于 Yarn 提供跨平台的资源管理，满足资源的统一调度与管理；采用 MapReduce、Hive 实现离线数据计算；采用 SparkStreaming 实现实时数据计算；采用 Redis 实现数据缓存；采用 Oracle RAC 实现生产数据采集。

(3) 应用容器层：应用平台采用 JavaEE 技术，采用分层架构，按展示层、控制层、逻辑层和持久层来设计，实现系统功能的高内聚、低耦合，以及组件级的高级复用。为避免平台的单点故障，采用负载均衡架构部署，通过 Nginx+Keepalived+LVS 实现。

3.2.2　组件架构

数据中心分为数据采集、分布式计算引擎、分布式资源管理、分布式数据存储、集群管理五个部分，如图 3.9 所示。数据采集涵盖批量采集、实时采集、数据分发；分布式计算引擎包括常用的批处理、内存计算、流处理；分布式资源管理采用主流 Yarn 框架，支持各个应用互不干扰运行在同一个 Hadoop 系统中，可实现共享整个集群资源；分布式数据存储以 SQL 为主，同时支持 HDFS、HBase、Solr、Zookeeper；通过集群管理处理多节点，实现集群节点间的功能调用与数据传递，包括软件管理、配置管理、故障管理、性能管理、租户管理、安全管理。

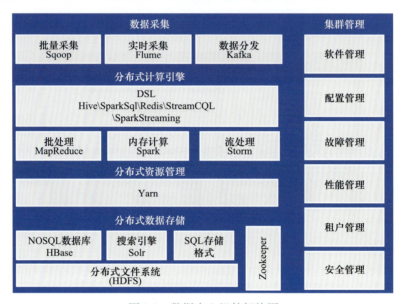

图 3.9　数据中心组件架构图

　　针对状态修对数据中心的应用需求，各部分选取成熟、符合性最高的组件来满足相应的场景，各组件的功能如表 3.3 所示，使用场景如表 3.4 所示。

表 3.3　各组件功能表

组件名称	功能
Manager	作为运维系统，为平台提供高可靠、安全、容错、易用的集群管理能力，支持大规模集群的安装/升级/补丁、配置管理、监控管理、告警管理、用户管理、租户管理等
HDFS	提供高吞吐量的数据访问，适合大规模数据集方面的应用
HBase	提供海量数据存储，是一种构建在 HDFS 之上的分布式、面向列的存储系统
Oozie	提供了对开源 Hadoop 组件的任务编排、执行的功能，以 JavaWeb 应用程序的形式运行在 Javaservlet 容器(如 Tomcat)中，并使用数据库来存储工作流定义、当前运行的工作流实例(含实例的状态和变量)
Zookeeper	提供了分布式、高可用性的协调服务能力，帮助系统避免单点故障，从而建立可靠的应用程序
Redis	提供了基于内存的高性能分布式 K-V 缓存系统

续表

组件名称	功能
Yarn	Hadoop2.0 中的资源管理系统，它是一个通用的资源模块，可以为各类应用程序进行资源管理和调度
MapReduce	提供快速并行处理大量数据的能力，是一种分布式数据处理模式和执行环境
Spark	基于内存进行计算的分布式计算框架
Hive	建立在 Hadoop 基础上的开源的数据仓库，提供类似于 SQL 的 HiveQL 语言操作结构化数据存储服务和基本的数据分析服务
Loader	基于 ApacheSqoop 实现 FusionInsightHD 与关系型数据库、FTP/SFTP 文件服务器之间数据批量导入/导出；同时提供 JavaAPI/Shell 任务调度接口，供第三方调度平台调用
Hue	提供开源 Hadoop 组件的 WebUI，可以通过浏览器操作 HDFS 的目录和文件，调用 Oozie 来创建、监控和编排工作流，可操作 Loader 组件，查看 Zookeeper 集群情况
Flume	一个分布式、可靠和高可用的海量日志聚合系统，支持在系统中定制各类数据发送方，用于收集数据；同时 Flume 提供对数据进行简单处理，并写入各种数据接收方(可定制)的能力
Solr	一个高性能基于 Lucene 的全文检索服务器。Solr 对 Lucene 进行了扩展，提供了比 Lucene 更为丰富的查询语言，同时实现了可配置、可扩展，并对查询性能进行了优化，提供了一个完善的功能管理界面，是一款非常优秀的全文检索引擎
Kafka	一个分布式、分区、多副本的实时消息发布-订阅系统，提供了可扩展、高吞吐率、低延迟、高可靠的消息分发服务
Streaming	基于 ApacheStorm 的一个分布式、可靠、容错的实时流式数据处理系统，并提供类 SQL(StreamCQL) 的查询语言
SparkSQL	基于 Spark 引擎的高性能 SQL 引擎，可与 Hive 实现元数据共享

表 3.4　各组件使用场景列表

组件名称	使用场景
HBase	存储车辆及零部件运行里程、过车源数据
Hive	为理论方法与模型建立通过 SQL 的方式提供大数据访问通道
Flume	实时采集报文服务器上的报文
Kafka	用作与理论模型数据交互时消息状态通知确认；采集过车数据传输通道
SparkStreaming	准实时计算车辆运行里程
Sqoop	大数据平台与 Oracle 的数据抽取
Redis	数据缓冲服务，增加命中率，提高访问性能

3.3　铁路货车状态修数据管理

3.3.1　数据架构

根据应用域(图 3.10)将汇聚在状态修数据中心的各项数据，划分为五个部分，包括状态修知识库、检修数据、运行监测数据、运用数据、决策分析数据。

状态修知识库：主要指字典类静态数据，如各种铁路固定编码、数字化模型、人员权限模型。

检修数据：指检修过程中产生或需要获取应用到检修过程中的数据，包括车列检修、车辆检修、零部件检修三个维度。

运行监测数据：指在运行过程中实时动态的监测数据，如"多 T"检测数据、诊断报告数据、里程数据、失效规律预测数据、修程预测数据、健康码数据。

运用数据：指在运行过程中需要关注的数据，包括编组信息、周时、车流等。

决策分析数据：指用于决策的分析类数据，包括经营分析数据、质量评价数据、健康管理数据。

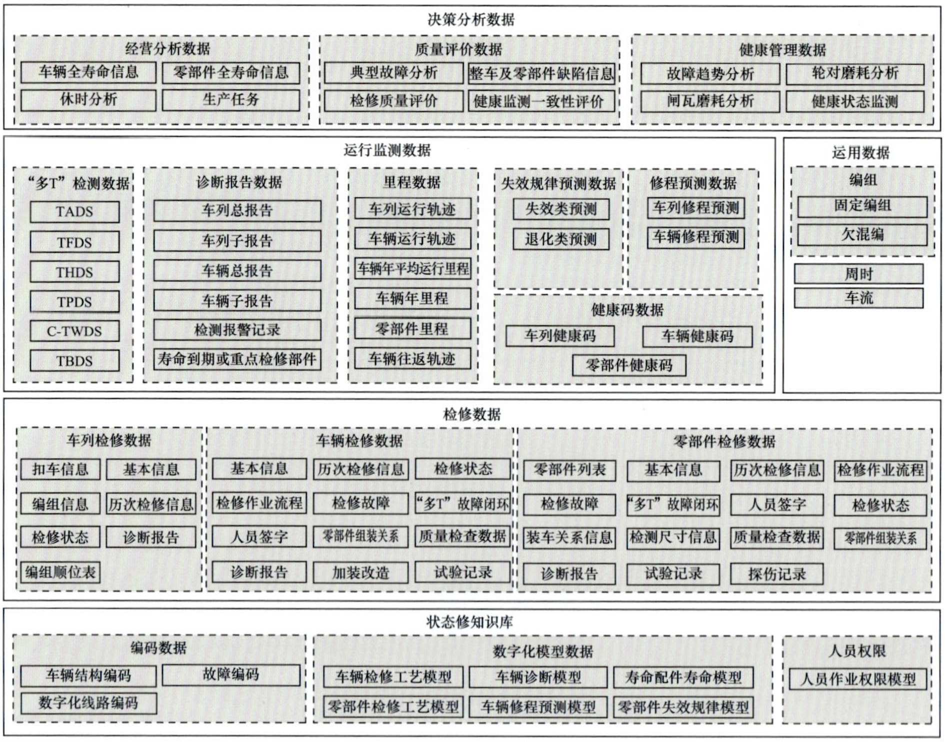

图 3.10　数据架构应用域图

对各应用域的数据进行细分，得到具体数据架构四级目录如表 3.5 所示。

表 3.5　数据架构四级目录表

一级目录	二级目录	三级目录	四级目录
状态修知识库	编码数据	车辆结构编码	
		故障编码	
		数字化线路编码	
	数字化模型数据	车辆检修工艺模型	
		零部件检修工艺模型	
		车辆诊断模型	
		寿命配件寿命模型	
		车辆修程预测模型	
		零部件失效规律模型	
	人员权限	人员作业权限模型	
运用数据	编组	固定编组	
		欠混编	
	周时		
	车流		
检修数据	车列检修数据	扣车信息	
		基本信息	
		编组信息	
		历次检修信息	
		检修状态	
		诊断报告	
		编组顺位表	
	车辆检修数据	基本信息	
		历次检修信息	
		检修状态	
		检修作业流程	
		检修故障	
		"多 T"故障闭环	
		人员签字	
		零部件组装关系	
		质量检查数据	

续表

一级目录	二级目录	三级目录	四级目录
检修数据	车辆检修数据	诊断报告	
		加装改造	
		试验记录	
	零部件检修数据	零部件列表	
		基本信息	
		历次检修信息	
		检修作业流程	
		检修故障	
		"多T"故障闭环	
		人员签字	
		检修状态	
		装车关系信息	
		检测尺寸信息	车轮尺寸数据
			闸瓦尺寸数据
		质量检查数据	
		零部件组装关系	轮轴
			转向架
			钩缓
		诊断报告	
		试验记录	
		探伤记录	
运行监测数据	"多T"检测数据	TADS	
		TFDS	
		THDS	
		TPDS	
		C-TWDS	
		TBDS	
	诊断报告数据	车列总报告	
		车列子报告	
		车辆总报告	
		车辆子报告	
		检测报警记录	
		寿命到期或重点检修部件	

续表

一级目录	二级目录	三级目录	四级目录
运行监测数据	里程数据	车列运行轨迹	
		车辆运行轨迹	
		车辆年平均运行里程	
		车辆年里程	
		零部件里程	
		车辆往返轨迹	
	失效规律预测数据	失效类预测	钩体、钩舌、钩尾框、缓冲器、牵引杆
		退化类预测	车轮
			闸瓦尺寸数据
	修程预测数据	车列修程预测	
		车辆修程预测	
	健康码数据	车列健康码	
		车辆健康码	
		零部件健康码	
决策分析数据	经营分析数据	车辆全寿命信息	
		零部件全寿命信息	
		休时分析	
		生产任务	
	质量评价数据	典型故障分析	
		整车及零部件缺陷信息	
		检修质量评价	
		健康监测一致性评价	
	健康管理数据	故障趋势分析	
		轮对磨耗分析	
		闸瓦磨耗分析	
		健康状态监测	

3.3.2　数据治理

　　数据治理是组织中涉及数据使用的一整套管理行为，是对企业的数据资产管理行使权力和控制的活动集合。国内对于数据管理的有关研究活动始于 2010 年左右，出现数据监护、数据管理、数据策展、数据管护等。状态修数据中心是以数据为核心业务的典型数据平台系统，引入数据治理理论，旨在推进状态修基于数据资产的业务创新和价值创造。数据治理的一个重要前提是建立统一共享的数据平台，信息系统建设发展到一定阶段，数据资源将成为战略资产，而有效的数据治理是数据资产形成的必要条件。"车辆技术状态数据中心"作为状态修管理数据的规范中心、生产数据的汇集中心、决策数据的加工处理中心、管理应用的发布中心，通过物联网技术、大数据存储技术、大数据分析技术、容灾备份技术等，为状态修提供完备的信息化技术平台支撑，是货车状态修的信息化核心系统。状态修数据中心是典型的数据集中、以数据为核心资产和业务的大数据服务系统。自状态修数据中心系统建设以来，数据积累已经达到相当规模，状态修业务数据能否得到有效的治理和管理，关系着状态修数据资产能否充分发掘其价值，并最终实现状态修业务创新和价值创造。

1. 数据治理方法

首先分析归纳状态修业务数据的类型和特点，并就目前状态修数据中心数据治理的现状和存在的问题进行梳理及总结。在权威机构数据治理框架的基础上，结合状态修业务特点，提出对状态修数据中心数据治理的部分治理手段。

数据中心数据治理主要分为如下四方面：

(1) 明确数据治理的目标。数据治理的目标就是在管理数据资产的过程中，确保数据的相关决策始终是正确、及时、有效和有前瞻性的，确保数据管理活动始终处于规范、有序和可控的状态，确保数据资产得到正确有效的管理，并最终实现数据资产价值的最大化。

(2) 理解数据治理的职能。从决策的角度，数据治理的职能是"决定如何做决定"，数据治理负责对数据相关事务的决策过程中所遇到的问题提出解决方案，即为什么、什么时间、在哪些领域、由谁做决策，以及应该做哪些决策；从具体活动的角度，数据治理的职能是"评估、指导和监督"，内部关联如图 3.11 所示，即评估数据利益相关者的需求、条件和选择以达成一致的数据获取和管理的目标，通过优先排序和决策机制来设定数据管理职能的发展方向，然后根据方向和目标来监督数据资产的绩效与是否合规。

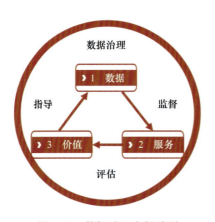

图 3.11　数据治理内部关联

(3) 把握数据治理的核心。数据治理专注于确保做出正确的决策。决策权分配和职责分工就是确保决策正确有效的核心机制，自然也成为数据治理的核心。

(4) 抓住数据治理的本质。数据治理本质上就是对状态修的数据管理和利用进行评估、指导和监督，通过提供不断创新的数据服务，为其创造价值。

2. 数据治理的作用

数据治理的作用可以概括为以下四点：

(1) 促进服务创新和价值创造。有效的数据治理能够通过优化和提升数据的架构、质量、标准、安全等技术指标，显著推动数据的服务创新，进而创造出更多更广泛的价值。

(2) 提升数据管理和决策水平。科学的数据治理框架通过协调不同部门的目标和利益，为不同的业务系统提供更为广泛、深入和可信的数据，进而产生与业务目标相一致、更有洞察力、前瞻性和高效的决策。

(3) 提高数据质量，增强数据可行度，降低成本。通过建立并遵循数据相关的规则、标准和过程，有效的数据治理可以产生高质量的数据，增强数据可行度；同时，随着数据质量的不断提升、冗余数据的不断减少以及标准的推广，数据相关费用也会不断降低。

(4) 提高合规监管和安全控制，降低风险。在主要业务和跨业务职能间应采用一致的数据标准，为合规监管创造统一的处理和分析环境。

数据治理从如表 3.6 所示的五个维度进行，首先保证源头数据质量，利用系统自动校验机制，卡控手工录入数据及导入文件的数据质量。同时针对大数据和 Oracle 数据库两类主流技术数据进行重点治理，在大数据平台应用 ETL 工具对接入数据进行清洗，保证满足数据统计指标，在 Oracle 数据库建立有效性规则，实现自动数据清洗与补全。另外，在代码块数据端定义校验处理，保证计算结果符合业务场景。建立主数据管理，定义统一标准，实现信息共享，保证主数据的一致性、完整性与准确性。

表 3.6　数据治理维度说明

治理维度	描述	应用示例
录入数据校验	包括手工录入与文件导入，全部与设定好的校验规则进行匹配	在轴颈检测岗位，如果输入的轴颈不符合规则，则在录入界面上提示，并且可以根据轴型来切换不同的限度
大数据平台数据治理	大数据平台通过 ETL 工具对接入的数据根据业务模型进行数据清洗	如大数据平台采集到车辆走行数据后，需要通过数据治理模块把车辆的车种车型进行二次匹配，核对报文格式是否按照指定的分隔符分隔，以满足理论模型建立所需的各类数据统计指标
Oracle 数据治理	在 Oracle 内针对每张数据表建立数据有效性规则，数据库自动对数据做补全、清洗等操作	如车轮直径的整数部分为三位数，小数部分为两位数，则可在 Oracle 中定义类型为 NUMBER(5,2)

续表

治理维度	描述	应用示例
代码块数据校验	代码在计算过程中对产生的数据结果进行校验处理，保证计算结果符合业务场景	统计磨耗规律时，不能直接按照轴号首次组装单位首次组装日期来确定一个轮对，因为换轮的轮对需要单独统计，所以需要加上末次组装单位不同的条件
主数据管理	主数据标准统一、信息共享和主数据全寿命周期管理，保证业务应用系统主数据的一致性、完整性与准确性	如理论模型重复使用的车辆 BOM 结构数据、各字典数据、统一用户信息数据、业务实体基础描述信息数据等由主数据管理，在数据中心统一发布，若新增修改和废除则需通过标准流程，使其具有共享性、稳定性、唯一性、原始性等基本特征

3.3.3　数据安全

数据安全，对状态修重要数据依据数据安全寿命周期，从数据创建、存储、使用、共享、归档至销毁，使用数据分级、数据加密等措施，保障数据的保密性、完整性、可用性、真实性，以及授权、认证和不可抵赖性。数据中心建设从 Oracle 数据库、大数据、应用程序三方面保证数据安全。

1. Oracle 数据库方面

1) 建立用户组

在操作系统下建立用户组是保证数据库安全性的一种有效方法。在安装 OracleServer 前，创建数据库管理员组(DBA)，并为该组分配 root 和 Oracle 软件拥有者的用户 ID。

2) 建立数据库文件安全性保护

文件的拥有者可读可写权限，为避免并发写造成一致性问题，当文件的一个拥有者在写文件时，禁止同组和其他组用户的写权限。Oracle 软件的拥有者应该拥有包含数据库文件的目录，为了增加安全性，仅 Oracle 软件的拥有者拥有包含数据库文件的目录，收回同组的非文件拥有者和其他组用户对这些文件的可读权限。

3) 建立网络安全性保护

在网络上使用密码，并且以加密方式键入密码，避免被非法用户截获。利用拒绝远程 DBA 访问设置或通过 ORAPWD 给 DBA 设置特殊的密码对网络上的 DBA 权限进行控制。

4) 建立数据的安全性策略

基于数据的重要性，实现数据对象访问的有效控制与维护。

5) 建立用户的安全性策略

针对一般用户，利用密码实行数据库用户身份确认，同时充分利用角色机制进行权限管理；针对终端用户，管理者以授予的方式为用户分配角色，连接相应的权限与应用程序，实现权限管理。

6）建立数据库管理者的安全性策略

当数据库创建好以后，立即更改有管理权限的 sys 和 system 用户的密码，防止非法用户访问数据库，保护作为 sys 和 system 用户的连接；保护管理者与数据库的连接，只有数据库管理者能用管理权限连入数据库；使用角色对管理者权限进行管理。使用用户名和口令验证调用者身份，达到对服务本身的保护。

2. 大数据方面

1）限制只有合法用户身份的用户访问大数据平台集群

（1）用户身份认证。

关注控制外部用户或者第三方服务对集群的访问过程中的身份鉴别，这是实施大数据平台安全架构的基础；用户在访问启用了安全认证的集群时，必须能通过服务所需要的安全认证方式。

（2）网络隔离。

大数据平台集群支持通过网络平面隔离的方式保证网络安全。

（3）传输安全。

关注数据在传输过程中的安全性，包括采用安全接口设计及高安全的数据传输协议，保证在通过接口访问、处理、传输数据时的安全性，避免数据被非法访问、窃听或旁路嗅探。

2）访问定义什么样的用户和应用程序可以访问数据

权限控制：包括鉴权、授信管理，即确保用户对平台、接口、操作、资源、数据等都具有相应的访问权限，避免越权访问；分级管理，即根据敏感度对数据进行分级，对不同级别的数据提供差异化的流程、权限、审批要求等管理措施，数据安全等级越高，管理越严格。

3）报告数据从哪里来、如何被使用和销毁

数据寿命周期管理：理解大数据平台中数据的来源，以及知道数据如何被使用，何人在何地对其进行销毁，对监测大数据系统中是否存在非法数据访问非常关键，这需要通过安全审计来实现。安全审计的目的是捕获系统内的完整活动记录，且不可被更改。例如，华为的 FusionInsight 审计日志中记录了用户操作信息，可以快速定位系统是否遭受恶意的操作和攻击，并避免审计日志中记录用户敏感信息，确保每一项用户的破坏性业务操作被记录审计，保证用户业务操作可回溯；为系统提供审计日志的查询、导出功能，可作为用户安全事件的事后追溯、定位问题原因及划分事故责任的重要手段。总之，大数据平台要能对数据进行全方位安全管控，做到"事前可管、事中可控、事后可查"。

4) 多租户隔离，数据容灾

(1) 多租户隔离。

实施多租户访问隔离措施，包括硬件资源和组件访问，实施数据安全等级划分，对同一个存储组件中的数据资源可按照行级授权。

(2) 数据容灾。

在黄骅和北京两数据中心建立主备机制，为集群内部数据提供准实时的异地数据容灾功能。

3. 应用程序方面

1) 程序资源访问授权

程序资源访问授权包括：用户访问拦截，只允许合法用户向服务发起请求访问；资源授权，在平台框架中提供根据用户的实际工作内容进行细粒度的访问控制，不仅对菜单授权，对具体的数据行、字段皆可控制，大大保证了应用程序对应的数据安全。

2) 防攻击设计

防攻击设计包括：SQL、HTML、JS、OS 命令注入；XSS 跨站脚本攻击，利用站内信任的用户，在 Web 页面插入恶意 Script 代码；CSRF 跨站请求伪造，通过伪装来自信任用户的请求来利用受信任的网站；目录遍历漏洞；参数篡改；会话劫持。

3) 防 SQL 注入漏洞

在平台框架中内置对有害语句及符号的过滤，如 insert 、update、delete 等，在基类进行过滤，这样子类就不用关心也可以避免这些常用的攻击。

4) 应用程序稳定性设计

采用负载均衡部署方式，相对平均地将用户请求数分配到对应的服务器中，尽量保证每个应用服务器节点不出现请求压力峰值；由于是负载均衡部署方式，即便一个服务器节点宕机无法提供服务，其他服务器可立刻接管，保证为用户提供一个通畅的使用体验，对业务操作不产生影响。

5) 开放接口授权访问

数据中心与其他理论分析数据交互，根据使用场景开放了七种接口方式，每种接口方式在使用之前必须在开发者中心进行申请，只有审核通过才可以调用接口，并且接口设置了访问日志记录机制，只有被授权人与指定的访问服务器才可获取资源。

3.4　铁路货车状态修应用架构

3.4.1　状态修模式下 HMIS 的弊端

伴随铁路货车状态修修程修制的改革，业务、管理、技术等多方面均与原来的计划预防修有着明显不同，主要体现在以下几个方面：

(1) 由对单辆车的检修转换为以整列为应用对象。

(2) 检修周期由时间周期转换为里程周期。

(3) 各修程标准由强制性统一标准扣修转变为依据列车健康状态进行针对性修理。

(4) 运用大数据等技术，形成数据驱动的货车智能检修模式。

因此，在业务重塑、管理制度更新、技术迭代的同时，需要针对状态修模式建立新的信息化系统，以满足预防计划修所依托的 HMIS 无法满足的状态修信息化需求。

针对状态修，数据由原来货车检修过程的辅助采集内容，转化为状态修货车运用、检修过程的推动力，贯穿整个货车状态修的全过程。HCCBM 实现基于数据驱动的铁路货车状态修，HCCBM 以零部件寿命管理体系为基础，结合先进的检测装备与零部件寿命预测手段建立货车诊断决策综合判别模型，对货车健康状态进行综合、量化的评判与修程的科学决策，实现对故障的精准施修，HCCBM 通过货车运用、检修寿命周期的闭环正反馈过程，持续改进判别模型进而不断优化检修，支撑国能铁路货车运营单位实现基于铁路货车健康、数据驱动的状态修检修模式。

既有 HMIS 和新建的 HCCBM 是基于不同检修模式而建立的信息系统，因此在诸多业务节点和管理方面存在差异，包括编码、零部件分类等属性变化，也包括调向机制、修程设置等关键业务定义变化，如表 3.7 所示。

表 3.7　HMIS 与 HCCBM 差异对比表

序号	识别项点	HMIS	HCCBM
1	零部件编码	10 种主要零部件	各车型不可分全部零部件
2	编码结构	车型-零部件	车型-装置-零部件
3	修程周期计算单位	时间(仅对车辆及部分零部件)	运行里程(包括车辆及零部件)
4	检修、扣修单元	单辆	整列
5	修程周期	时间周期(年月)定检标记	运行里程
6	零部件分类	关键零部件、重要零部件、一般零部件	全寿命零部件、使用寿命零部件、易损零部件
7	零部件控制范围	10 种重要、关键零部件	30 种全寿命、使用寿命部件
8	零部件寿命追溯	10 种重要、关键零部件追溯	30 种寿命零部件连续追溯
9	寿命零部件阈值测算	不测算	测算
10	寿命零部件退化缺陷与里程对应关系	不测算	测算

续表

序号	识别项点	HMIS	HCCBM
11	"4T"判定	不判定	"4T"综合判定
12	健康状态与剩余寿命	不检测、不监控、不跟踪	检测、监控、跟踪
13	列车欠轴、补轴	不选车	选车(车型一致、修程相近)
14	列车调向测算	不测算、不预警	测算、预警
15	车轮踏面磨耗状况	不测算、不测量	测算、实时测量
16	闸瓦剩余厚度状况	不测算、不测量	测算、实时测量
17	修程设置	通过修(临修)、段修、厂修	在线修、状态修
18	运用故障判定	人检+机检	系统判定+人检+机检
19	扣修检修周期	规程规定检修时间周期不可变	设定列车运行里程及车辆状态确定
20	扣修检修周期判定	定检时间周期标记判定	以系统设定判定
21	零部件检修限度	规程规定检修限度不可变	检修测量数据调整，匹配检修周期
22	不匹配零部件处置	不处置	有目标研发高可靠零部件
23	零部件检测数据获取	量具、样板、试验、测试设备	测量工装、量具及试验、测试设备
24	装车零部件装车统计	不统计	统计
25	检查与修理方式	全面检查，分解检修	依托系统判定、预检，精准检修

3.4.2　状态修应用架构

面向状态修的应用，建设货车状态监测维修系统(HCCBM)，包括 HCCBM 数据中心、HCCBM 诊断决策系统和 HCCBM 生产指挥系统。其中 HCCBM 数据中心内设知识库系统、车辆检修系统、零部件检修系统、智能分析系统。通过分析各应用系统的关系，设计应用架构，明确划分各应用系统的功能。

应用架构秉承统一规划、承上启下的原则，建立业务应用系统，明确功能与各系统间的关系。状态修的应用架构如图 3.12 所示，向上服务各状态修相关用户，以接入层为不同层级用户提供统一单点登录、域名解析、负载均衡服务，优化用户体验。向下承接数据采集和基础服务，实现应用与数据分离。

系统应用架构分为数据层、基础服务层、业务层、接入层、用户层。

(1) 数据层：负责检修数据的采集，包括基于数据库、大数据和缓存的数据，以及从第三方系统接入数据。

(2) 基础服务层：提供文件预览服务、全文检索服务、任务调度服务、对外接口调用访问、大数据存储、计算与查询服务等数据服务标准化开发访问。完成

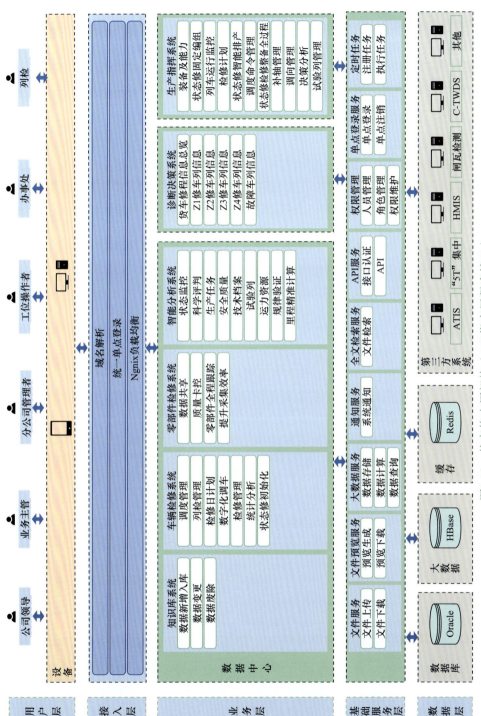

图3.12　状态修应用架构（API指应用程序接口）

用户登录的统一身份认证，提供知识库的查询 API。

(3) 业务层：实现 HCCBM 各子系统的开放及部署应用。

(4) 接入层：通过统一的域名解释、单点登录、负载均衡提供接入服务。

(5) 用户层：用户通过终端设备实现数据采集。

1. HCCBM 数据中心

1) 知识库系统

知识库系统是状态修静态知识型数据的集合，为理论模型分析和各应用系统研发提供数据支持。知识库包含基础数据字典、各理论模型相关数据集和电子书库三个部分。其中，基础数据字典包括状态修信息化框架方案规定的所有编码信息，还包括车辆 AB 端方向、运用组织、线路运距、车列编组等基础信息；各理论模型相关数据集指零部件失效规律/诊断决策判别等模型数据集、运行试验等结果集，以及动力学模型等相关数据；电子书库包含作业指导书、检修工艺文件等非结构化的文本或图片，提供全文检索功能。

2) 车辆检修系统

车辆检修系统实现车辆检修生产环节的全过程跟踪，对货车的成组车、黄标方向、标签安装位置等重要信息进行初始化，实现最高修理等级每辆车 118 个零部件的检修信息、故障信息的数据完整性校核和电子档案归档。同时，支持相关列检人员、调度人员需要的可视化调车等信息化功能。

3) 零部件检修系统

零部件检修系统针对状态修特色的寿命跟踪零部件，结合现场管理模式设计标签跟踪的范围、跟踪流程、标签样式、绑定解绑过程，并和生产设备进行以标签为唯一标识的双向数据共享，实现全员参与基于生产节拍的数据采集。

4) 智能分析系统

智能分析系统用于对状态修业务的各类数据进行多层次和多角度的分析。系统搭载自主分析平台，具备可扩展性、高实时性、快速响应能力、业务数据可关联能力、数据有效可视化的特点。用户以灵活拖拽操作方式即可实现在标准化分析体系下的自服务实时探索式分析，非专业人员也可快速掌握平台使用，轻松满足驾驶舱定制、敏捷可视化等应用需求。

2. HCCBM 诊断决策系统

HCCBM 诊断决策系统实现零部件剩余寿命预测模型、车辆技术状态检测系统预测模型和车列健康诊断模型的建立、查询、修改等程序功能，实现车列修程诊断决策报告、车辆技术状态诊断报告的生成、查询、多条件对比分析等功能，以及报告数据的存储、备份、转储等数据管理功能。将车列修程诊断决策报告、车辆技术状态诊断报告输出给子系统 HCCBM 数据中心、生产指挥系统指导后续车辆修理和数据分析。

3. HCCBM 生产指挥系统

HCCBM 生产指挥系统监控列车的运输组织，监控车辆质量变化、寿命零部件退化趋势及质量缺陷导致的剩余寿命变化；监控轨边检测设备对车辆运行品质及重要零部件检测判定的安全程度变化；按列车健康状态数据判定修程实施整列扣修；按在线修、Z1 修、Z2 修、Z3 修、Z4 修各个等级修要求进行生产调度管理，智能化推荐待修列车送修方案，动态跟踪车辆在检修基地从预检、入库修理到修竣各阶段的进度及作业状况。生产指挥系统通过全方位跟踪监控列车状态变化及检修运用作业过程，满足状态等级检修新模式下的业务需求，实现状态修模式下生产作业的高效指挥调度。

3.5　数　据　接　口

为保证铁路货车状态修业务流程的顺利运转，除状态修过程中采集的数据，还需要实现同国能集团目前运行的相关既有系统接口、状态修检修过程中生产设备的接口、货车状态修检测技术与设备研制相关设备接口、预留与货票系统的数据接口、状态修各修程之间数据接口等的通信与联络。

3.5.1　数据接口分类

按照状态修数据中心接入对象的不同，将数据接口分为五大类，包括既有系统接口、与各理论模型接口、设备接口、内部接口、预留拓展应用接口，见表 3.8。

既有系统接口，指国能集团目前运行的相关系统接口，是数据中心建设的重要数据来源。与各理论模型接口，指与状态修其他各理论成果及模型之间的数据交互接口，分为动态数据交互接口和静态数据交互接口两类。各理论模型之间的接口较为复杂、内容多、影响大、逻辑关联强，是状态修业务开展的关键数据内容。设备接口，指状态修检修过程中生产设备的接口，涵盖生产设备接口、检测设备接口和车辆技术状态监测设备接口等。内部接口，指状态修各修程之间的数据接口，该类接口需要保证数据及时采集及更新。预留拓展应用接口，指为了保障状态修后期业务延展性而预留的应用接口。

表 3.8　数据接口分类

序号	接口一级分类	接口二级分类	接口系统	
1	既有系统接口		HMIS、确报系统、ERP 系统、铁路货车运营单位运输系统、集团公司运输系统、现在车系统	
2	与各理论模型接口	动态数据交互接口	状态修诊断决策综合判别模型及系统 铁路货车零部件失效规律 关键零部件剩余寿命预测模型及车辆子系统评判方法 状态修生产指挥系统 车辆技术状态监测设备研制与安装方案(货车轮对状态在线综合检测系统、出入段全方位车辆状态检测系统、高可靠性零部件、铁路货车量值检修系统、铁路货车定位追踪管理系统、铁路货车闸瓦监测系统及其配套设备) 基于动力学特征的铁路货车状态识别 "多 T"综合判别系统	
3		静态数据交互接口	基于状态修的铁路货车零部件寿命管理系统 状态修工艺规程 模拟状态修运行试验 状态修验证试验 基于状态修的检测设备布局方案	
4	设备接口	新旧生产设备接口	数据共享	探伤机、测量机、轴承压装机
5			文本共享	轮对磨合、集中试风、120 阀试验台
6		检测数据接口	ATIS	车辆确报、车列确报
7			地对车安全检测数据	TADS 数据、TPDS 数据、THDS 数据、TFDS 数据
8			"多 T"综合预警数据	"多 T"故障的闭环处理数据
9		新研发设备接口	货车轮对尺寸动态监测系统(TWDS)	
10			出入段全方位车辆状态监测系统	
11			铁路车辆制动故障预测预警系统	
12			曲线通过性能监测系统(C-TPDS)	
13			铁路货车量值检修系统	
14			基于激光和红外热成像技术的动态转向架疲劳监测系统	
15			铁路货车智能机器人巡检系统	
16			铁路货车定位追踪管理系统	
17			铁路车辆轴温无线探测系统	
18			铁路货车转向架无源无线振动传感与监测系统	
19	内部接口		状态修各修程间数据接口	
20	预留拓展应用接口		货票系统	

3.5.2　数据接口管理

铁路货车状态修具有接口数量众多、类型复杂、数据接口涉及面广、差异性大等特点，对所有接口采用同等程度的管理，难度大且效率低。为了解决状态修接口管理中的各类问题，进一步提高数据接口技术水平，并考虑将来状态修业务延展进行技术储备，数据中心通过建立连接设备、标准程序、通信规范以及协议数据格式等，保证各系统间相互传输数据和交互信息，构建货车状态修标准输入/输出数据接口，提供统一的数据接口标准化管理服务。

3.5.3　数据接口交互方式

数据中心提供七种数据交互方式，见表 3.9，分别为 Restful 接口服务、Kafka 消息服务、关系型数据库共享、数据资源共享、流数据采集、文本导入、HCCBM 数据中心信息系统界面操作。使用上述数据接口的一种或多种进行数据交互时，需申请开发者权限。

表 3.9　数据接口交互方式

数据交互方式	场景描述	实现方式
Restful 接口服务	数据中心提供数据输入/输出服务，小数据量、高延迟的数据项可采用该方式	一种软件架构、设计风格，而不是标准，只是提供了一组设计原则和约束条件。它主要用于客户端和服务器交互类的软件。基于这个风格设计的软件可以更简洁，更有层次，更易于实现缓存等机制 每个资源都有一个地址。资源本身是方法调用的目标，方法列表对所有资源都是一样的。这些方法都是标准方法，包括 HTTPGET、POST、PUT、DELETE，还可能包括 HEAD 和 OPTIONS
Kafka 消息服务	数据中心提供实时数据的获取方式，通过数据内容订阅或消息拉取的方式在及时性和解耦性方面要胜过 Restful 接口服务	Kafka 是一种高吞吐量的分布式发布订阅消息系统。通过磁盘数据结构提供消息的持久化，这种结构对于即使数以 TB 的消息存储也能够保持长时间的稳定性能。即使是非常普通的硬件 Kafka 也可以支持每秒数百万的消息。支持通过 Kafka 服务器和消费机集群来分区消息。支持 Hadoop 并行数据加载。Kafka 提供标准 API 服务
关系型数据库共享(Oracle 视图/临时写入表)	在关系型数据库或大数据平台内，对一个业务专题、一个专业主题等按指定条件汇聚的数据块进行重复使用的情况下，针对使用者的角色，对数据块进行授权或限制来规定数据块的安全性和流通性	Oracle 数据库建立只读用户，对用户进行数据范围授权，将该用户可读的数据建立视图

数据交互方式	场景描述	实现方式
数据资源共享(Hive)	大数据中大批量数据内容，不方便移动； 在大数据平台内确保各用户间数据的隔离性	基于大数据平台的共享池(大数据平台多租户方案)
流数据采集(Flume + Kafka + SparkStreaming)	对源源不断的数据流进行采集，并且对数据进行多维度计算	采用大数据流计算框架
文本导入(Excel 模板)	原数据源系统不方便开放接口方式； 原数据源没有信息化系统，都是人工表格	HCCBM 数据中心开发导入表格解析程序模块，接入数据库中
HCCBM 数据中心信息系统界面操作	针对没有信息系统的组织，提供数据交互方式，偏向于手抄工作	直接在 HCCBM 数据中心信息系统界面进行数据录入或数据查看预览，提供对应数据的导出功能

3.5.4　接口运行示例

1. 内部接口

1) 访问方式

Oracle 同一实例下允许创建多个数据库用户，各用户之间的数据访问应使用如下方式。

(1) 同义词 Synonym：在当前用户下通过创建同义词的方式访问另一用户的数据结构。

(2) 授权 Grant：通过授予 SELECT、INSERT、UPDATE、DELETE 权限进行直接调用。

以状态修生产指挥系统与 HCCBM 数据中心数据交互为例，状态修生产指挥系统与 HCCBM 数据中心采用同一个开发框架，并且数据库部署在同一套物理环境中，所以二者数据交互时通过数据库共享更为便利、合理。

2) 操作步骤

开发数据库共享应设置如下安全步骤：

(1) HCCBM 数据中心为状态修生产指挥系统开设专门的只读用户来读取所用数据内容，该用户只有 SELECT 操作角色。

(2) 将数据项以视图的形式开放，防止用户反追数据源。

(3) 涉及数据写入的情况，单独设置非业务表提供写入，HCCBM 数据中心进行数据合并，避免直接由状态修生产指挥系统将数据写入业务表中。

3) 数据共享流程

状态修生产指挥系统与 HCCBM 数据中心的数据共享流程如图 3.13 所示, 通过 Oracle 数据库实现共享交互, 状态修生产指挥系统通过被分配的只读用户从 Oracle 视图读取所需数据用于生产指挥业务使用, 生产指挥自产生的数据存入 Oracle 数据临时表, 由 HCCBM 数据中心通过触发器监听数据变化, 进行数据校验后将数据合并到数据中心业务表中。

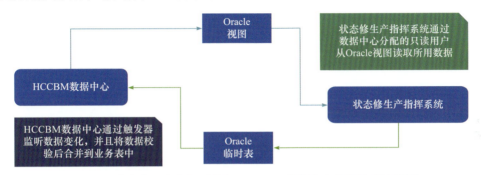

图 3.13　状态修生产指挥系统与 HCCBM 数据中心数据共享流程图

2. 外部硬件接口

硬件设备厂家提供能稳定运行在 Windows 平台上的标准动态链接库文件, 如指纹仪。与外部系统间接口可以使用 Webservice 实现数据共享, 示例说明如下。

(1) 接口调用地址: http://IP:端口/研究组/service/接口名 wsdl。

(2) 接口数据调用范例: 接口数据调用需明确接口信息、类型、功能、输入数据项、输出数据结构及数据项、调用方法, 接口数据调用范例见表 3.10。

表 3.10　接口数据调用范例

接口信息	指纹仪接口			
接口类型	Webservice			
功能描述	交互指纹仪的人员信息			
输入数据项	人员姓名、录入时间			
输出数据结构	序号	字段名	数据类型	说明
	1	name	int	
	2	time	datetime	
输出数据项	表单中所有数据项			
接口调用方法	API			

3. 外部自动化设备接口

外部自动化设备接口采用纯文本文件方式，每一次生成一个文件，文件采用统一规则命名。由自动化设备将检修测量或试验数据按统一规则写入文件中，平台可按规则解析文件完成数据接口共享。

1) 文件存放路径

接口数据文件统一默认存放于 D 盘根目录"hmissbjr"文件夹中，各设备接口文件存放于以设备名称拼音字母命名的文件夹中。例如，轮对磁粉探伤接口文件存放路径为"D:\hmissbjr\ldcfts"，若同一个设备同时采集多个文本文件，则需要放在不同的目录下。数据文件存放路径应能根据需要通过配置修改，避免设备接口的冲突。

2) 文件命名规则

(1) 文件名格式："流水号.TXT"。

每检测一次产生一个检测结果文本文件，用流水号作为文件名，如"10.TXT"，同一零部件检测多次，应产生多个文本文件，用流水号来区分检测顺序。流水号无限增长，不需要归零。

(2) 分隔符。

文件中相邻信息间用"TAB"符号(ASCII 码为 0x09)分隔(要求文件信息中不能出现"TAB"字符)。

(3) 文件头格式。

文件头数据项包括零部件编号、数据的含义、工作时间、记录流水号，见表 3.11。文件头结束后换行(\r\n)。

表 3.11　文件头格式

序号	数据项	字段类型	精度	是否为空	说明
1	零部件编号	varchar2	20	N	可以是具体检测零部件的编号，也可以是车号，需根据设备性质确定
2	数据的含义	varchar2	50	N	
3	工作时间	date		N	格式：yyyy-mm-dd hh:mm:ss
4	记录流水号	varchar2	11	Y	同文件名称的流水号

例如，"车轴检测设备"文件头:轴号"分隔符"车轴检测数据"分隔符"工作时间"分隔符"记录流水号"分隔符"图片数量(\r\n)，这种格式组成一条数据。

(4) 数据格式。

文件头的下一行紧跟正文数据，不能有空行，文件中各行的行首不能有多余的空格等额外字符。数据项之间用"分隔符"分隔，即使数据项无内容也要保证分隔符的存在(以便校验文件格式)。若接口数据可以明显分为若干类，为使接口文件易读，可以让每一类数据占一行，但行之间不能再用"分隔符"。

① 数据文件相关内容填写规则。

所有日期(若无特殊说明)格式均为：yyyy-mm-dd hh:mm:ss。

各种数据须符合车辆信息规划中的公用信息基础编码规范。针对轮对、轴承设备，相应的标识信息必须有，如轴号、轴承编号，否则无法和系统挂接。同一零部件，检测多次，应该产生多个文本文件，用序号来区分检测顺序。例如，接入"车轴检测设备"正文格式:轴颈直径左"分隔符"轴颈直径右"分隔符"轴颈长度左"分隔符"轴颈长度右"分隔符"防尘座直径左"分隔符"防尘座直径右"分隔符"轮座直径左"分隔符"轮座直径右"分隔符"轴肩距"分隔符"轴全长"分隔符"轴身直径，这种格式组成一条数据。

② 标识文件说明。

使用"DataFileFlag.NO"文件记录最近一次写入的文件号，用以标识当前正在处理的数据文件。微控设备负责更新 CurrentWriteNO，用于标识当前硬件设备产生的数据文件的序号。KMIS 负责更新 KMISCurrentWriteNO，用于标识当前KMIS 提供硬件设备数据文件的序号。

文件内容：

[FLAG]

CurrentWriteNO=

KMISCurrentWriteNO=

4. 微控设备接口

1) 接入条件

硬件设备需要联网并预留网络接口，需产生数据文件并能从网络上读取。

2) 接入流程

根据设备厂家需提供的资料判断硬件设备类型、接入计算机的 IP 地址、文本文件存放路径、文本文件存放字段的列表及属性等中文描述。描述的内容见表 3.12，包含数据项、字段类型、字段精度、是否为空，说明可选填。

表 3.12 字段描述格式

序号	数据项	字段类型	字段精度	是否为空	说明
1	xx 字段	int	2	否	无

5. 外部系统接口

以 HCCBM 数据中心与诊断决策系统数据交互为例进行说明。

1) 系统间交互内容

诊断决策依托车辆里程、车辆状态、编组等数据进行模型计算，得出车辆及车列报告，指导生产指挥扣车，HCCBM 数据中心与诊断决策系统间的交互内容见表 3.13。因此，由 HCCBM 数据中心通过 HBase 将其所需信息实时共享，同时诊断决策系统将报告、报警信息等判定结果通过 HBase 反馈给 HCCBM 数据中心。

表 3.13   HCCBM 数据中心与诊断决策系统间交互内容

名称	传输方向	共享内容	接口方式
诊断决策系统	输出	车列总报告	HBase
		车列子报告	HBase
		车辆总报告	HBase
		车辆子报告	HBase
		监测设备报警记录	HBase
		寿命到期或重点检修部件	HBase
	输入 (由数据中心提供)	车辆零部件结构清单(BOM)	HBase
		车辆运行里程	HBase
		零部件运行里程	HBase
		固定编组	HBase
		货车检修故障	HBase
		故障库	HBase
		"多T"监测数据	HBase
		知识库(基础编码等字典)	网页查询、导出

2) 系统间传输流程

HCCBM 数据中心与诊断决策系统数据传输流程如图 3.14 所示，由 HCCBM 数据中心发布消息至 Kafka 中转站，诊断决策系统读取该消息，并存储到读取/返回消息历史表，然后根据读取消息在表内查询数据。最终生成的车列总报告、车列子报告、车辆总报告、车辆子报告、监测设备报警记录、寿命到期或重点检修部件等结果数据存储进 HBase 和 Oracle 对应数据表中。

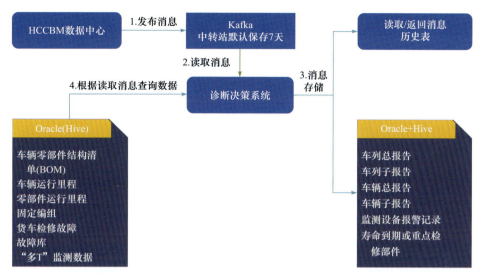

图 3.14　HCCBM 数据中心与诊断决策系统数据传输流程

　　诊断决策系统将获取报告 ID 并生成消息内容，返回 HCCBM 数据中心数据流程如图 3.15 所示。将消息存储进读取/返回消息历史表中，再发布消息至 Kafka 中转站，并由 HCCBM 数据中心读取 Kafka 消息内容，HCCBM 数据中心将车列总报告、车列子报告、车辆总报告、车辆子报告、监测设备报警记录、寿命到期或重点检修部件等结果数据存储到对应的 Oracle 数据库表中，为状态修业务提供数据支撑。

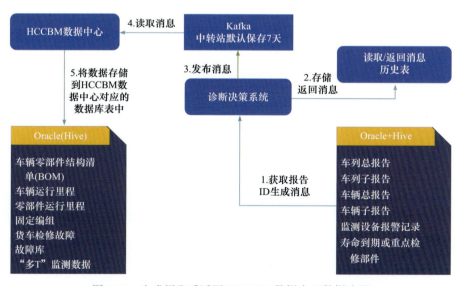

图 3.15　生成报告后返回 HCCBM 数据中心数据流程

3）流数据采集过程

以 HCCBM 数据中心获取 ATIS 过车数据、"4T" 过车数据为例，数据探测点实时上报过车报文数据，符合流数据采集场景。

HCCBM 数据中心对过车数据采集流程如图 3.16 所示，关键环节包括报文服务器，用于准实时地把车辆报文信息汇集起来，供计算车辆运行里程使用；大数据集群，自动化设备按统一规则处理文件服务器中的车辆报文，分析报表表头、数据格式、标识文件说明、接入条件等，并提供实时计算能力，对海量数据快速查询响应；Oracle 数据库，用于将大数据平台计算完的部分结果数据保存起来，以供业务系统操作使用。

(1) 所述报文服务器是一台 WindowServer 服务器，铁路线上安装的探测设备的主机准时地将采集到的车辆信息以规定好格式内容的文本文件的形式上传到该服务器指定的目录内。

(2) 所述数据采集器包括数据抓取采集器和数据传输采集器，数据抓取采集器安装在文件服务器内，实时监控指定目录是否有新文件上传，有则抓取到采集管道中，并且做标记，下次不再抓取。数据传输采集器安装在大数据集群中，用于从数据抓取采集器的管道内抽取车辆数据过车数据，并且传放到传输管道中。

(3) 所述消息服务器用于存储数据传输采集器采集到的车辆数据，消息服务器提供解耦的功能，为实时计算引擎提供数据源。

(4) 所述实时计算引擎可以源源不断且不重复地从消息服务器中读取到整列整列的车辆数据，通过业务规则对数据进行过滤、匹配、清洗得到可用于计算的

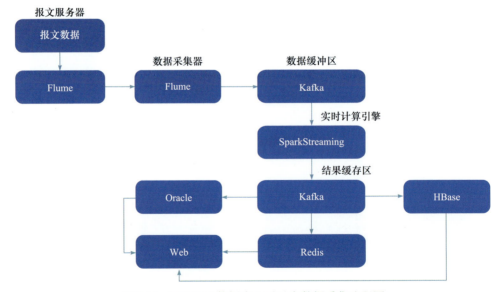

图 3.16　HCCBM 数据中心对过车数据采集流程图

有效数据，联合各种业务表实现整车和零部件运行里程数据的计算，计算结果存储到 Oracle 数据库中对应的运行里程业务表中。

6. 预留接口

1) 状态修系统扩展预留接口

当状态修全面推广时，HCCBM 数据中心将按照现有的数据初始化方案为计划修车列车辆进行技术档案的初始化、运行里程的初始化，以及生成零部件GUID，实现无缝衔接。

2) 新理论模型的预留接口

当有新的理论分析结果接入 HCCBM 数据中心时，HCCBM 数据中心将依据状态修信息化框架方案中的接口规范制定数据接口格式与接口方式。

3) 状态修工艺流程的调整接口

(1) HCCBM 数据中心的接入状态修工艺规程，将工艺流水线上的工序进行模块化，便于灵活配置，以适应工艺流程上的调整。

(2) 对于新增的检修工艺卡片，将依据状态修信息化管理框架方案中有关的信息化规范要求进行研发。

3.6　扩展与冗余设计

3.6.1　新系统(设备)的接入

HCCBM 数据中心作为管理数据的规范中心、生产数据的汇集中心、决策数据的加工处理中心、管理应用的发布中心，为铁路货车运营单位检修工作提供完备的信息化技术平台支撑，是货车状态修的信息化核心处理系统。HCCBM 数据中心集数据采集能力、数据处理能力、数据管控能力、数据开发能力为一体，对外统一提供数据接口服务。在铁路货车状态修业务开展过程中，需明确既有业务系统与相关支撑模型之间的接口，HCCBM 数据中心还需充分考虑数据接口拓展的需求，以满足铁路运营单位进步发展、装备公司新建系统(设备)等未来需要。

新建系统(设备)若存在与铁路货车状态修数据交互需求，则需要向 HCCBM 数据中心提交简明的需求报告，包括业务场景描述、业务分析成果描述、交付物名称及形式，与状态修业务系统及现有系统数据接口需求等信息，以便 HCCBM 数据中心明确新系统(设备)的定位，从而快速对新系统(设备)的接入做出相关响应及管理。针对新增的监测类设备，还需要提交设备基础信息至铁路货车运营单位进行批复，通过批复后，由铁路货车运营单位统一发布设备上报报文所需的设备编码(唯一 ID)用于 HCCBM 数据中心接收设备报文。新增监测类设备具备设备编码后，可与数据中心就相关接口内容进行商定及数据接口定制开发。

正式接入之前，新建系统(设备)与 HCCBM 数据中心之间的交互共享应满足状态修信息化框架方案中规定的相关接口规范要求，同时共享内容应明确到字段级。最终形成的共享文档应通过铁路货车运营单位的批复后，执行数据接口实施工作。

3.6.2　状态修工艺流程的调整

HCCBM 数据中心接入状态修工艺规程，将工艺流水线上的工序进行模块化，便于灵活配置，以适应工艺流程上的调整。

对于新增的检修工艺卡片，将依据状态修信息化管理框架方案中有关的信息化规范要求进行研发。

3.6.3　数据硬件的扩容

当 HCCBM 数据中心的硬件不满足数据中心运行要求时，根据国能集团数据中心管理制度，以及状态修信息化框架方案中有关硬件支撑相关规范及方案需求约束等要求，对硬件进行扩容。

第4章

铁路货车状态修信息技术功能应用开发

4.1 知识库系统

4.1.1 系统介绍

知识库系统是一个用于归集状态修重要数字资产的系统,为整体状态修业务提供底层支撑。知识库内容涵盖基础数据字典、状态修各理论模型、状态修业务相关电子书等。知识库中的内容均支持"查询、导出"功能,同时系统具备完善的知识库管理功能,支持知识的"新增、变更、废除"管理。

1. 基础数据字典

1) 单位字典

单位字典包括铁路局编码、铁路分公司代码、造修工厂编码、维修分公司单位编码、货车站修作业场单位编码、货车列检作业场单位编码、车轮车间单位编码、技术交接及装卸检修作业场编码、零部件制造厂单位编码。

2) 货车零部件 BOM

通过货车零部件 BOM 可清晰查看零部件各层级关系树,包括基础 BOM、车体 BOM 树形结构、车体 BOM 分位树形结构、BOM 与车型图号对应关系等内容。

3) 货车及零部件状态属性字典

货车及零部件状态属性字典主要包括修程编码、加装改造编码、车型编码、寿命零部件编码、零部件型号编码、零部件状态编码、材质编码、故障编码、车辆 AB 端方向字典、货车定位追踪北斗安装车号等内容。

4) 基础空间信息字典

基础空间信息字典主要包括线路字典、车站字典、探测设备字典、车站公里标字典、基础站间距、线路经由字典、补偿里程、运距字典(方向)、支线字典、交叉站字典、国铁车站字典、虚拟车站字典、铁路线上下行字典、运距表等信息。

5) 运用组织字典

运用组织字典主要包括成组车辆字典、运输品名编码、运行方向编码、收发单位及人员字典、货车列编组字典等。

2. 状态修各理论模型

状态修各理论模型主要包括零部件寿命管理模型、零部件失效规律模型、工艺规程模型、状态修诊断决策综合判别诊断报告、状态修试运行试验结果等。

3. 电子书库

电子书库主要包括作业指导书、整车及配件图形档案、检修工艺文件、管理文件等非结构化数据的电子书。

4.1.2　功能设计

知识库系统具有数据新增、数据变更、数据废除三大功能(图 4.1)，用于实现对知识库内容的管理。

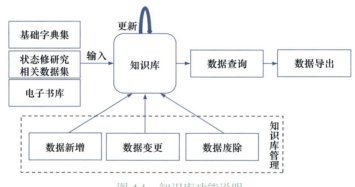

图 4.1　知识库功能说明

1. 数据新增流程

知识库的数据新增需要严格流程管控,对进入知识库的数据要进行评估审查,经过相关部门或人员允许后才可接入知识库,具体流程如图 4.2 所示：

(1) 由知识库研发单位提出数据接入申请。

(2) 由数据业务部门对申请进行审核，若符合实际业务需求和管理要求，则同意申请。同时数据业务部门对申请接入的数据内容进行详细确定，并制定相应的字段级规范，形成初始数据，提交给主数据业务部门。

（3）主数据业务部门根据提报的初始数据，向数据维护部门提交主数据维护工单。

（4）数据维护部门根据维护工单申请，执行表结构变更。同时，对初始数据进行导入和规范校验。若通过，则进行版本管理和数据发布，发布后被授权的相关单位可以使用此新增数据；若未通过，则根据校验结果反馈决定是否变更数据。

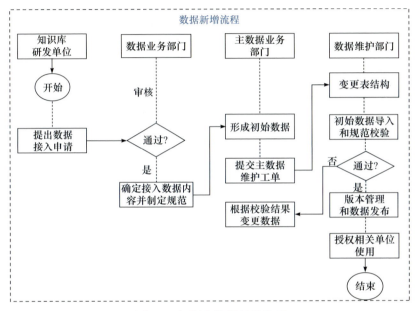

图 4.2　知识库数据新增流程

2. 数据变更流程

知识库变更流程如图 4.3 所示，具体步骤如下：

（1）由知识库研发单位提出数据变更申请。

（2）由数据业务部门对申请进行审核，若符合实际业务需求和管理要求，则同意申请。同时数据业务部门对申请变更的数据内容进行详细确定，并制定相应字段级规范。形成变更数据，提交给主数据业务部门。

（3）主数据业务部门根据提报的变更数据，向数据维护部门提交主数据维护工单。

（4）数据维护部门根据维护工单申请，执行表结构变更。同时，对变更数据进行导入和规范校验。若通过，则进行版本管理和数据发布，发布后被授权的相关单位可以使用此变更数据；若未通过，则根据校验结果反馈决定是否变更数据。

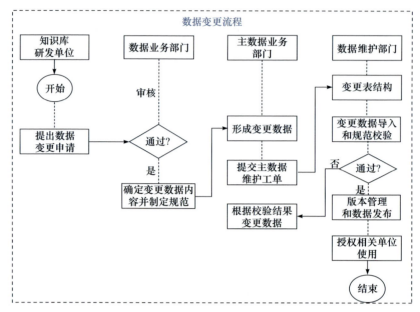

图 4.3　知识库数据变更流程

3. 数据废除流程

知识库废除流程如图 4.4 所示，具体步骤如下：

(1) 由知识库研发单位提出数据废除申请。

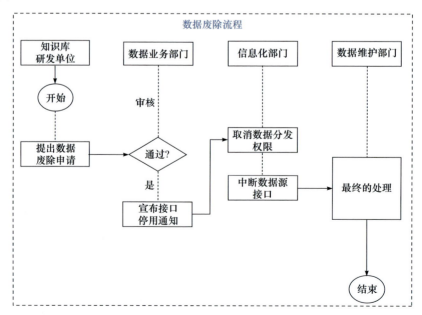

图 4.4　知识库数据废除流程

(2) 由数据业务部门对申请进行审核，若符合实际业务需求和管理要求，则同意申请。通过后数据业务部门对外宣布接口停用通知，同时告知信息化部门取消数据分发权限，中断数据源接口。

(3) 数据维护部门做最终处理，更新数据库，完成废除流程。

4.1.3　界面展示

知识库系统界面以简洁用户接口为理念，如图 4.5 货车零部件 BOM 多层字典界面所示，支持多层下钻展示形式。

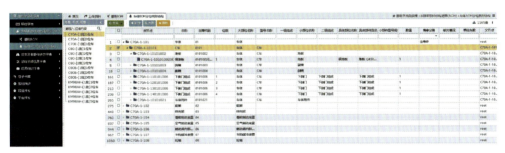

图 4.5　货车零部件 BOM

4.2　车辆检修系统

4.2.1　车辆检修流程

车辆检修根据不同修程(Z1 修、Z2 修、Z3 修和 Z4 修)进行不同检修流程。检修流程遵循对应修程的检修工艺规定，越大修程的检修作业范围越广，涵盖越小修程的作业内容。

1. Z1 修检修流程

Z1 修检修流程如图 4.6 所示，首先预检员对车辆进行快速检查，然后对车辆进行 Z1 修，检修内容是批量换瓦并对车辆信息进行初始化补充，根据预检故障进行检修。最后根据检修故障进行质量检查，并对列车进行整列的空气制动试验。试验通过的，整列签发车统 33 并 36，代表整列修竣。结束时，对车辆的检修部位进行无故障签名确认。

图 4.6　Z1 修检修流程

2. Z2 修检修流程

Z2 修检修流程如图 4.7 所示，首先检查车辆并检修车辆故障，对车辆信息进行初始化。然后依次进行外制动检修、外钩缓检修。最后根据检修故障进行质量检查，并对车辆进行单车试验。试验通过的，代表车辆检修完成，进行整车落成签字，形成车统 33 并 36 并签字。

图 4.7　Z2 修检修流程

3. Z3 修检修流程

Z3 修检修流程如图 4.8 所示，首先检查车辆并检修车辆故障，对车辆信息进行初始化。然后进行外制动检修。最后根据检修故障进行质量检查，并对车辆进行单车试验。试验通过的，代表车辆检修完成，进行整车落成签字，形成车统 33 并 36 并签字。

图 4.8　Z3 修检修流程

4. Z4 修检修流程

Z4 修检修流程如图 4.9 所示，检查车辆并检修车辆故障，对车辆信息进行初始化。根据检修故障进行质量检查，对车辆进行空气制动试验，车辆检修完成，进行整车落成签字，形成车统 33 并 36 并签字。

图 4.9　Z4 修检修流程

4.2.2　功能设计

车辆检修系统功能如图 4.10 所示，主要包括调度管理、列检管理、检修日计划、数字化调车、检修管理、统计分析和状态修初始化。

图 4.10　车辆检修系统功能

1. 调度管理

调度管理主要由调度人员进行，由生产指挥系统根据诊断报告扣修的车列车辆或维修分公司根据检修预测扣修的车列车辆进入维修分公司并检修完成后，维修分公司与车站交接工作并生成票据。

维修分公司调度人员通过状态监控选车后，车辆进入车辆检修系统，根据调度管理的扣车通知及车列初始化模块完善车列信息，并将车列扣车的通知提交给前方列检，列检扣车后，调度人员根据情况制订计划进行检修，车辆修竣后进行通知交付，再打印编组顺位表与车站进行交接。

调度管理主要完成扣车统计及车列初始化、Z1 修通知交付、Z2 修至 Z4 修通知交付、零散修通知交付、顺位表编组等功能。

扣车统计及车列初始化如图 4.11 所示，用于初始化车列信息，并提交扣车通知到列检。

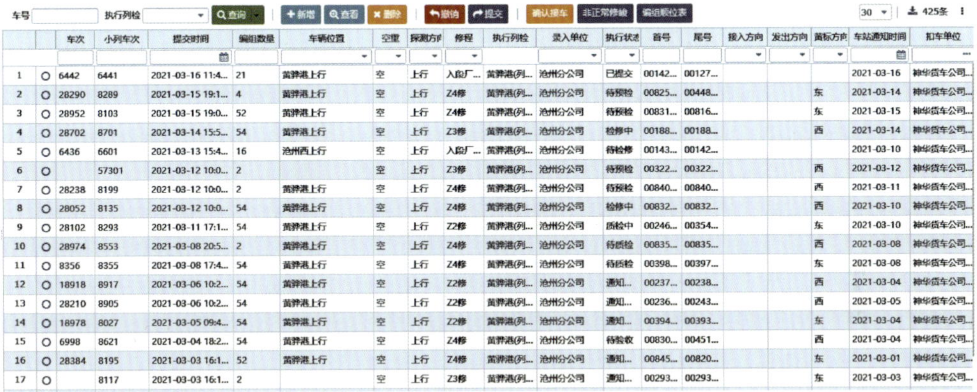

		车次	小列车次	提交时间	编组数量	车辆位置	空重	探测方向	修程	执行列检	录入单位	执行状态	首号	尾号	接入方向	发出方向	黄标方向	车站通知时间	扣车单位
1	○	6442	6441	2021-03-16 11:4...	21	黄骅港上行	空	上行	入段厂...	黄骅港(列...	沧州分公司	已提交	00142...	00127...				2021-03-16	神华货车公司...
2	○	28290	8289	2021-03-15 19:1...	4	黄骅港上行	空	上行	Z4修	黄骅港(列...	沧州分公司	待预检	00825...	00448...			东	2021-03-14	神华货车公司...
3	○	28952	8103	2021-03-15 19:0...	52	黄骅港上行	空	上行	Z4修	黄骅港(列...	沧州分公司	待预检	00831...	00816...			东	2021-03-15	神华货车公司...
4	○	28702	8701	2021-03-14 15:5...	54	黄骅港上行	空	上行	Z3修	黄骅港(列...	沧州分公司	检修中	00188...	00188...			西	2021-03-14	神华货车公司...
5	○	6436	6601	2021-03-13 15:4...	16	沧州西上行	空	上行	入段厂...	黄骅港(列...	沧州分公司	待检修	00143...	00142...				2021-03-10	神华货车公司...
6	○		57301	2021-03-12 10:0...	2		空	上行	Z3修	黄骅港(列...	沧州分公司	待预检	00322...	00322...			西	2021-03-12	神华货车公司...
7	○	28238	8199	2021-03-12 10:0...	2	黄骅港上行	空	上行	Z4修	黄骅港(列...	沧州分公司	待预检	00840...	00840...			西	2021-03-11	神华货车公司...
8	○	28052	8135	2021-03-12 10:0...	54	黄骅港上行	空	上行	Z4修	黄骅港(列...	沧州分公司	检修中	00832...	00832...			西	2021-03-10	神华货车公司...
9	○	28102	8293	2021-03-11 17:1...	54	黄骅港上行	空	上行	Z2修	黄骅港(列...	沧州分公司	质检中	00246...	00354...			东	2021-03-10	神华货车公司...
10	○	28974	8553	2021-03-08 20:5...	2	黄骅港上行	空	上行	Z4修	黄骅港(列...	沧州分公司	待质检	00835...	00835...			西	2021-03-08	神华货车公司...
11	○	8356	8355	2021-03-08 17:4...	54	黄骅港上行	空	上行	Z4修	黄骅港(列...	沧州分公司	待质检	00398...	00397...			东	2021-03-08	神华货车公司...
12	○	18918	8917	2021-03-06 10:2...	54	黄骅港上行	空	上行	Z2修	黄骅港(列...	沧州分公司	通知...	00237...	00238...			西	2021-03-04	神华货车公司...
13	○	28210	8905	2021-03-06 10:2...	54	黄骅港上行	空	上行	Z2修	黄骅港(列...	沧州分公司	通知...	00236...	00243...			西	2021-03-05	神华货车公司...
14	○	18978	8027	2021-03-05 09:4...	54	黄骅港上行	空	上行	Z2修	黄骅港(列...	沧州分公司	通知...	00394...	00393...			东	2021-03-04	神华货车公司...
15	○	6998	8621	2021-03-04 18:2...	54	黄骅港上行	空	上行	Z4修	黄骅港(列...	沧州分公司	待验收	00830...	00451...			西	2021-03-04	神华货车公司...
16	○	28384	8195	2021-03-03 16:1...	52	黄骅港上行	空	上行	Z4修	黄骅港(列...	沧州分公司	通知...	00845...	00820...			东	2021-03-01	神华货车公司...
17	○		8117	2021-03-03 16:1...	2		空	上行	Z3修	黄骅港(列...	沧州分公司	通知...	00293...	00293...			东	2021-03-03	神华货车公司...

图 4.11　扣车统计及车列初始化

Z1 修通知交付，用于交付修理等级为 Z1 的车列。

Z2 修至 Z4 修通知交付，用于交付修理等级为 Z2 至 Z4 的车列。

零散修通知交付，用于交付进行零散修作业的车辆。

顺位表编组，用于生成最新的车列编组顺位信息，交付车站。

2. 列检管理

列检管理主要是对维修分公司提交的扣车通知进行扣车，列检可根据实际情况进行确认扣车或扣车失败的操作，确认扣车后，车列进入维修分公司。

3. 检修日计划

检修日计划由调度人员制订，调度人员在数字调车系统中制订检修日计划，检修日计划生成后，各检修流水线工作人员可查看此检修日计划，日计划显示具体批次、股道、台位上的车辆信息。

4. 数字化调车

车辆在维修分公司内进行检修，调度人员需按检修计划，将各车辆于规定的时间调度到规定的位置上。此过程中应用数字化调车功能，实现对维修分公司内的现在车进行可视化管理，实时掌控段内车辆分布及车辆的检修状态，以车号为索引，展示车辆的修程、黄标方向、所在股道、修车时间、所属车列编码，通过颜色点选即可实现对车辆的智能筛选，方便后续各个环节的生产准备。

具体地，数字化调车可以百分百模拟实际调车操作，准确展现维修分公司的存车情况，根据股道长度及货车车辆的长度和换长，计算出股道存车量并应用在实际可视化调车中；模拟调车过程，自动生成调车钩计划，智能摆车生成检修日计划，迅速生成编组顺位表，弥补编组顺位表智能生成的空缺。

数字化调车可视化操作：维修分公司调度人员可以在页面上拖动车辆到指定股道，真实模拟机车牵引调车情况，以下是两个主题的可视化调车界面(图 4.12和图 4.13)，可根据调度的个人习惯选择不同的方式进行调车操作。

存车线路维护：对段内所有存车线路进行维护，包括线路名、线路顺序、线路长度等信息，调车过程中当车辆总长度超过线路长度时会给出提示。

状态颜色维护：自定义每种检修状态显示的颜色。

入段车辆信息导入：结合段门 AEI，导入进车信息，减少手工录入。

调车钩作业：通过拖拽方式动态模拟调车钩作业过程中挂、摘等操作(图 4.14)，

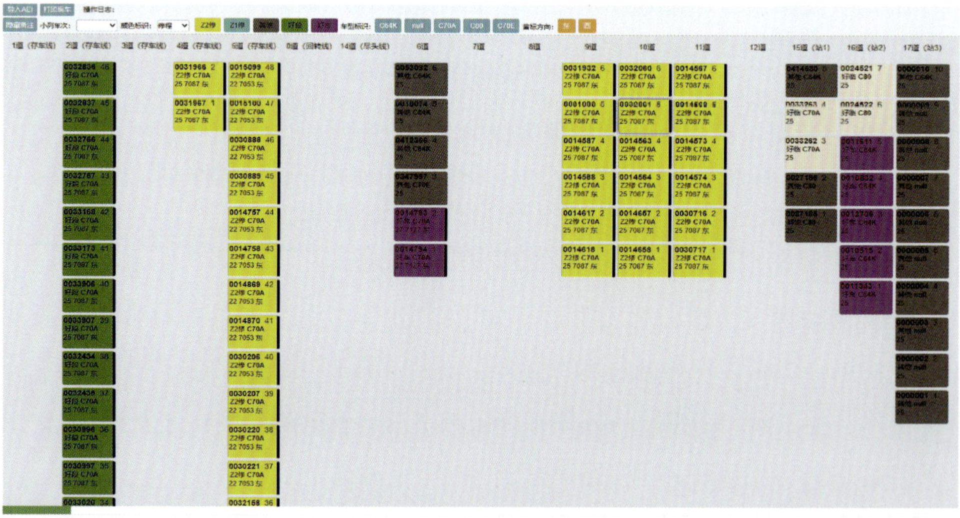

图 4.12　数字化调车界面 1

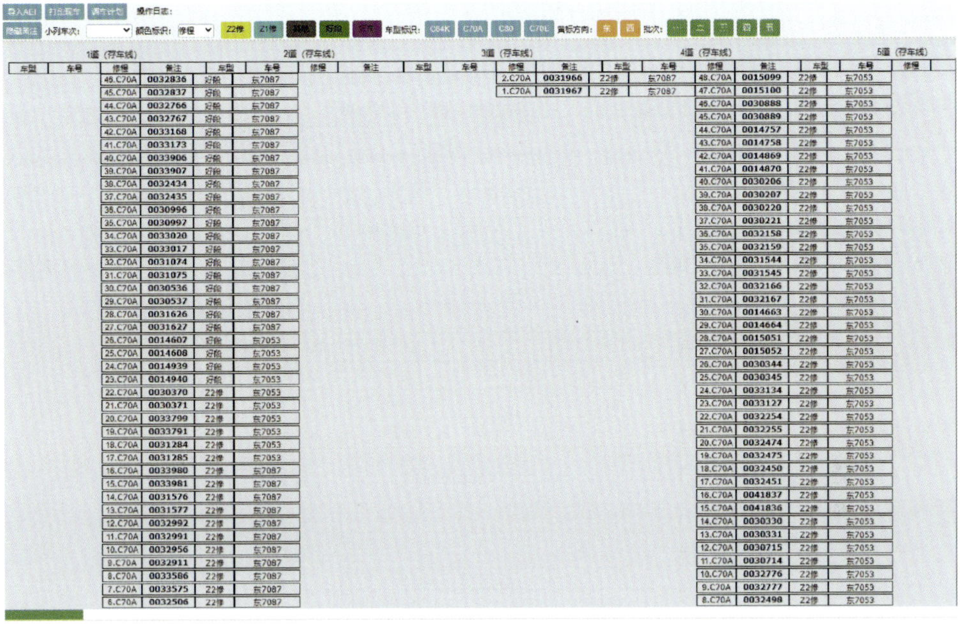

图 4.13　数字化调车界面 2

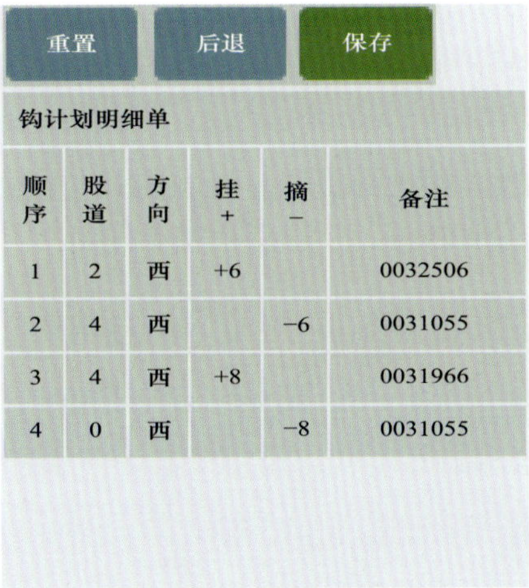

钩计划明细单

顺序	股道	方向	挂 +	摘 −	备注
1	2	西	+6		0032506
2	4	西		−6	0031055
3	4	西	+8		0031966
4	0	西		−8	0031055

图 4.14　钩计划明细单界面

并且支持整列调车作业，操作的过程中会实时生成调车计划单。

调车作业撤销和后退：制订调车计划过程中，如果操作出现错误，可以后退和撤销。

调车计划单导出：调车计划制订完毕后，可以导出 Excel 表格(图 4.15)，并打印出来，调车人员根据打印出的调车计划单进行调车作业。

2020-07-10 第2号				024调车机			
开始时间			2020-07-10　09:37:00				
结束时间			2020-07-10　16:57:00				
顺序	股道	方向	挂+	摘−	作业方法	开口号	记事
1	14		+30			0044475	30
2	6C			−14		0044672	16
3	14			−16		0039753	0
4	12		+32			0044473	32
5	6C			−12		0044588	20
6	14			−20		0084779	0
7	14		+66			0039762	66
8	6			−4		0039755	62
9	27			−4		0039759	58
10	6			−2		0084469	56
11	27		+4			0039766	60
12	14		+8			0043783	68
13	6			−2		0043782	66
14	25			−2		0043692	64
15	6			−2		0084761	62
16	25		+2			0043693	64
17	14			−64		0038076	0
18							
19							
20							

图 4.15　钩计划打印图界面

现在车管理：对出段车辆进行管理，当车辆出段后使其自动从存车线路上消失，自动统计所有检修车的修时，可以将现在车导出为 Excel 表格(图 4.16)等。

	A	B	C	D	E	F	G	H	I	J	K	L	M	N	O	P	Q
1	临时X(0)	C1(14)	C2(16)	C3(14)	C4(22)	C5(14)	C6(20)	C7(20)	C8(15)	C9(15)	C10(0)	C11(6)	C12(6)	C13(5)	C14(6)	C15(4)	C16(16)
2		3450385	0260787	3465883	0936243	5074714	4867622	0260750	0214851	0936224		5507451	0216338	0260776	3314596	3317495	0260752
3		0219616	0260777	1111111	0936200	3333333	4965185	0260797	0423091	0936232		5507459	4202874	0260791	3819604	0267648	0260781
4		0219613	0260799	0218035	0936141	5073619	4202975	0260756	0471557	0471558		4941711	3820428	0936083	3423467	0267642	0260755
5		5275568	3426031	4937729	0936168	4816218	4894967	0260794	0471549	0471556		3424183	3429413	0936062	3461796	0267617	0260706
6		0260783	0201495	5072441	0934217	2222222	4917019	0260765	3806256	0471550		0936113	3328774	1578753	3326069		0260762
7		0267598	4912076	4677913	0210905	8050017	4963955	0260771	0216766	0471556		0936130	3423606		3333994		0260792
8		0267639	4914669	3424345	0936234	4660170	0260763	3467789	0219790								0260758
9		0267612	5700337	4937724	0219721	8030031	4667060	0260763	4915836	0215628							0260779
10		0267616	5253462	4809533	0219713	1417602	4964583	4904420	4915504	0215629							5267278
11		4677893	0201439	5065240	0260774	5283477	4873538	4840396	4915591	3104524							8100694
12		1583623	0201508	5064552	0260757	4915093	4895562	0267614	4914041	1451102							3460315
13		1584925	0216179	5065879	0260768	4834532	8062029	0267654	0260751	4905619							4917042
14		0215623	0216148	5062395	4805418	0219997	6243735	0267633	3430394	3425245							4915795
15		0267605	0201438	3403029	4864998	4917054	0210847	0267620	3426543	3426558							4914829
16			3426220		0214678		0217304	0267604	8030880	0219618							0936120
17			5276365		0214680		0217276	0267632									0936133
18					机车1072		0210915	0267631									
19					4646681		0217313	0267629									
20					6600012		0217314	0267628									
21					5541794		0217335	0267599									
22					0213614												
23					0266374												
24																	

图 4.16　段管线现在车打印界面

5. 检修管理

1) Z1 修检修流程

针对整列车闸瓦磨耗集中到限的状态为判定 Z1 修的主要依据。Z1 修包括全面检查(机检盲区、影响车辆运行安全及监测系统预报核查)、批量换瓦、集中处置(制动故障、车体破损故障)、专项修复(轮轴故障、钩缓故障)、制动试验(初试进行漏泄、感度、安定保压、持续一定时间的保压试验,终试进行漏泄、感度试验),不架车、不分钩。

Z1 修检修流程主要包含车辆预检、车辆检修、车辆质检、整列试验、整列修竣、无故障签名等步骤。

其中,车辆预检用于预检员对车辆进行预检,并反馈 HCCBM 数据中心预检过程中存在的故障,在车辆检修时,HCCBM 会将预检中发现的故障信息一并推送,便于检修人员对存在的故障进行处理。车辆检修主要是批量更换闸瓦并对车辆信息进行初始化补充,根据预检故障进行车辆检修。车辆质检用于质检人员根据检修故障进行质量检查,保证车辆性能。整列试验是对车列进行整列的控制制动试验。整列修竣,系统实现整列签发车统 33 并 36。无故障签名由签名负责人员对车辆检修部位进行无故障签名确认,保证车辆在检修范围内安全运行。

2) Z2 修检修流程

Z2 修以针对整列车轮对磨耗集中到限为主要依据。Z2 修包括批量更换(轮轴、制动阀、空重车阀等)、探伤检查(钩舌)、制动单车试验、车钩三态作用和防跳性能检查,同时涵盖 Z1 修的作业内容,架车、分钩,不分解转向架和钩缓。

Z2 修检修流程主要包含车辆检修、外制动检修、外钩缓检修、车辆质检、单车试验、整车落成签字、修竣记录等步骤。

其中,车辆检修用于检查车辆并检修车辆故障,并对车辆信息进行初始化补充。外制动检修用于检查外制动零部件并初始化外制动零部件信息。外钩缓检修用于检查外钩缓并初始化外钩缓零部件信息。车辆质检用于质检人员根据检修故障进行质量检查。单车试验用于对车辆进行空气制动试验。整车落成签字用于在车辆检修完成后进行整车落成签字。修竣记录用于生成车统 33 并 36,并进行修竣签字确认。

3) Z3 修检修流程

Z3 修以整列车转向架和钩缓中关键零部件寿命、磨耗集中到限为主要依据。Z3 修包括全面检查(整列车)、批量更换(转向架橡胶件等寿命到期零部件)、探伤检查(车轴、钩尾框、转动套、钩舌销、钩尾销等)、性能恢复(故障修复及必要的试验检查),同时涵盖 Z1 修、Z2 修的作业内容。

Z3 修检修流程主要包含车辆检修、外制动检修、车辆质检、单车试验、整车落成签字、修竣记录等步骤。

4) Z4 修检修流程

Z4 修以整列车关键部件探伤集中到期状态为主要依据。Z4 修包括全面检、重点修，即全面分解检修(整列车)、探伤检查(摇枕、侧架、制动梁、交叉杆、车钩、牵引杆等)、集中检修(其中闸调器、缓冲器大修)、性能系统恢复，同时涵盖 Z1 修至 Z3 修检修内容。

Z4 修检修流程主要包含车辆检修、车辆质检、单车试验、整车落成签字、修竣记录等步骤。

说明：车辆、零部件的基本信息只需要进行一次初始化，即在第一次进行状态修检修时，无论是哪个修程，均需要对车辆、零部件做对应的初始化操作。

6. 统计分析

通过对车辆检修系统中录入的检修数据进行统计展示，包括车辆预检记录、一车一档查询、检修故障统计、典型故障统计、检修工作统计表等，实现车间管理智能化，高效统计检修数据。下面以车辆预检记录、一车一档查询、检修故障大部位统计、车辆修理记录、车统 22DT 查询、Z1 修统计、检修工作列统计、故障检修统计、典型故障统计、状态修货车履历、车统 33 并 36 查询、临修车统 33 并 36 查询等为例，简单介绍统计分析的功能。

车辆预检记录：可通过车号查询车辆检修的预检记录信息。

一车一档查询：通过车号查询车辆历次检修的一车一档信息。

检修故障大部位统计：用于统计车体、底架、转向架、钩缓、轮轴等大部件的故障数量。

车辆修理记录：可以查看检修车辆修理记录、定检预测信息及车辆基本信息等情况。

车统 22DT 查询：可以查询具体车辆的 Z1 修检修记录单。

Z1 修统计：可以查看 Z1 修车列的检修统计数据。

检修工作列统计：统计各单位各修程下的检修车列数和车辆数。

故障检修统计：用于统计各修程下车辆故障数量及发生频率。

典型故障统计：用于统计典型故障发生的次数及分类情况。

状态修货车履历：用于查看所有车辆的车辆信息、前次检修信息、主要配件型号、车辆产权信息、历次车辆检修记录信息、现车零部件装用信息及车辆运行轨迹信息等。

车统 33 并 36 查询：用于查询各车辆修竣记录单信息。

临修车统 33 并 36 查询：用于查询临修车的修竣记录单信息。

7. 状态修初始化

首次进行状态修的车辆需要将车列、车辆、零部件信息进行初始化，需要保证状态修的列、辆、件档案的信息完整，为诊断模型及其他模型提供最准确的基础数据。

车列信息初始化：用于对车列信息进行完善及修改。

车辆信息初始化：用于对车辆信息进行完善及修改。

4.2.3　界面展示

检修基地内各车辆信息的总览界面如图 4.17 所示，在存车股道示意图上动态可视化展示各车辆检修进度信息。

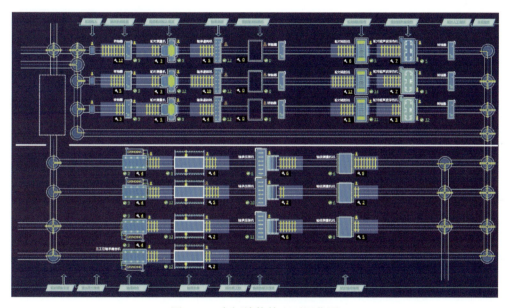

图 4.17　车辆检修管理可视化图

4.3　零部件检修系统

4.3.1　零部件检修流程

零部件检修系统主要对轮轴、钩缓、转向架、制动梁、制动阀等关键零部件进行流程化检修作业管理。

1. 轮轴检修流程

轮轴检修流程如图 4.18 所示，具体步骤如下：

(1) 轮对收入，对轴承进行外观检查，然后将轴承退卸。

(2) 对段修轮轴进行收入检测，对轮对进行磁粉探伤，并进行人工复探。

(3) 对车轮进行镟修，对轮对轴颈进行检测；对轴承进行选配和压装，对标识板进行标记。

(4) 对不退卸轴承进行关盖操作，轴承压装关盖；对不退卸轴承进行磨合，轴承压装磨合。

(5) 进行支出尺寸检查，等待返厂支出、轮对现车支出。

(6) 进行轮轴验收签字，不同修程分别进行签字；返厂的到陕西轮厂。

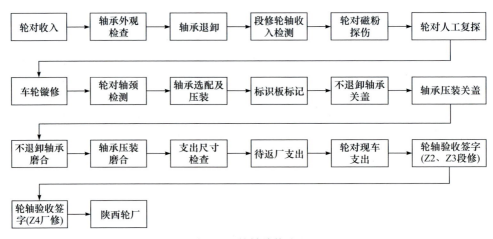

图 4.18　轮轴检修流程

2. 钩缓检修流程

钩缓检修流程如图 4.19 所示，以牵引杆为起点，分别对钩体、钩舌、钩尾框、缓冲器进行检修；然后进行车钩三态试验，对成套钩缓进行组装。最后进行钩缓现车支出、钩体钩舌支出、钩尾缓冲组装和支出。

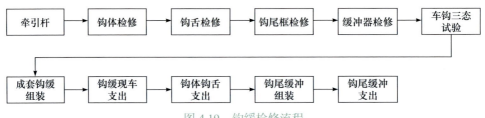

图 4.19　钩缓检修流程

3. 转向架检修流程

转向架检修流程如图 4.20 所示，首先分别进行摇枕检修、侧架检修、交叉杆检修；然后对转向架进行收入分解、检修；最后将修好的转向架进行组装并签字确认，进行现车支出，并完成验收签字。

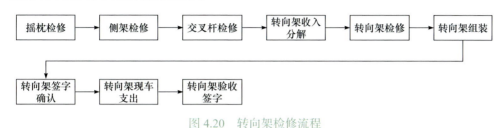

图 4.20　转向架检修流程

4. 制动梁检修流程

制动梁检修流程如图 4.21 所示，收入制动梁现车后，先进行探伤，然后检测，最后确认签字。

图 4.21　制动梁检修流程

5. 制动阀、空重阀检修流程

阀类检修流程相似，如图 4.22 和图 4.23 所示。制动阀和空重阀均在收入后直接进行检修，修好后进行制动阀试验才算完成检修流程。

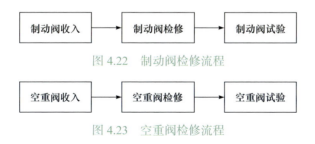

图 4.22　制动阀检修流程

图 4.23　空重阀检修流程

6. 承载鞍检修流程

承载鞍检修流程如图 4.24 所示，收入承载鞍后，直接进行检修，完成后确认签字即可对现车支出。

图 4.24　承载鞍检修流程

7. 制动缸、制动机检修流程

制动相关零部件检修流程相似，如图 4.25 和图 4.26 所示，制动缸和制动机均在收入后直接检修，试验后签字确认，可对现车支出。

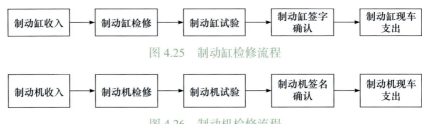

图 4.25　制动缸检修流程

图 4.26　制动机检修流程

通过以上零部件检修流程，实现零部件工位级检修信息的实时采集与流程卡控管理。同时，为了考虑其他途径收入和支出零部件，系统同时支持对轮轴、钩缓、转向架、各种阀的批量收入与支出操作。

4.3.2　功能设计

零部件子系统的数据采集主要需要实现数据共享、加强质量卡控、零部件全程跟踪、提高采集效率等方面。针对全寿命零部件、重点使用寿命零部件的数据采集过程，现在以部分工位为例，描述相关标准的实现方式。

1. 数据共享

1) 货车履历携带

在零部件收入岗位，通过选择车号可以从货车履历中将车轴等零部件基本信息加载到录入信息页面，大大提高了现场工作人员的工作效率。货车履历携带界面如图 4.27 所示。

具体操作：选择车号，输入位数后自动填充相应信息。

2) 自动批量收入

调度制订日计划后，工作人员可进行批量收入，界面如图 4.28 和图 4.29 所示，收入后所有信息在"轮对收入"岗位已自动保存。

图 4.27　货车履历携带界面

图 4.28　批量收入界面 1

图 4.29　批量收入界面 2

3) "5T"故障的指导检修闭环处理

零部件检修过程中可以对"5T"故障进行审核，故障录入后，会把更新的信息写入"5T"故障，故障界面如图 4.30 所示，然后进行故障闭环处理，故障处理结果反馈界面如图 4.31 所示。

4) 设备双向接口

传输数据到设备功能：通过扫描单号将基础数据写入现场设备窗口，省去现场工作人员录入时间。现场设备对零部件进行作业后，HCCBM 自动接收设备录入数据，自动进行保存完工操作发送到下一工位。

例如，轮对收入检测接收数据字段：左轮座直径、右轮座直径、轴身直径、车轮左直径、车轮右直径、左踏面磨耗、右踏面磨耗、左轮辋厚、右轮辋厚、左偏心、右偏心、左轮缘厚度、右轮缘厚度、左轮辋宽、右轮辋宽、轮对内距等。

5) 非现车收入支出数据共享

对发送接收轮厂、Z1 修场地等相关零部件信息支持数据携带功能，例如，轮

厂与沧州分公司进行数据共享，互相发送 50A、50C 进行作业，携带零部件基本
信息及故障、尺寸信息。

图 4.30　检修 "5T" 故障界面

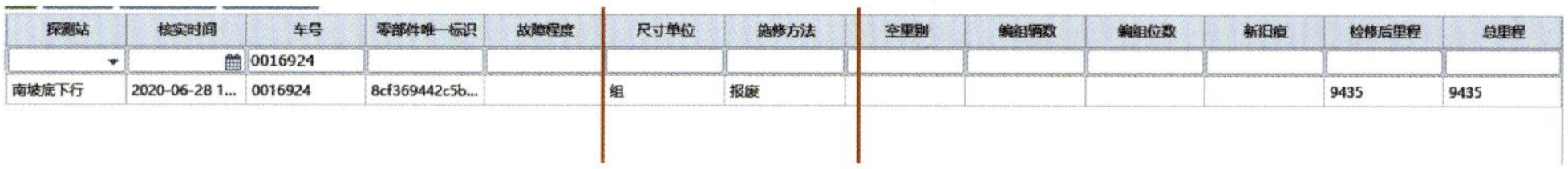

图 4.31　 "5T" 故障处理结果反馈界面

2. 质量卡控

1) 支持 BV 等召回零部件的故障提示处理

例如，轮标厂代号录入"BV"程序会根据录入数据自动将轮对发送到"待返厂支出"岗位，BV 处理界面如图 4.32 所示。

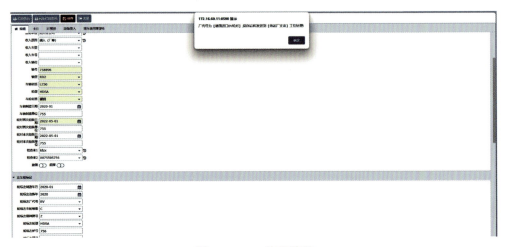

图 4.32　BV 处理界面

2) 关键工序按标准流转

系统设计关键工序标准作业流程自动指导检修，例如，"轮对选修"工位，根据退卸原因自动判断发送工位。有退卸原因自动发送到"轴径检测"工位，反之发送到"不退卸关盖"工位。

"厂来轮"工位自动流转。选上厂来轮轴号，若收入原因是调入厂修，则自动发送到"轮对现车支出"工位；若收入原因是调入，则发送到"轴承外观检查"工位。

3) 尺寸数据精确卡控

尺寸数据需要精确卡控，其界面如图 4.33 所示，需要尺寸录入的工位，系统实现"尺寸卡控"功能，只允许输入规定范围内的信息。

4) 质量故障，零部件报废故障不允许为空

报废状态零部件需要严格管理，零部件检修系统中的全部零部件，若状态为报废，则完工时自动验证该零部件的故障录入情况；若未录入，则相关列表中数据显示为红色。

5) 零部件初始化信息的实时查询

转向架支出时，若有未收入的零部件信息，则不允许支出，直接跳转到零部件收入信息实时查询页面，便于用户查找未收入的零部件，如图 4.34 所示。

图 4.33　尺寸卡控界面

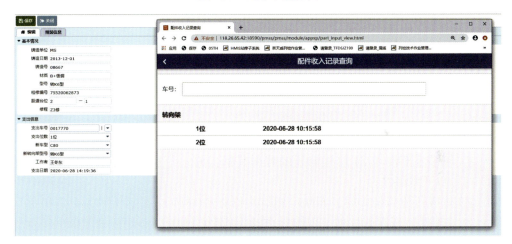

图 4.34　零部件信息查询

3. 零部件全程跟踪

1) 轮轴条码打印

所有在"轮对收入"岗位作业后的轮对，或在"轮轴批量收入"后可以进行"打印条码"操作的轮对，打印条码后对轮对进行绑定并在各个工位之间流转，可以通过条码在系统中找到该条轮对进行"信息录入"、"流程查询"、"卡片查看"和"设备接入"等操作。

轴承从轮对下来建立唯一跟踪标识，金属条码打印。

在"轴承退卸"岗位作业后会根据轴承退卸编号生成"条码"成为该轴承的唯一标识进行跟踪记录，金属条码贴到轴承上随着轴承流转进行作业。

在沧州分公司检修过的"车轴"、"车轮"和"轴承"会自动生成唯一标识"检修零部件 ID"(图 4.35),通过零部件发送功能"轮轴零部件"发送到"陕西轮厂"后,自动记录绑定沧州分公司发来的每一条轮轴的五个零部件的"车轴"×1、"车轮"×2 和"轴承"×2 的"轮轴"组装信息,分解后组装到相应"轮轴"。对每一个"零部件"进行跟踪,留存检修记录。

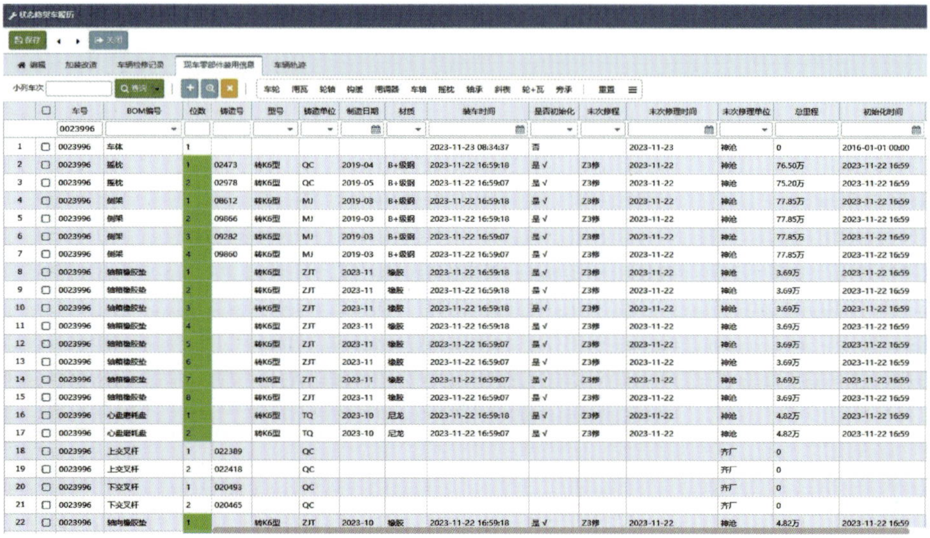

图 4.35　零部件标识界面

2) 轮轴零部件和 Z1 修检修线的数据共享

(1) 卸下零部件。

Z1 修进行故障录入时,系统会根据施修方法(更换)、是否为"寿命零部件"条件对零部件进行卸下处理,保存后自动生成"CT51C"卡片记录零部件信息。零部件录入界面如图 4.36 所示。

图 4.36　零部件录入界面

(2) 换上零部件。

Z1 修进行故障录入后,会自动在"零部件更换"模块生成零部件信息,在"零部件更换"模块进行处理后会自动生成"CT51C"卡片并对"货车履历"进行最新零部件数据的更新，可以通过"50A"发送功能与神池南列检进行数据的共享。零部件支出界面如图 4.37 和图 4.38 所示。

图 4.37　零部件支出界面 1

图 4.38　零部件支出界面 2

4. 提高采集效率

1) 自动记录上一次数据功能

多个岗位拥有自动记录上一次数据功能，如图 4.39 所示，以节省工作人员录入时间。

图 4.39　自动记录上一次数据功能

2) 关键工位数据携带功能

车轮镟修岗位录入的尺寸信息等数据如图 4.40 所示,数据会自动携带前面工序所录入的信息并可进行参考修改。

图 4.40　数据携带功能

3) 数据的自动赋值

转向架零部件信息中旁承磨耗板的信息根据旁承的输入信息自动加载,只需要进行核对、修改,避免使用过程中数据遗漏造成的校验失败。

例如，输入 3 位旁承信息，界面如图 4.41 所示。

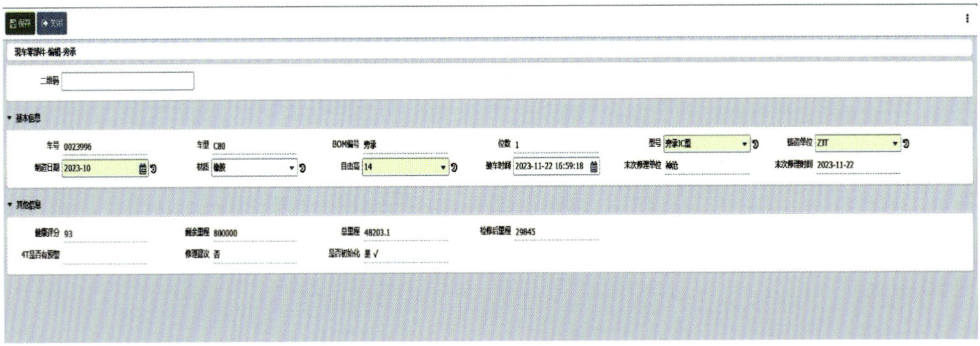

图 4.41　旁承信息界面展示

点击保存后，位数为 3 的旁承磨耗板自动赋值，界面如图 4.42 所示。

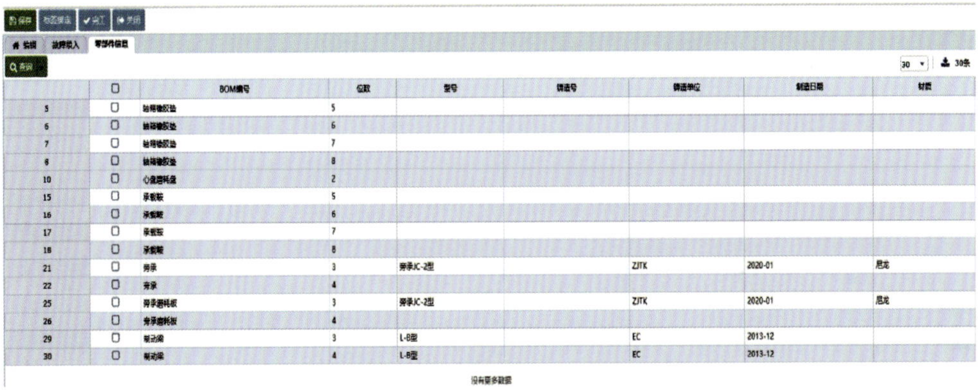

图 4.42　旁承磨耗板信息同步

轴向橡胶垫输入位数为 1 的信息，其他位数 2、3、4、5、6、7、8 自动赋值，减少了工作量，同时也避免了数据遗漏。

4) 故障录入简化

常用故障的维护，对于经常出现的故障，可以单击查看常用故障按钮，在常用故障中选择需要的故障并双击，快速维护故障，入口如图 4.43 所示。

故障信息模块中新增故障，大部位位数和小部位位数支持勾选多位，例如，大部位勾选 1 位、2 位，小部位勾选 1 位、2 位，那么最后生成的故障数就是 2 位×2 位＝4 条，即

$$故障数 = 大部件位数 \times 小部件位数$$

图 4.43　常用故障维护入口

4.3.3　界面展示

利用颜色自动在系统展示需要重点关注的信息，如在空重阀收入页面，选择数据，填写状态为报废。单击完工时，弹出提示信息，如图 4.44 所示。

图 4.44　报废零部件故障空值弹出提示

零部件报废状态信息填写后，完善该条零部件数据，即可在空重阀输入页面数据列表中查看该条数据。该条数据流程结束，标识为红色，如图 4.45 所示。

图 4.45　报废零部件数据完善后数据显示

4.4　智能分析系统

4.4.1　系统介绍

智能分析系统实现对 Z1 修、Z2 修、Z3 修、Z4 修车辆检修过程中数据的查询、检索及统计分析。通过状态监控、科学评判、生产任务、安全质量、技术档案、试验列、运力资源、规律验证等实现对状态修业务数据的多维度全面展现。同时，为了满足对状态修数据进一步挖掘分析的要求，智能分析系统在规律验证模块建立自助分析功能，通过该功能可以实现对各个维度的数据项进行个性化勾选，结合时间、地区等信息，对所需报表进行自由组合，为业务人员和分析人员实现自助分析。

4.4.2　功能设计

智能分析系统功能模块组成如图 4.46 所示，主要包括状态监控、科学评判、生产任务、安全质量、技术档案、试验列、运力资源和规律验证等。

图 4.46　智能分析系统功能模块组成

1. 状态监控

状态监控是指管理驾驶舱从全景角度、检修基地角度、工序角度等维度，对状态修列、辆、零部件的状态进行实时监控、反馈。

(1) 科学评判。

实时查看国铁集团已建成的两千余公里铁路线上运行的五万余辆自有产权铁

路货车的全方位信息情况，包括当前位置、运行方向、健康状态评分等各类信息。

其中："红线"状态是指已经危及行车安全、出现监测设备高危报警、需要立即拦停检修的车辆；"红色"状态是整车健康水平已经临近临界值，如零部件寿命临近到期、人工检查出现典型故障等，或出现监测设备一般性报警，需要有序安排检修的车辆；"黄色"状态是日常重点关注、暂时不需要安排检修的车辆；"绿色"状态是健康无故障车辆。

(2) 车列诊断报告。

通过可视化界面详细展示车列诊断报告内容，包括到发站、同编组车次、车列辆序、车列评分、车列预测修程及预测时间分布、车列故障分布等信息。

(3) 车辆诊断报告。

通过可视化界面详细展示车辆诊断报告内容，包括车型、制造信息、评分、运行里程、检修剩余里程等信息，同时可以查看车辆关键零部件的制造基本信息、末次检修基本信息、评分信息、运行里程信息、检修剩余里程信息等，可追溯车辆在前次检修后的"多T"报警信息和列检检查发现的故障。

通过科学评判、车列诊断报告、车辆诊断报告等可视化展示界面，HCCBM数据中心评判出了车列、车辆、零部件的各级"健康状态"，并指导各维修单位进行有针对性的精准施修、精准反馈。

(4) 检修基地图示。

实时掌握各检修分公司生产动态情况，以沧州分公司为例，如图 4.47 所示，

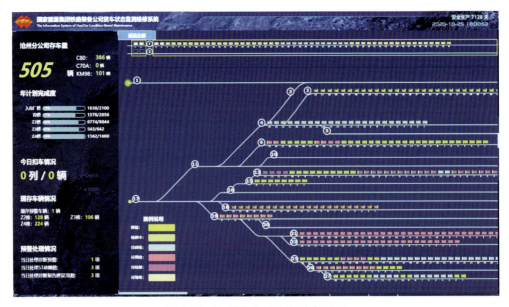

图 4.47　沧州分公司生产动态界面

通过可视化界面可以看到当前沧州分公司检修动态数据，包括任务进度及存车线的存车情况(包括整备线在内)等，通过不同颜色标出了每一辆车的当前检修环节，单击某辆车还可以弹出该车的检修全过程数据。

(5) Z1 修整备线监督监控指挥。

Z1 修整备线指挥大屏，通过实时获取作业人员手持机的数据，装备公司、维修分公司、整备线三级生产指挥人员可以全面掌握现场作业情况。

在监控指挥屏上，如图 4.48 所示，可以实时跟踪整备线的检修当日列车进度、明日计划、列车当前检修状态，以及作业人员分工、诊断模型、巡检机器人等推送的故障及处理情况，并对多发故障及零部件更换情况进行跟踪显示。

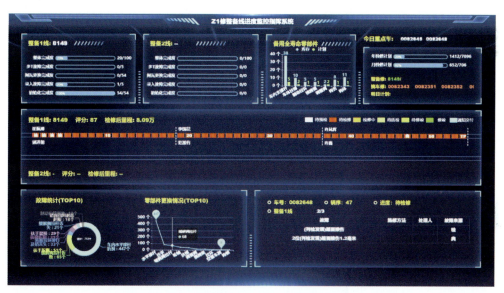

图 4.48　Z1 修整备线监督监控指挥界面

(6) 摘车修库内作业监控大屏。

摘车修库内作业监控大屏用于实时反映整备线摘车修库内的实时作业状态，如图 4.49 所示。通过大屏可以展示当前正在进行摘车修作业的车辆信息，上方是车辆评分等相关信息，右侧是车辆详细的零部件清单及评分，下方是故障列表，目前主要故障是更换轮对，在图中对故障部位进行了高亮标红显示。摘车修监控大屏还可以对摘车修比例、摘车修故障分布、Z1 修休时等关键生产数据进行同步分析，总结对业务背后逻辑的洞察，有效提高生产效率和作业质量。

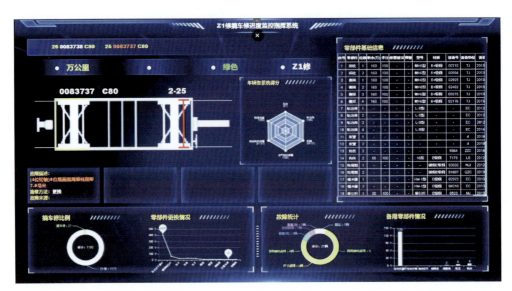

图 4.49　摘车修库内作业监控大屏界面

(7) 车列信息。

通过地图实时查看当前线路车列运行情况，如图 4.50 所示，单击车列可以查看该车列下车辆的运行情况，包括当前位置、运行方向、健康状态评分等各类信息及车辆履历信息等，并通过可视化图形查看车辆保有量、车列保有量、状态修/计划修车辆各车型分布情况、车辆健康趋势预测、车辆检修单位分布情况、"多 T"预警分布情况等。

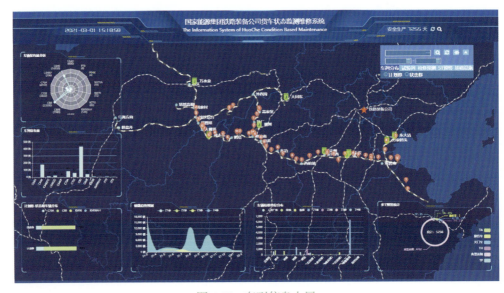

图 4.50　车列信息大屏

(8) 站点信息。

沿线站点分布情况如图 4.51 所示，在图上将既有线路、车站、TADS、TPDS、THDS、TFDS、AEI 等基础信息进行可视化展示，支持图上进行模糊搜索定位至车站、"多 T"设备、AEI 等站点，单击显示站点的详细信息。站点详细信息包括站点编码、站点名称、站点类型、所在线路、公里标、最近过车时间。

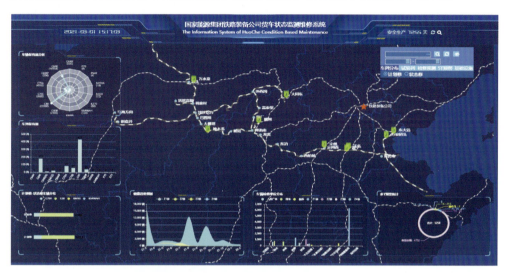

图 4.51　沿线站点分布情况

(9) "多 T"故障预警。

车辆运行过程中，"多 T"故障预警情况如图 4.52 所示。

图 4.52　"多 T"故障预警情况

　　智能分析系统状态监控内容涵盖状态修日常管理各个方面，以上介绍了比较典型的管理监控功能。

2. 科学评判

　　科学评判主要涵盖车列排产、专项列车、车列修程预测等功能。

　　车列排产，用于展现当前需要车列的基本情况，如图 4.53 所示，并通过算法将需要按修程进行检修的车列或存在影响车列运行需要紧急扣车的车列信息优先展示，便于调度制订扣修计划。

图 4.53　车列排产界面图

　　专项车列，用于实时展现当前车列的基本信息，如图 4.54 所示，涵盖小列车次、车型、编组数量、编组模式、健康评分、预测修程、剩余里程、"多 T"预警、实时位置等情况。其中，通过颜色标记车列健康状态("红线"状态、"红色"状态、"橙色"状态、"绿色"状态)，便于快速了解车列情况，为下一步列车排查提供支撑。

　　车列修程预测，通过可视化报表展示由 PHM 诊断决策系统推送的车列修程预测信息，同时支持按照车型、修程、车次、线路、车站、上下行、"多 T"预警、是否状态修、车辆健康状态等不同维度对车列修程预测信息的查询。

图 4.54　专项车列界面图

3. 生产任务

生产任务主要涵盖任务完成、任务预测、检修计划等部分。其中，任务完成主要包含昨日落成、列统计、列出线统计、辆统计和车辆检修明细等功能。任务预测主要包含车辆修程预测、车辆预测明细、车辆修程长期预测、车辆修程长期预测明细、月度修程统计、月度车型统计等功能。下面以昨日落成、列统计、辆统计、车辆修程预测等为例，介绍功能内容。

昨日落成，通过大屏展现昨日整车落成相关统计数据，如图 4.55 所示，涵盖

图 4.55　昨日落成界面图

不同修程下昨日整车落成车辆分布、各检修单位不同车型下的昨日落成数据，以及整车落成明细情况，展示落成车辆的车号、车型、小列车次、检修单位、检修修程、下次修程预测等信息。

列统计，通过可视化报表界面展示一定时间段内车列检修工作情况，如图 4.56 所示，包括检修日期、单位、修车列数、修车辆数、修程、车辆所在车次等信息。单击报表中的数字，可以查看构成该数据的车辆信息，如图 4.57 所示。

检修单位：	修程：	车型：
开始时间：2021-02-26	结束时间：2021-03-05	查询

检修工作列统计表

序号	检修日期	单位	修车列数	修车辆数	修程	车型	小列车次	修车辆数	陕西	内蒙
1		神木	0	34	段修	C64H		3	3	0
2					段修	C64K		7	1	6
3					段修	KZ70		12	0	0
4					入段厂修	C80B		12	0	12
5		神池南(站修)	0	2	临修	C80		2	1	1
6	2021-02-26	肃宁北(站修)	0	24	临修	C64K		24	6	18
7					Z1修	C80	8713	1	0	1
8					Z1修	C80	8561	54	6	46
9		黄骅港整备线	5	162	Z1修	C80	8491	1	0	1
10					Z1修	C80	8475	54	2	52
11					Z1修	C80	8369	52	52	0
12		神沧	0	10	入段厂修	C64K		10	10	0
13					段修	C64K		2	0	2
14		神木	0	14	段修	KZ70		6	0	6
15					入段厂修	C80B		6	0	6
16		神池南(站修)	0	1	临修	C80		1	1	0
17		肃宁北(站修)	0	24	临修	C64K		24	0	24
18	2021-02-27	黄骅港整备线	3	162	Z1修	C80	8451	54	18	36
19					Z1修	C80	8313	54	54	0

图 4.56　检修工作列统计表界面

序号	车列	车号	辆序	车型	流向	检修日期	检修单位	修程	所属单位
1	8475	0018346	1	C80	港字	2021-02-26	黄骅港整备线	Z1修	内蒙
2	8475	0018345	2	C80	港字	2021-02-26	黄骅港整备线	Z1修	内蒙
3	8475	0025339	3	C80	港字	2021-02-26	黄骅港整备线	Z1修	内蒙
4	8475	0025340	4	C80	港字	2021-02-26	黄骅港整备线	Z1修	内蒙
5	8475	0018318	5	C80	港字	2021-02-26	黄骅港整备线	Z1修	内蒙
6	8475	0018317	6	C80	港字	2021-02-26	黄骅港整备线	Z1修	内蒙
7	8475	0018316	7	C80	港字	2021-02-26	黄骅港整备线	Z1修	内蒙
8	8475	0018315	8	C80	港字	2021-02-26	黄骅港整备线	Z1修	内蒙
9	8475	0018644	9	C80	港字	2021-02-26	黄骅港整备线	Z1修	内蒙
10	8475	0018643	10	C80	港字	2021-02-26	黄骅港整备线	Z1修	内蒙
11	8475	0016309	11	C80	港字	2021-02-26	黄骅港整备线	Z1修	陕西
12	8475	0016310	12	C80	港字	2021-02-26	黄骅港整备线	Z1修	陕西
13	8475	0017033	13	C80	港字	2021-02-26	黄骅港整备线	Z1修	内蒙
14	8475	0017034	14	C80	港字	2021-02-26	黄骅港整备线	Z1修	内蒙
15	8475	0018358	15	C80	港字	2021-02-26	黄骅港整备线	Z1修	内蒙
16	8475	0018357	16	C80	港字	2021-02-26	黄骅港整备线	Z1修	内蒙
17	8475	0017037	17	C80	港字	2021-02-26	黄骅港整备线	Z1修	内蒙
18	8475	0017038	18	C80	港字	2021-02-26	黄骅港整备线	Z1修	内蒙
19	8475	0028605	19	C80	港字	2021-02-26	黄骅港整备线	Z1修	内蒙
20	8475	0028606	20	C80	港字	2021-02-26	黄骅港整备线	Z1修	内蒙

图 4.57　列统计详细查询界面

辆统计，通过可视化报表界面展示一定时间段内车辆检修工作情况，如图 4.58 所示，包括修程、检修单位、归属、车型等统计信息。单击报表中具体数字，可以查看对应构成的车辆信息。

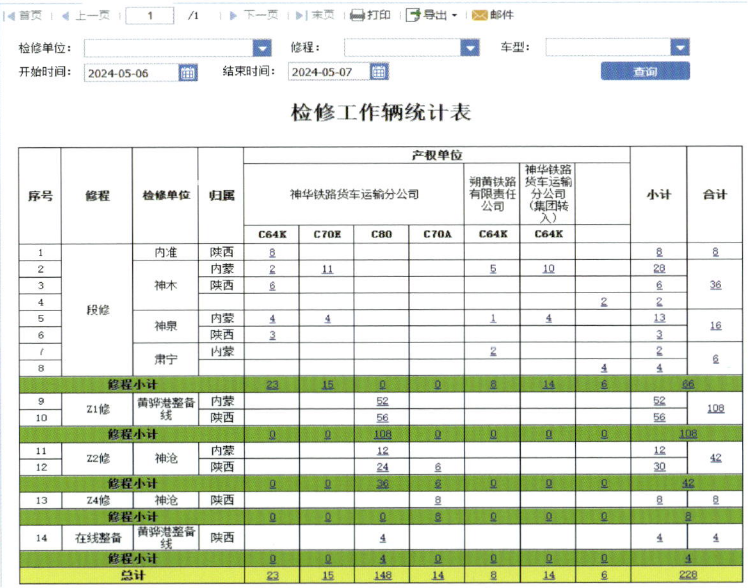
首页　上一页　1　/1　下一页　末页　打印　导出　邮件
检修单位：　修程：　车型：
开始时间：2024-05-06　结束时间：2024-05-07　查询

检修工作辆统计表

序号	修程	检修单位	归属	产权单位							小计	合计
				神华铁路货车运输分公司				朔黄铁路有限责任公司	神华铁路货车运输分公司（集团转入）			
				C64K	C70E	C80	C70A	C64K	C64K			
1	段修	内准	陕西	8							8	8
2		神木	内蒙	2	11			5	10		28	36
3			陕西	6							6	
4										2	2	
5		神泉	内蒙	4	4			1	4		13	16
6			陕西	3							3	
7		肃宁	内蒙					2			2	6
8										4	4	
修程小计				23	15	0	0	8	14	6	66	
9	Z1修	黄骅港整备线	内蒙			52					52	108
10			陕西			56					56	
修程小计				0	0	108	0	0	0	0	108	
11	Z2修	神沧	内蒙			12					12	42
12			陕西			24	6				30	
修程小计				0	0	36	6	0	0	0	42	
13	Z4修	神沧	陕西				8				8	8
修程小计				0	0	0	8	0	0	0	8	
14	在线整备	黄骅港整备线	陕西			4					4	4
修程小计				0	0	4	0	0	0	0	4	
总计				23	15	148	14	8	14	6	228	

图 4.58　检修工作辆统计表界面

车辆修程预测，通过列表形式展现车辆修程预测信息，如图 4.59 所示，其中健康评分、预测修程、预测时间、评分时间、剩余里程等信息由 PHM 诊断决策系统通过数据接口提供数据，车号、车型、车列编码、预测时间、末次检修、产权类型、所属单位、流向、车辆状态，以及前次状态修修程检修单位及时间等信息，为 HCCBM 数据中心提供基础数据及算法。

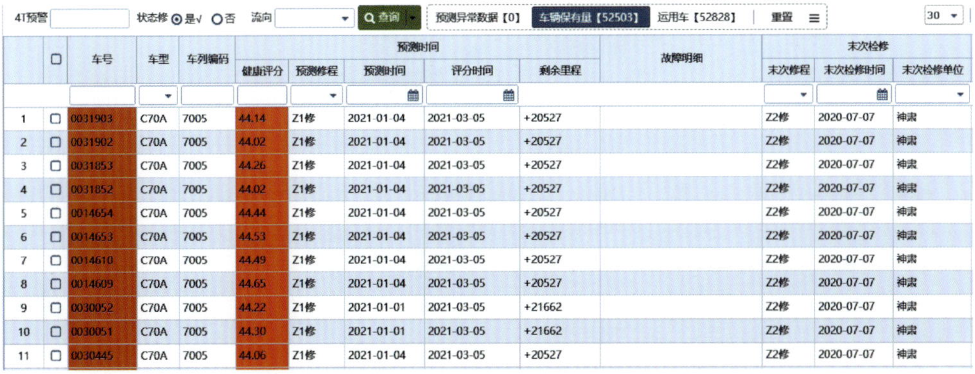
4T预警　状态修 ⊙是√ ○否　流向　查询　预测异常数据【0】　车辆保有量【52503】　运用车【52828】　重置　30

		车号	车型	车列编码	预测时间					故障明细	末次检修		
					健康评分	预测修程	预测时间	评分时间	剩余里程		末次修程	末次检修时间	末次检修单位
1	☐	0031903	C70A	7005	44.14	Z1修	2021-01-04	2021-03-05	+20527		Z2修	2020-07-07	神肃
2	☐	0031902	C70A	7005	44.02	Z1修	2021-01-04	2021-03-05	+20527		Z2修	2020-07-07	神肃
3	☐	0031853	C70A	7005	44.26	Z1修	2021-01-04	2021-03-05	+20527		Z2修	2020-07-07	神肃
4	☐	0031852	C70A	7005	44.02	Z1修	2021-01-04	2021-03-05	+20527		Z2修	2020-07-07	神肃
5	☐	0014654	C70A	7005	44.44	Z1修	2021-01-04	2021-03-05	+20527		Z2修	2020-07-07	神肃
6	☐	0014653	C70A	7005	44.53	Z1修	2021-01-04	2021-03-05	+20527		Z2修	2020-07-07	神肃
7	☐	0014610	C70A	7005	44.49	Z1修	2021-01-04	2021-03-05	+20527		Z2修	2020-07-07	神肃
8	☐	0014609	C70A	7005	44.65	Z1修	2021-01-04	2021-03-05	+20527		Z2修	2020-07-07	神肃
9	☐	0030052	C70A	7005	44.22	Z1修	2021-01-01	2021-03-05	+21662		Z2修	2020-07-07	神肃
10	☐	0030051	C70A	7005	44.30	Z1修	2021-01-01	2021-03-05	+21662		Z2修	2020-07-07	神肃
11	☐	0030445	C70A	7005	44.06	Z1修	2021-01-04	2021-03-05	+20527		Z2修	2020-07-07	神肃

图 4.59　车辆修程预测界面

4. 安全质量

安全质量主要涵盖安全盯控、质量分析等部分。其中，安全盯控主要包含剩余“多 T”车、重点防控车辆等功能。质量分析主要包含典型故障、“多 T”故障预报明细、临修扣修故障、临修检修故障、检修故障、“多 T”故障确认情况、列检作业场典型故障分析、故障发生车数等功能。以剩余“多 T”车、典型故障、“多 T”故障确认情况等为例，介绍功能内容。

剩余“多 T”车界面如图 4.60 所示，以列表形式展现存在“多 T”故障车辆的车号、车型、小列车次、辆序、4T 预警、故障明细、扣车状态等“多 T”信息，以及车辆是否状态修、末次检修、修程预测等基本情况。车辆在检修过程中，检修人员可以接收 HCCBM 数据中心推送的“多 T”故障信息，便于点对点销号，该功能同时提供现车核对销号、“5T”专职销号功能，便于对剩余“多 T”车辆进行销号处理。支持自助查询，可以根据实际需要检索需要查询的剩余“多 T”车辆，如圆周磨耗车。

查询　　30　32条

		车号	车型	小列车次	辆序	4T预警	故障明细	扣车状态	状态修	末次检修			探测设备
										末次修程	检修时间	检修单位	
1	☐	0018498	C80	8529	59	典	(HEZD型)踏面圆周磨耗超限	否	是√	Z2修	2020-10-07	神沧	龙宫下行
2	☐	0024414	C80	8959	19	典	(HEZD型)踏面圆周磨耗超限	否	否	Z1修	2020-04-01	神池南(列检)	黄骅港上行
3	☐	0025772	C80	8541	66	典	(HEZD型)踏面圆周磨耗超限	否	是√	Z2修	2020-08-15	神沧	神东上行
4	☐	0027575	C80	8915	78	典	(列检发现)踏面圆周磨耗超限	否	否	Z1修	2020-12-09	黄骅港整备线	肃宁北下行
5	☐	0029744	C80	8713	92	典	(HEZD型)踏面圆周磨耗超限	否	否	Z1修	2021-02-26	黄骅港整备线	大柳塔上行
6	☐	0034749	C80	8073	51	典	(HEZD型)踏面圆周磨耗超限	否	是√	Z2修	2020-11-09	神沧	黄骅港上行
7	☐	0035673	C80		129	典	(HEZD型)踏面圆周磨耗超限 (列检发现)踏面圆周磨耗超限	否	否	Z1修	2019-07-03	神肃	杜生下行
8	☐	0037617	C80	8087	101	典	踏面圆周磨耗超限	否	否	Z1修	2020-12-12	黄骅港整备线	黄骅港上行
9	☐	0044587	C80		101	典	(HESA型)踏面圆周磨耗超限 (HEZD型)踏面圆周磨耗超限 (列检发现)踏面圆周磨耗超限	否	否	Z1修	2020-03-13	神池南(列检)	南坪THDS下行

自助查询
查询条件
重置条件
圆磨车【32】
关门车【177】

图 4.60　剩余“多 T”车界面

典型故障，以报表形式展示一定周期内典型故障统计情况，界面如图 4.61 所示，

发现单位：　发现时间从：2021-02-03　至：2021-03-05　施修方法：　前次检修单位：
车　号：　车　型：　空重：　小列车次：
大部位：　小 部 位：　更小部位：　查询

典型故障信息查询

总计：5394 条

序号	发现单位	发现时间	车号	车型	故障位数	故障描述	审核人	空重	施修方法	定检信息							
										厂修单位	厂修时间	段修单位	段修时间	辅修单位	辅修时间	Z1修单位	Z1修时间
1		2021-02-04 05:27	0028281	C80	1	(HM-1型)缓冲器楔块裂纹		重	施行							神池南(列检)	2020-03
2		2021-02-04 11:24	0303714	C64K	1			重	施行	神木	2019-03	神泉	2020-07				
3		2021-02-04 20:20	0301054	C64K	11			空	摘车施修	京双	2015-06	神木	2020-01	神木	2005-04		
4			0301718	C64K	2			空	摘车施修			神泉	2020-01				
5		2021-02-05 21:08	0084742	C80	2	(列检发现)密封罩脱出		重	施行			神沧	2019-05			神池南(列检)	2020-03
6		2021-02-05 23:41	0018505	C80	1	(HM-1型)缓冲器楔块裂纹		重	施行			神沧	2018-05			黄骅港整备线	2021-01
7			0018506	C80	2	(HM-1型)缓冲器楔块裂纹		重	施行			神沧	2018-05			黄骅港整备线	2021-01
8		2021-02-07 10:19	0027806	C80	1	(HM-1型)缓冲器楔块裂纹		重	施行							神池南(列检)	2020-03
9			0028224	C80	2	(HM-1型)缓冲器楔块裂纹		重	施行							神池南(列检)	2020-03
10			0028225	C80	2	(HM-1型)缓冲器楔块裂纹		重	施行							神池南(列检)	2020-03
11			0028227	C80	1	(HM-1型)缓冲器楔块裂纹		重	施行							神池南(列检)	2020-03

图 4.61　典型故障界面

包括故障发现单位、发现时间、车号、车型、故障位数、故障描述、空重、施修方法、定检信息等。同时支持从发现单位、发现时间(起止)、施修方法、前次检修单位、车号、车型、空重、故障大部位、故障小部位等多维度对典型故障信息进行检索，快速定位典型故障。

"多 T"故障确认情况界面如图 4.62 所示，由于状态修车列长期存在沿线运用检查发现三车典故信息、"多 T"采集故障信息，HCCBM 数据中心通过将"多 T"故障信息随车推送，保障"多 T"故障在状态修检修基地实现点对点销号及非状态修基地批量销号。为了实现对"多 T"监测设备上报的"多 T"故障信息与现场检修人员核对的真实情况进行质量跟踪，将点对点销号结果反馈回 HCCBM 数据中心，生成"多 T"故障确认情况，并对发布故障一致性进行分析。

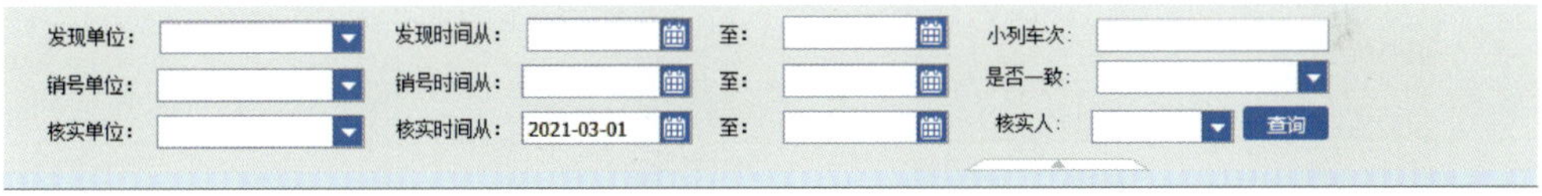

序号	小列车次	车号	车型	发现单位	通过时间	多T故障描述	是否一致	销号时间	销号原因	末次检修修程
1	8099	0034942	C80	黄骅港(列检)	2021-02-02	(HEZD型)踏面剥离1处	一致	2021-03-05	Z1修	入段厂修
2		0029254	C80	神木北(列检)	2020-12-24	(HM-1型)缓冲器箱体裂纹	一致			段修
3			C80	神池南(列检)	2020-11-06	(17型)钩腔内部裂纹	信息错误	2021-03-04	Z3修	Z1修
4		0029270	C80	黄骅港(列检)	2020-11-25	(16型)钩腔内部裂纹	一致	2021-03-04	Z3修	Z1修
5		0029278	C80	黄骅港(列检)	2020-11-04	(HM-1型)固定斜板裂纹	一致	2021-03-04	Z3修	Z1修
6	8693		C80	黄骅港(列检)	2020-10-07	(MT-2型)固定斜板裂纹	信息错误	2021-03-04	Z3修	Z1修
7			C80	神池南(列检)	2021-03-01	固定斜板裂纹	信息错误	2021-03-04	Z3修	段修
8		0029238	C80	黄骅港(列检)	2021-02-08	(HM-1型)固定斜板裂纹	一致	2021-03-04	Z3修	段修
9			C80	神木北(列检)	2020-07-18	(HM-1型)缓冲器模块裂纹	一致	2021-03-04	Z3修	Z1修
10		0029248	C80	神木北(列检)	2020-10-05	(16型)钩腔内部裂纹	一致	2021-03-04	Z3修	Z1修
11			C80	黄骅港(列检)	2020-12-04	(MT-2型)缓冲器模块裂纹	不存在	2021-03-04	Z1修	Z2修
12		0025160	C80	黄骅港(列检)	2020-11-22	(MT-2型)缓冲器模块裂纹	一致	2021-03-04	Z1修	Z2修
13			C80	黄骅港(列检)	2020-10-03	(HM-2型)缓冲器模块裂纹	一致	2021-03-04	Z1修	Z2修

图 4.62　"多 T"故障确认情况界面

5. 技术档案

技术档案主要涵盖列档案、辆档案和零部件档案三部分。对车列、车辆、零部件的基本属性、装用状态、运行里程、诊断结果、发现故障及处理结果、历次检修过程及结果进行管理，在 HCCBM 数据中心建立车列、车辆、零部件的技术档案，并通过检修单位上报的数据，对 HCCBM 数据中心的技术档案进行更新。当车列、车辆进行维修时，HCCBM 数据中心将该车列、车辆技术档案发送到检修单位，用于指导检修作业。下面以列档案、辆档案为例，介绍功能内容。

列档案列表如图 4.63 所示，展现车列信息，如车列编码、车型、通过时间、上下行、报文车次、运行里程、编组辆数、健康评分、预测修程、4T 是否有预警、Z1 修车数、Z2 修车数、Z3 修车数、Z4 修车数、剩余里程、颜色标识等信息。同时可以查看某车列的车列最新位置、车辆修程预测信息等内容，如图 4.64 所示。

	车列编码	车型	通过时间	上下行	报文车次	运行里程(万公里)	编组辆数	健康评分	预测修程	4T是否有预警	Z1修车数
1	7031	C70A	2021-03-05 ...	上行			58	43	Z1修	典	58
2	7037	C70A	2021-03-04 ...	上行			58	44	Z1修	典,TA	58
3	7053	C70A	2021-03-05 ...	下行			58	42	Z1修	典	58
4	7079	C70A	2021-03-04 ...	上行			58	96	Z1修	TA	58
5	8061	C80	2021-03-05 ...	上行			54	41	Z1修	关,典	54
6	8471	C80	2021-03-05 ...	上行			54	32	Z1修	典,TA	54
7	8667	C80	2021-03-05 ...	上行			54	91	Z1修		
8	8313	C80	2021-03-05 ...	上行			54	97	Z1修		54
9	8327	C80	2021-03-05 ...	下行			52	34	Z1修	典	
10	8589	C80	2021-03-05 ...	下行			54	45	Z1修	典,TA	54
11	8521	C80	2021-03-05 ...	下行			54	95	Z1修	典	54
12	8149	C80	2021-03-05 ...	下行			54	20	Z1修	典	
13	8227	C80	2021-02-28 ...	下行			54	36	Z1修	典	54
14	8237	C80	2021-03-05 ...	下行			54	30	Z1修	关,典,TA	

图 4.63 列档案列表界面

车列最新位置表

车列编码	7031	车型	C70A	通过时间	2021-03-05 06:24:30	上下行	上行	报文车次	
运行里程(万公里)		编组辆数	58	健康评分	43	预测修程	Z1修	4T是否有预警	典

车辆修程预测

Z1修车数	58	Z2修车数	0	Z3修车数	0	Z4修车数	0	段修到过期车数	0
厂修到过期车数	0	剩余里程	-28406	探测设备	定州车号	报文设备编码	ADZ	发送诊断模型时间	2021-03-04
诊断报告时间	2021-03-01	车次	7032	数据来源	ATIS	报文名称	DADZ1002.305	报告ID	7031_20210304234001
接收报告ID	7031_20210226015449	总里程		空车里程		重车里程		末次修程	
末次检修单位		末次检修时间		前次Z1级修单位		前次Z1级修时间		Z1修后总里程	
Z1修后空车里程		Z1修后重里程		前次Z2级修单位		前次Z2级修时间		Z2修后总里程	
Z2修后空车里程		Z2修后重车里程		前次Z3级修单位		前次Z3级修时间		Z3修后总里程	
Z3修后空车里程		Z3修后重车里程		前次Z4级修单位		前次Z4级修时间		Z4修后总里程	
Z4修后空车里程		Z4修后重车里程		预计Z1修剩余里程	-28406	预计Z2修剩余里程	291593	预计Z3修剩余里程	1091593
预计Z4修剩余里程	291593	是否状态修	状态修	扣车状态	运行				
备注									
空重	重	颜色标识	2	红色车统计	58	黄色车统计	0	红线车统计	0
发站		到站							
同车次小列	7031								
绿色车统计	0	诊断模型颜色标识	橙色						

图 4.64 车列位置信息、车辆修程预测界面

辆档案列表如图 4.65 所示，展现所有自有产权车辆的信息，如车列编码、车号、车型、制造日期、制造单位、产权类型、产权单位、流向、线别、是否状态修、车辆状态、成组车、黄标方向、总里程、辆评分、剩余里程、计划修、状态修等。同时可以查看某车辆的车辆基本信息、前次检修情况、配件信息、车辆检修记录、现车零部件装用信息、车辆轨迹等，如图 4.66 所示。

		车列编码	车号	车型	制造日期	制造单位	产权类型	产权单位	流向	线别	是否状态修	车辆状态	成组车	黄标方向
											是√			
1	☐	7249	0014678	C70A	2010-12-01	内蒙古第一机械制造(集团)	自购	神运输分公司(三新)	港字	朔黄线	是√	新购	0014677_0014678	东
2	☐	7249	0014683	C70A	2010-12-01	内蒙古第一机械制造(集团)	自购	神运输分公司(三新)	港字	朔黄线	是√	新购	0014683_0014684	东
3	☐	7249	0014684	C70A	2010-12-01	内蒙古第一机械制造(集团)	自购	神运输分公司(三新)	港字	朔黄线	是√	新购	0014683_0014684	东
4	☐	7041	0014687	C70A	2010-12-01	内蒙古第一机械制造(集团)	自购	神运输分公司(三新)	港字	朔黄线	是√	新购	0014687_0014688	东
5	☐	7041	0014688	C70A	2010-12-01	内蒙古第一机械制造(集团)	自购	神运输分公司(三新)	港字	朔黄线	是√	新购	0014687_0014688	东
6	☐	7249	0014689	C70A	2010-12-01	内蒙古第一机械制造(集团)	自购	神运输分公司(三新)	港字	朔黄线	是√	新购	0014689_0014690	东
7	☐	7249	0014690	C70A	2010-12-01	内蒙古第一机械制造(集团)	自购	神运输分公司(三新)	港字	朔黄线	是√	新购	0014689_0014690	东
8	☐	7005	0014698	C70A	2010-12-01	内蒙古第一机械制造(集团)	自购	神运输分公司(三新)	港字	朔黄线	是√	新购	0014698_0014699	东
9	☐	7247	0014709	C70A	2010-12-01	内蒙古第一机械制造(集团)	自购	神运输分公司(三新)	港字	朔黄线	是√	新购	0014709_0014710	东
10	☐	7249	0014712	C70A	2010-12-01	内蒙古第一机械制造(集团)	自购	神运输分公司(三新)	港字	朔黄线	是√	新购	0014711_0014712	东
11	☐	7129	0014715	C70A	2010-12-01	内蒙古第一机械制造(集团)	自购	神运输分公司(三新)	港字	朔黄线	是√	新购	0014715_0014716	西
12	☐	7129	0014716	C70A	2010-12-01	内蒙古第一机械制造(集团)	自购	神运输分公司(三新)	港字	朔黄线	是√	新购	0014715_0014716	西
13	☐	7081	0014718	C70A	2010-12-01	内蒙古第一机械制造(集团)	自购	神运输分公司(三新)	港字	朔黄线	是√	新购	0014717_0014718	东
14	☐	7081	0014719	C70A	2010-12-01	内蒙古第一机械制造(集团)	自购	神运输分公司(三新)	港字	朔黄线	是√	新购	0014719_0014720	东
15	☐	7081	0014720	C70A	2010-12-01	内蒙古第一机械制造(集团)	自购	神运输分公司(三新)	港字	朔黄线	是√	新购	0014719_0014720	东

图 4.65　辆档案列表界面

图 4.66　车辆基本信息、车辆检修记录、现车零部件装用信息、车辆轨迹界面

6. 试验列

试验列主要涵盖模拟试验、验证试验两部分。其中，模拟试验主要包含试验列里程、试验列里程分析、试验列里程比较、试验列里程对比分析、试验列检修后里程、试验列厂修后里程、试验列段修后里程、试验列运行线路分布、试验列最大最小里程展示。验证试验主要包括一列一档、验证列里程写实、验证列里程比较、验证列日报、调度简报等功能。下面以试验列里程比较、试验列检修后里程为例，介绍其功能内容。

试验列里程比较结果界面如图 4.67 所示，整合试验列车运行循环跟踪日志数据、HCCBM 数据中心运行里程计算结果、北斗里程数据，实现三类数据来源下运行里程之间的数据差值对比。分析试验列在开始时间、比较时间、往返趟数下不同数据来源车辆的总里程、重车里程、空车里程差距(百分比),用于验证 HCCBM 数据中心运行里程算法的准确性。

		试验列编号	小列车次	车号	车数	开始时间	比较时间	往返趟数	运行月数	运行天数	报文里程	试验里程	差值	百分比	北斗里程	报文空里程	写实空里程
1	☐	#1	8053	0044599	54	2019-04-22 20:3...	2020-06-28 15:40...	117	15	369	195874.44	195885	10.5599...	0.01%	199412	96485.08	97708
2	☐	#2	8549	0021885	54	2019-05-08 16:0...	2020-06-17 17:21...	120	14	364	193826.28	197151	3324.72...	1.69%	200634	95435.09	98537
3	☐	#3	7083	0032622	58	2019-05-18 01:0...	2020-11-07 04:15...	129	19	409	199867.620...	200852	984.380...	0.49%	151279	99669.43	100568
4	☐	#4	7167	0033318	58	2019-05-26 15:08...	2020-06-20 23:11...	94	14	303	151524.220...	148882	-2642.2...	-1.77%	0	73420.625	74465
5	☐	#5	8457	0039078	54	2019-04-15 19:0...	2020-07-08 01:57...	127	16	380	204258.900...	205907	1648.10...	0.80%	206390	100600.125	103142
6	☐	#6	8047	0037763	54	2019-05-12 20:0...	2020-07-16 10:23...	124	15	379	199014.19	200286	1271.80...	0.63%	199520	98610.14	100208
7	☐	#7	8315	0081759	54	2019-05-24 19:4...	2020-08-14 08:23...	127	16	391	204660.340...	206068	1407.66...	0.68%	190848	101004.8	103577
8	☐	#8	8223	0084449	54	2019-05-10 22:0...	2020-10-10 13:06...	122	16	379	201468.440...	201106	-362.44...	-0.18%	154781	100431.04	100604
9	☐	#17	8075	0039077	54	2019-07-24 21:0...	2020-12-29 23:59...	145	18	447	243240.660...	238059	-5181.6...	-2.18%	154797	120557.84	119038
10	☐	#18	8175	0039366	54	2019-07-31 20:0...	2020-12-27 21:58...	159	18	479	255466.75	262119	6652.25	2.54%	170624	126580.2	130629
11	☐	#19	8777	0028635	54	2019-06-02 17:0...	2020-12-29 23:30...	170	19	504	275119.380...	276099	979.619...	0.35%	192313	136268.97	138219
12	☐	#20	8617	0022758	54	2019-06-02 17:0...	2020-12-29 23:30...	175	19	524	286246.300...	282513	-3733.2...	-1.32%	0	141933.72	140941
13	☐	#21	8737	0017865	54	2019-06-03 14:2...	2020-12-29 17:01...	173	19	525	285611.440...	287236	1624.55...	0.57%	208585	140391.72	143469
14	☐	#22	8331	0043891	54	2019-05-15 20:0...	2020-12-26 23:28...	168	20	522	278316.060...	277473	-843.05...	-0.30%	196601	139249.53	138920
15	☐	#23	7185	0033639	58	2019-05-18 17:0...	2020-12-26 12:35...	147	20	482	231032.560...	226695	-4337.5...	-1.91%	0	113020.01	113409
16	☐	#24	7061	0033783	58	2019-06-12 20:1...	2020-12-26 21:23...	140	18	457	215875.340...	216510	634.660...	0.29%	0	106550.07	108268
17	☐	#9	8573	0022826	54	2019-06-15 16:3...	2020-12-28 21:11...	142	16	422	227923.470...	230352	2428.52...	1.05%	134711	113863.38	114959

图 4.67 试验列里程比较界面

试验列检修后里程，通过图形化界面展示段修、厂修后试验列中各车辆的检修后运行里程对比情况，如图 4.68 所示，有助于发现车列编组中运行里程偏差较大的车辆，优化车列编组。

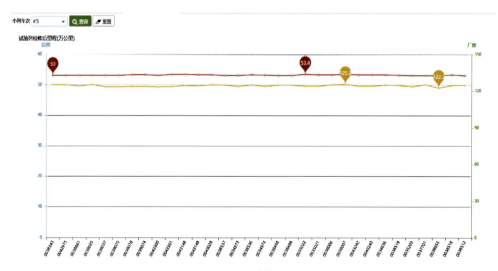

图 4.68 试验列检修后里程界面

7. 运力资源

运力资源主要涵盖保有量、里程查询、运行里程、车辆利用率等部分。其中，保有量主要包含车列保有量、车辆保有量、零部件保有量等。里程查询主要包含车辆轨迹跟踪、车辆往返轨迹跟踪、车列轨迹跟踪、车列最新位置跟踪等功能。运行里程主要包含各车型年均运行里程、车辆年度运行里程明细、车辆月度运行里程明细、车辆日运行里程明细、零部件运行里程等。车辆利用率主要包括休时分析、车辆休时、车辆休时分析等功能。通过运力资源关键指标的统计、分析，掌握铁路货车使用效率，为铁路运输企业降低运输成本、提高经济效益提供数据支撑。

8. 规律验证

规律验证主要涵盖典型故障发生年度对比、典型故障年度对比、检修后运行故障发生增长情况跟踪、典型故障跟踪、扣临修车辆分析、钩缓故障跟踪、模拟试验列故障分析、验证试验列故障分析、车辆休时跟踪、检修后临修扣车统计、临修故障跟踪、"多 T"故障分析、运用质量分析、检修质量分析、优化工艺质量分析、工艺质量分析等功能。同时规律验证模块提供支持用户对数据进行分类，并支持用户自助对状态修过程数据的关联关系进行分析。HCCBM 数据中心利用深度自学习模型，对获取的大量数据进行分析，可对既有的各零部件检修限度、检修周期等提出数据化的修改意见。

此外，对 Z1 修的启动条件也进行验证，状态修工艺规程规定以闸瓦磨耗集中到限作为启动 Z1 修的条件。HCCBM 数据中心在 Z1 修整备线增加闸瓦剩余厚度录入功能，对全部卸车闸瓦厚度及装车闸瓦厚度进行记录，通过对历次 Z1 修更换下的闸瓦全数据包括闸瓦磨耗测量数据，以及闸瓦安装后的运行里程、闸瓦安装位数、闸瓦安装车辆运行方向、闸瓦材质、闸瓦生产厂家等业务数据等进行分析，通过实际运用的闸瓦磨耗数据分析卸车闸瓦厚度与里程、安装位数、车型之间的关系，对设置的 Z1 修开启阈值进行验证，为下一步合理调整开启修程阈值提供精确的数据支撑。

HCCBM 数据中心对 C80 型车 Z1 修闸瓦剩余厚度进行了监测和记录，按里程统计结果如表 4.1 和图 4.69 所示。

表 4.1　C80 型车 Z1 修闸瓦剩余厚度分布　　　　　（单位：%）

厚度范围	运行里程						
	6 万～7 万 km	7 万～8 万 km	8 万～9 万 km	9 万～10 万 km	10 万～11 万 km	11 万～12 万 km	12 万 km 以上
$t \geqslant 35mm$	21.6	17.1	14.1	16.2	19.7	21.4	24.6
$30mm \leqslant t < 35mm$	32.1	27.8	23.9	24.1	22.6	23.6	33.6
$20mm \leqslant t < 30mm$	45.7	53.6	60.7	57.9	56.2	53.8	40.6
$t < 20mm$	0.6	1.5	1.3	1.8	1.5	1.2	1.2

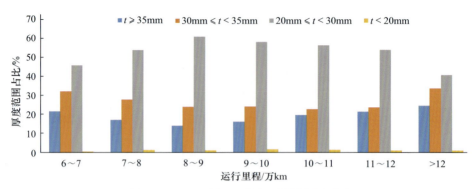

图 4.69　C80 型车 Z1 修闸瓦剩余厚度分布

由图 4.70 可以看出，目前的 Z1 修闸瓦分布情况趋于合理。

$t \geq 35mm$：在 6 万～9 万 km 呈递减趋势，9 万～12 万 km 呈递增趋势。8 万～9 万 km 为最低值，列检工作量最小。

$30mm \leq t < 35mm$：在 6 万～10 万 km 呈递减趋势，10 万～12 万 km 呈递增趋势。10 万～11 万 km 为最低值，闸瓦磨耗均衡，最经济。

$20mm \leq t < 30mm$：在 6 万～9 万 km 呈递增趋势，9 万～12 万 km 呈递减趋势。

综上分析，在闸瓦材质、配方等信息相对稳定的情况下，在 8 万～9 万 km 开启 Z1 修最为合理。

同时 HCCBM 数据中心同步提供了 Z1 修闸瓦剩余厚度按里程分布趋势分析图表，也同步验证了 8 万～9 万 km 开启 Z1 修最为合理。

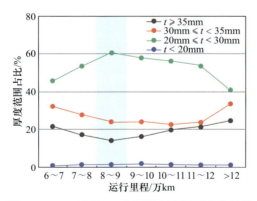

图 4.70　C80 型车 Z1 修闸瓦剩余厚度分布趋势

4.4.3　界面展示

可视化展示每个车列的诊断报告信息如图 4.71 所示，包括车次、评分、位置、起始终点站、预警、各车辆的修程预测、到过期分析等数据，在车辆列表中，单击某一车号，即可进入该车辆的诊断报告，维度与车列相似，如图 4.72 所示。

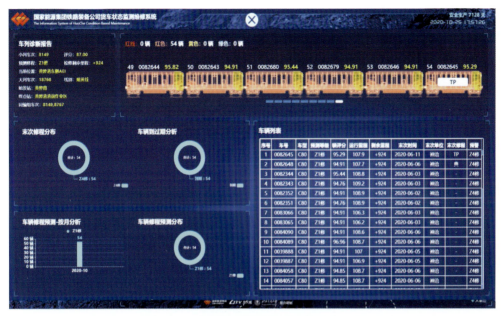

图 4.71　车列诊断报告图形化展示界面

图 4.72　车辆诊断报告图形化展示界面

4.5　诊断决策系统

4.5.1　诊断决策流程

诊断决策系统通过研究铁路货车零部件失效规律和货车零部件寿命管理得到车辆零部件失效规律，结合零部件寿命管理体系，实现对全寿命零部件、使用寿命零部件的寿命管理，并对关键零部件进行剩余寿命预测。另外，依靠先进的车辆综合检测技术与装备体系，掌握车辆零部件技术状态，可对车辆状态进行综合评估。将剩余寿命预测模型与车辆技术状态检测模型相融合，可实现对零部件状态的综合评分，进而对车辆、车列进行评分，建立智能化的状态修诊断与决策信息系统，对车辆健康状态进行综合研判，指导修程的合理判定。

1. 建立零部件剩余寿命预测模型

根据货车零部件寿命管理特点对货车全部零部件重新开展分类管理。根据铁路货车零部件寿命管理体系划分全寿命零部件、使用寿命零部件、易损零部件，确定能参与车辆健康状态评分的零部件。

对于全寿命零部件和使用寿命零部件，进行失效模式、影响及危害性分析(failure mode，effect and criticality analysis，FMECA)，结合专家系统和其他理论方法的研究成果，建立零部件剩余寿命预测模型。

对于纳入全寿命零部件管理范畴的零部件，根据货车的使用情况将其使用年限指标换算为里程指标，根据零部件剩余寿命预测模型的评分原则对零部件进行评分。

对于使用寿命零部件，建立特征参数性能退化模型和模型参数估计值。在此基础上，结合多维度状态下铁路货车关键零部件动态性能演变及其安全限值，建立零部件剩余寿命预测模型，实现对零部件寿命的预测。同时根据货车的使用情况，考虑使用寿命零部件的检修里程，根据零部件剩余寿命预测模型的评分原则对零部件进行评分。并结合关键零部件剩余寿命预测模型及车辆子系统，验证剩余寿命模型和转向架、钩缓子系统评判的准确性。

2. 建立车辆技术状态检测系统模型

针对货车中利用"5T"检测设备(THDS、TPDS、TADS、TFDS、TWDS)进行状态监测的零部件，如轴承、轮对等，采用机器学习、深度学习、大数据分析、统计学等方法，对"单 T"数据进行沿运营里程(时间轴)的纵向深度挖掘，基于故障案例数据进行深度学习，建立零部件的"单 T"检测系统模型，预测并评估零部件状态。针对 THDS 数据，建立轴承故障预警算法；针对 TPDS 数据，建立车轮踏面损伤预测算法和运行品质不良分析方法；针对 TADS 数据，建立轴承的早期故障诊断算法；针对 TFDS 数据，实现零部件故障定位；针对 TWDS 数据，实现对车轮的技术状态检测。同时基于大数据方法深度分析和挖掘各检测设备数据的关联性，建立"多 T"检测系统关联模型，分析"5T"报警的时序关联性，通过"多 T"检测数据预测和评估零部件状态，进行综合评判和提级处理。结合"单 T"检测系统模型和"多 T"检测系统关联模型，综合对零部件进行状态评估。扩展"5T"范围，实现转向架悬挂元件和车轮的故障辨识及定位。

3. 建立车列健康诊断模型

基于上述零部件剩余寿命模型和车辆技术状态检测系统模型，融合两个模型的输出结果，综合进行零部件状态评估，建立状态修扣修标准，建立修程判别模型；根据零部件影响列车运行安全的重要程度，设计零部件权重系数，利用综合评价方法，实现对车辆状态评价，同时给出建议检修及需要批量更换的零部件清单；在零部件、车辆状态评价的基础上，结合修程判别模型，给出整列车的健康诊断报告和车列健康状态诊断报告。

4. 制定状态修车列扣修标准

结合状态修检修、运用布局及检修工艺制定状态修车列扣修标准。以车列得分和各辆车得分为主要评价依据，同时考虑重大故障以及与之相关的扣分项制定扣修标准，使其与状态修修制相一致。利用该标准指导状态修修程下车列的扣修，以提高扣修准确率，最大限度地减少漏扣、错扣情况的发生。

4.5.2　功能设计

系统主要包括货车修程信息总览、Z1 修车列信息、Z2 修车列信息、Z3 修车列信息、Z4 修车列信息、故障车列信息展示等功能。

货车修程信息总览，展示当前 Z1 修至 Z4 修下不同车型的车列数量、得分最低车列信息及预测下一阶段进入修程的车列数量等信息。

修程车列信息，展示当前已经进入本修程或预计进入本修程车列的车型、车列号、运行车次、得分、本次修程、修程关键部件得分、剩余里程、分值计算说明、车列总报告和车列子报告等情况。支持按照车型或车列号快速查询需要查询的车列信息。

故障车列信息，展现当前存在警告扣分项的车列信息，展示车列型号、运行车次、车列得分、本次修程、告警扣分项、剩余里程及车列总报告、车辆子报告等内容。

4.5.3 界面展示

以列表形式展示关键信息如图 4.73 所示，支持车列与车辆的联动下钻，可关联查看某一列车中的所有车辆的详细信息，如图 4.74 所示。

进入修程车列 预计车列

车型 请选择/输入车型 车列号 请选择/输入车列号 搜索 重置

序号	车型	车列号	运行车次	得分	本次修程	修程关键部件得分（平均分）	剩余里程	分值计算说明	车列总报告	车列子报告
1	C80	8215	18594	27	Z1修	0	+192842			
2	C80	8691	18060	30	Z1修	0	+173784			
3	C80	8749	18749	32	Z1修	0	+146046			
4	C80	8947	18947	32	Z1修	0	+159846			
5	C80	8213	28700	31	Z1修	0	+166834			
6	C80	8367	668	33	Z1修	1	+150376			
7	C80	8621	18697	29	Z1修	1	+181948			
8	C80	8247	8248	23	Z1修	2	+138068			
9	C80	8123	18667	20	Z1修	3	+170981			
10	C80	8099	18099	25	Z1修	3	+120310			

共 161 条 10条/页 < 1 2 3 4 5 6 ... 17 > 前往 1 页

图 4.73 修程车列信息

序号	车型	车列号	运行车次	得分	本次修程	告警扣分项	剩余里程	分值计算说明	车列总报告	车列子报告
1	C80	8767	28768	15	Z1修	(列检发现)密封罩脱出扣50分拉环丢失拉环丢失扣50分钩腔内部裂纹(16型)钩腔内部裂纹(17型)钩腔内部裂纹扣50分拉环丢失扣50分	48101			
2	C80	8083	18083	15	Z1修	(17型)钩腔内部裂纹扣50分钩体牵引台裂纹扣50分	+2584			
3	C80	8593	18594	20	Z1修	调整阀作用不良调整阀作用不良调整阀作用不良扣50分(16型)钩腔内部裂纹扣50分	+8091			
4	C80	8149	18150	20	Z1修	(16型)钩腔内部裂纹扣50分(17型)钩腔内部裂纹(16型)钩身裂损扣50分	10158			
5	C80	8141	18142	21	Z1修	截断塞门手把关闭扣50分踏面圆周磨耗超限8.4毫米扣50分	11887			
6	C80	8529	28467	21	Z1修	(17型)钩体牵引台裂纹扣50分(HEZD型)踏面圆周磨耗超限8.2毫米(HEZD型)踏面圆周磨耗超限8.3毫米扣50分	+3091			

图 4.74 故障车列信息

4.6 生产指挥系统

4.6.1 状态修生产指挥流程

生产指挥由调度员完成，主要涉及扣车、补轴、调向三个关键业务流程。

1. 扣车流程

列车扣车流程如图 4.75 所示，具体步骤如下。

1) 列车扣修预报

结合列车运行计划，依据状态修诊断决策模型，对快到修程、已到修程、超过修程的列车按不同的等级进行预警。

2) 列车扣修实施

系统通知具有检修能力的附近列检作业场进行扣车处理，综合列车的状态和各检修单位的位置、检修资质、存车能力、存车情况、台位数等因素，发布安全、高效的整列扣车调度命令。同时结合列车诊断报告及列检检查情况生成车列及预检报告，共享给送修单位指导检修。

跟踪记录扣修作业过程，包括 Z1 修、Z2 修、Z3 修或 Z4 修扣修手续。

3) 修竣列车交付

跟踪记录交付过程，首先由分公司调度中心填写列车修竣通知书，列检依据修竣通知书向车站办理交付手续，最后由车站负责调车交付投入运输。

2. 补轴原则和流程

列车修竣完成后，查询原编组情况，判断是否欠编，对修竣后欠轴的列车进行预警，根据需要补轴车列的约束条件，查询满足补轴条件车辆的分布情况，协助列车的补轴处理，记录更新后的编组信息并输出给 HCCBM 数据中心，办理交付手续，动态统计满轴的修竣车。

1) 补轴原则

补轴的车辆一定要满足补轴条件，即补轴原则：

(1) 车型一致。

(2) 黄标方向一致。

(3) 补轴车源与车列总里程差小于 8 万 km，并且末次厂修时间相近或 Z4 修时间相近、制造日期相近(3 个月以内)。

(4) 就近原则，一般为检修基地或就近的装卸站(最好原车原补)。

在遵守补轴原则的基础上，补轴操作同时要具有可追溯性，可追踪编组车辆变化、位置、操作人等信息，补轴后更新编组基础信息。

2) 补轴流程

补轴流程如图 4.76 所示,通过运输系统获取固定编组列车的信息，包括车号、顺位，对"多 T"设备 THDS、TFDS、TADS、TPDS 及 AEI 的过车数据，进行对比，根据过车实时数据判断是否欠编，地面监测设备监测的过车数据和固定编组辆数相同，说明列车未出现欠编情况；地面监测设备监测的过车数据少于固定编组辆数，表明该列车发生欠编情况；若列车发生欠轴情况，则系统自动高亮提

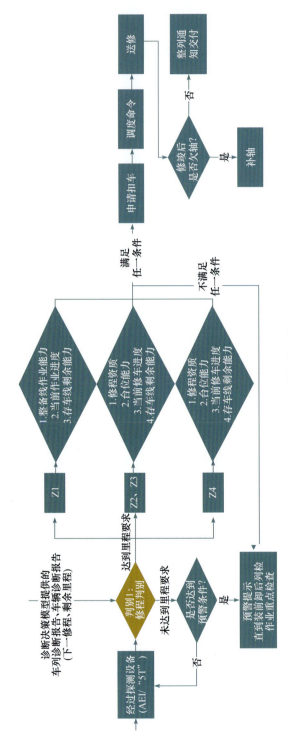

图4.75　扣车管理流程

示检测到的欠混编车列，并根据车辆信息总表情况筛选出状态修零散车，构建补轴车源池，在车源池中任意选择某一辆车，系统会显示该车辆的最新位置、黄标方向、健康评分、下次修程、剩余里程、车辆状态等信息。根据补轴原则，匹配该零散车附近的最佳欠轴车列，将其纳入补轴计划，现场工作人员按照补轴计划对车列进行补轴，固定编组模块自动更新信息。

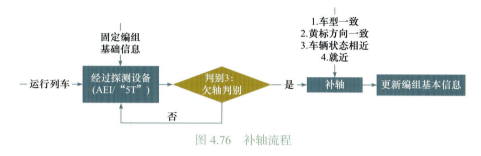

图 4.76　补轴流程

3. 调向流程

调向是为了解决列车长期单向运行造成车轮等零部件偏磨影响运输安全的问题。TWDS 设备的输出结果，即车轮的实际尺寸和单向走行里程，当其达到一定阈值时发出调向预报，调度部门根据调向预报的车列，结合车列位置、运输计划、环线通过能力等条件约束制订环线调向计划，记录调向结果输出至 HCCBM 数据中心，并动态分析调向进展情况。

自动判别调向结果的依据主要是 AB 端和上下行，若调向之后上下行相同、AB 位不同，或上下行不同、AB 位相同，则说明调向成功；若调向之后，上下行相同、AB 位相同，或上下行不同、AB 位不同，则说明调向未成功。

调向流程如图 4.77 所示，当列车修竣后，会产生初始化的黄标方向和 AB 位，形成初始化车辆信息。列车经过探测站会验证列车上下行、AB 位及黄标方向是否准确，若不准确，则返回修改初始信息；若准确，在经过调向点后，通过上下行和 AB 位的位置关系判断是否调向。列车未发生调向则继续运行至下一个调向点继续判断；若发生调向，则生成运行里程、AB 位、上下行等信息，并计算列车的里程差是否超出阈值。若未超出则继续运行至下一个调向点进行判断；若超出阈值，则产生列车调向预警，并纳入调向计划，实施调向后继续运行。若列车已到达检修日期，则列车进行检修。

列车每经过一个探测点均会生成一条过车信息，包括车号、车站编号、车站名称、上下行、过车时间、AB 位等，当系统检测到列车的 AB 位发生变化后会生成列车调向履历，列车的调向履历会生成车次、车型、线别、调向点、调向时间、上次调向后里程、是否需要调向、调向方向等信息，然后由现场调度人员核实信息是否准确。

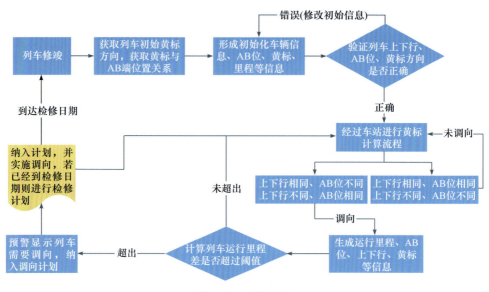

图 4.77　调向流程

4.6.2　功能设计

　　整个系统的业务应用功能按照业务内容划分为 11 个部分，包括装备及能力、状态修固定编组、列车运行监控、检修计划、状态修智能排产、调度命令管理、状态修检修整备全过程、补轴管理、调向管理、决策分析、试验列管理，具体架构如图 4.78 所示。

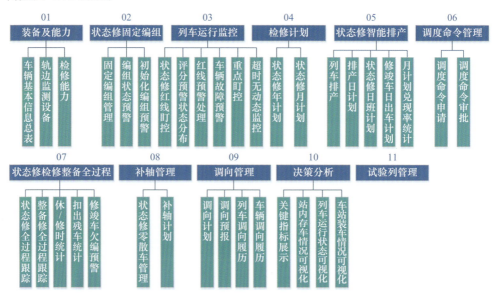

图 4.78　生产指挥系统功能组成

1. 装备及能力

1) 车辆基本信息总表

该模块是车辆基本信息的汇总，如图 4.79 所示，可以全面体现车辆的基本情况，主要体现车辆基本信息的增删改功能。可以勾选多列车次信息，然后单击"标识修程批量"、"车辆标识批量"、"车辆类别批量"、"特殊技术批量"、"重点任务批量"和"黄标维护"按钮等批量对列车进行修改。

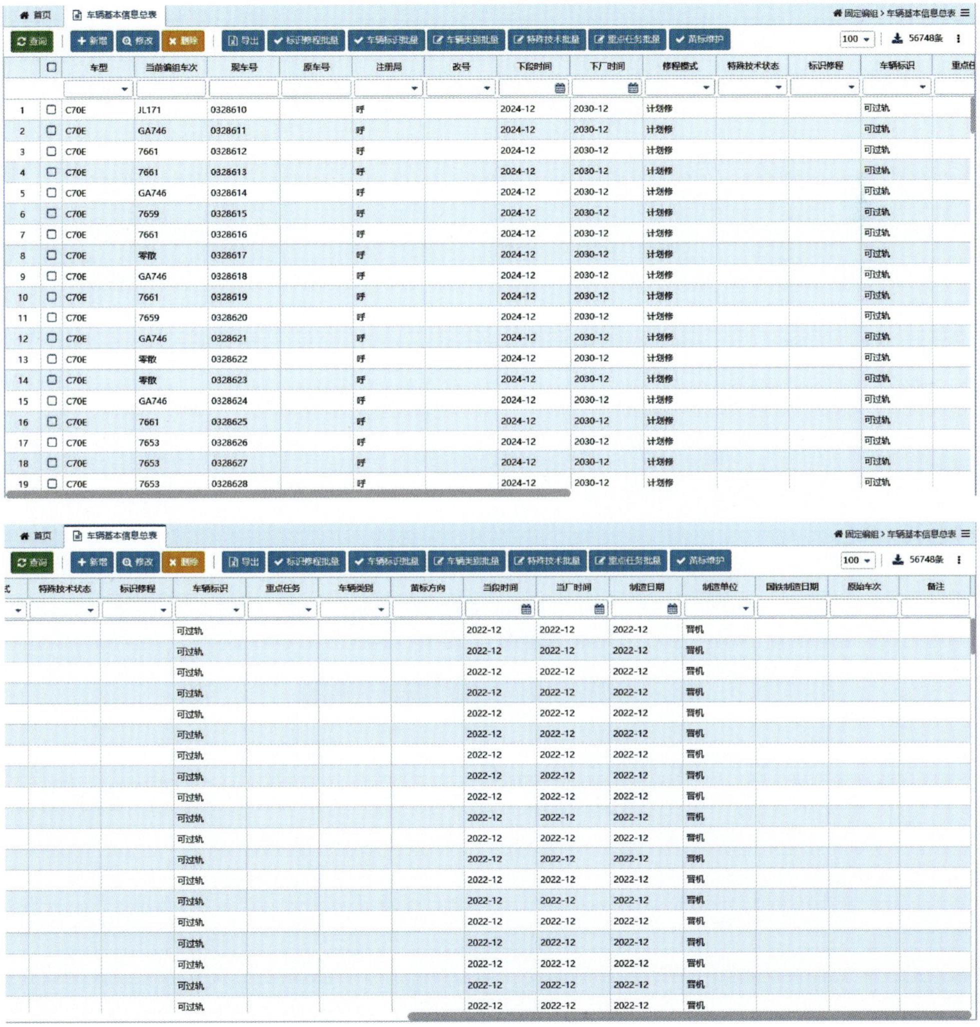

图 4.79　车辆基本信息

2) 轨边监测设备

系统内可查询 AEI 探测设备及"4T"设备具体明细，如图 4.80 所示。在车流管理模块中，选择“车站关系维护”，在车站类型下拉框中输入 THDS、TADS、TFDS、TPDS 等可查询具体明细，包括车站编码、车站类型、线别、路局、区域、所属车站编码等。

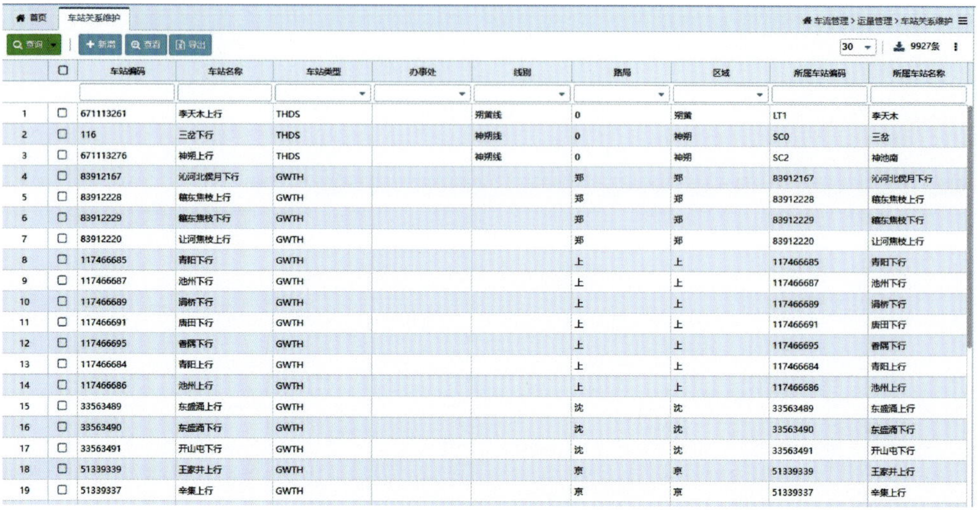

	车站编码	车站名称	车站类型	办事处	线别	路局	区域	所属车站编码	所属车站名称
1	671113261	李天木上行	THDS		朔黄线	0	朔黄	LT1	李天木
2	116	三岔下行	THDS		神朔线	0	神朔	SC0	三岔
3	671113276	神朔上行	THDS		神朔线	0	神朔	SC2	神池南
4	83912167	沁河北偎月下行	GWTH			郑	郑	83912167	沁河北偎月下行
5	83912228	穰东焦枝上行	GWTH			郑	郑	83912228	穰东焦枝上行
6	83912229	穰东焦枝下行	GWTH			郑	郑	83912229	穰东焦枝下行
7	83912220	让河焦枝上行	GWTH			郑	郑	83912220	让河焦枝上行
8	117466685	青阳下行	GWTH			上	上	117466685	青阳下行
9	117466687	池州下行	GWTH			上	上	117466687	池州下行
10	117466689	涓桥下行	GWTH			上	上	117466689	涓桥下行
11	117466691	唐田下行	GWTH			上	上	117466691	唐田下行
12	117466695	香隅下行	GWTH			上	上	117466695	香隅下行
13	117466684	青阳上行	GWTH			上	上	117466684	青阳上行
14	117466686	池州上行	GWTH			上	上	117466686	池州上行
15	33563489	东盛涌上行	GWTH			沈	沈	33563489	东盛涌上行
16	33563490	东盛涌下行	GWTH			沈	沈	33563490	东盛涌下行
17	33563491	开山屯下行	GWTH			沈	沈	33563491	开山屯下行
18	51339339	王家井上行	GWTH			京	京	51339339	王家井上行
19	51339337	辛集上行	GWTH			京	京	51339337	辛集上行

图 4.80 轨边监测设备明细

轨边检测设备可动态监控“4T”轨边监测设备的运行状态，超过 6h 无过车信息，会主动进行预警，如图 4.81 所示，可根据时间查询车号、探测点、探测时间等。

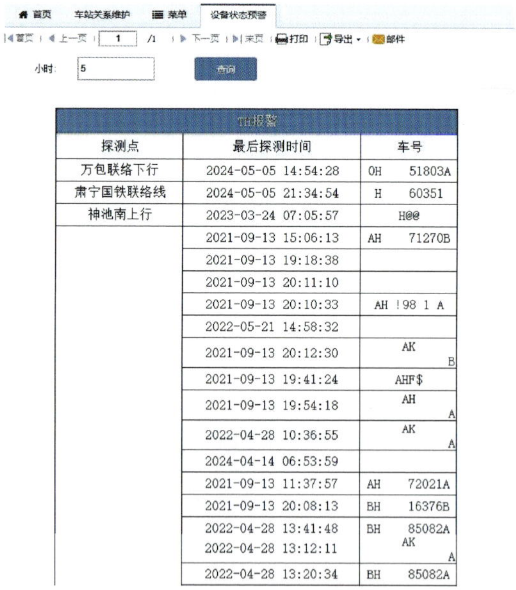

TH报警

探测点	最后探测时间	车号
万包联络下行	2024-05-05 14:54:28	0H 51803A
肃宁国铁联络线	2024-05-05 21:34:54	H 60351
神池南上行	2023-03-24 07:05:57	H@@
	2021-09-13 15:06:13	AH 71270B
	2021-09-13 19:18:38	
	2021-09-13 20:11:10	
	2021-09-13 20:10:33	AH !98 1 A
	2022-05-21 14:58:32	
	2021-09-13 20:12:30	AK B
	2021-09-13 19:41:24	AHF$
	2021-09-13 19:54:18	AH A
	2022-04-28 10:36:55	AK A
	2024-04-14 06:53:59	
	2021-09-13 11:37:57	AH 72021A
	2021-09-13 20:08:13	BH 16376B
	2022-04-28 13:41:48 2022-04-28 13:12:11	BH 85082A AK A
	2022-04-28 13:20:34	BH 85082A

最后探测时间	车号
2022-04-28 12:56:13	AK A
2024-04-14 06:41:44	
2021-09-13 20:11:13	BH　18660A
2021-09-13 20:04:53	AHF%6　6
2024-04-15 21:50:57	BH　71580A
2024-04-14 07:00:04	
2021-09-13 19:58:26	
2021-09-13 19:53:38	″A.″!555(
2021-09-13 20:00:53	BH　17076B
2022-04-28 12:38:16	AK A
2021-09-13 20:09:35	05
2021-09-13 15:28:49	AH　71270B
2021-09-13 20:04:33	BHF4　8
2024-04-16 04:29:50	K
2021-09-13 20:08:26	AH A
2021-09-13 20:03:54	AHF$
2022-04-28 13:29:53	AK B
2021-09-13 19:55:07	BH　16376B
2021-09-13 20:02:52	0000000000
2021-09-13 20:05:05	BH　7108
2022-04-28 13:12:38	AK B
2024-05-06 11:32:20	H　17068
2024-05-06 12:26:40	K　8290
2021-09-13 19:58:36	AHF$
2023-10-18 12:12:10	
2024-04-14 06:45:27	OH 262B
2021-09-13 12:43:07	AH　72021A
2021-11-15 15:51:03	669512C03C
2022-04-28 12:52:33	AK B
2024-04-14 07:04:50	
2024-04-14 06:31:15	OH ?????B
2020-10-27 22:12:32	AH

TF 报警

探测点	最后探测时间	车号
	2024-04-14 06:45:27	OH 262B
	2021-09-13 12:43:07	AH　72021A
	2021-11-15 15:51:03	669512C03C
	2022-04-28 12:52:33	AK B
	2024-04-14 07:04:50	
	2024-04-14 06:31:15	OH ?????B
	2020-10-27 22:12:32	AH A

TH 报警

探测点	最后探测时间	车号
达拉特旗	2021-07-29 04:36:00	772

TA 报警

探测点	最后探测时间	车号
达拉特旗	2021-07-29 04:42:00	772

TF 报警

探测点	最后探测时间	车号
	2021-02-25 09:59:46	16762
	2023-07-21 04:20:04	S60315

图 4.81　轨边检测设备预警信息

3）检修能力

不同检修单位的检修能力如图 4.82 所示，可以增加或删除相应检修单位的信息。

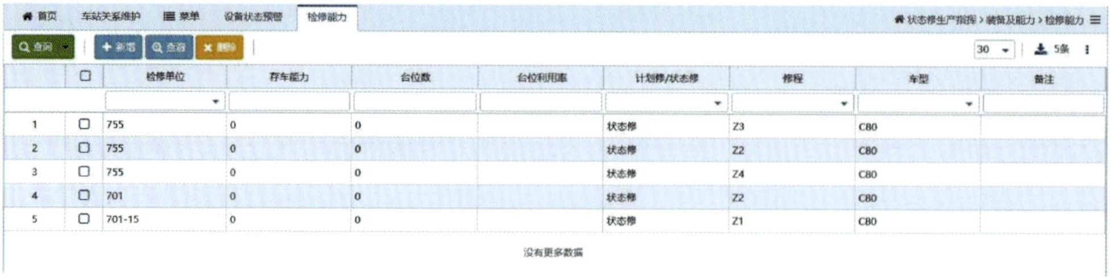

		检修单位	存车能力	台位数	台位利用率	计划修/状态修	修程	车型	备注
1	☐	755	0	0		状态修	Z3	C80	
2	☐	755	0	0		状态修	Z2	C80	
3	☐	755	0	0		状态修	Z4	C80	
4	☐	701	0	0		状态修	Z2	C80	
5	☐	701-15	0	0		状态修	Z1	C80	

图 4.82 检修单位检修能力维护

2. 状态修固定编组

1) 固定编组管理

该模块同步调度集中平台“固定编组”模块数据，实现所有状态修固定编组列的查询，如图 4.83 所示，包含车列编码、车型、编组辆数、健康评分、下次修程、剩余里程、编组生成时间、标识修程、车列标识。

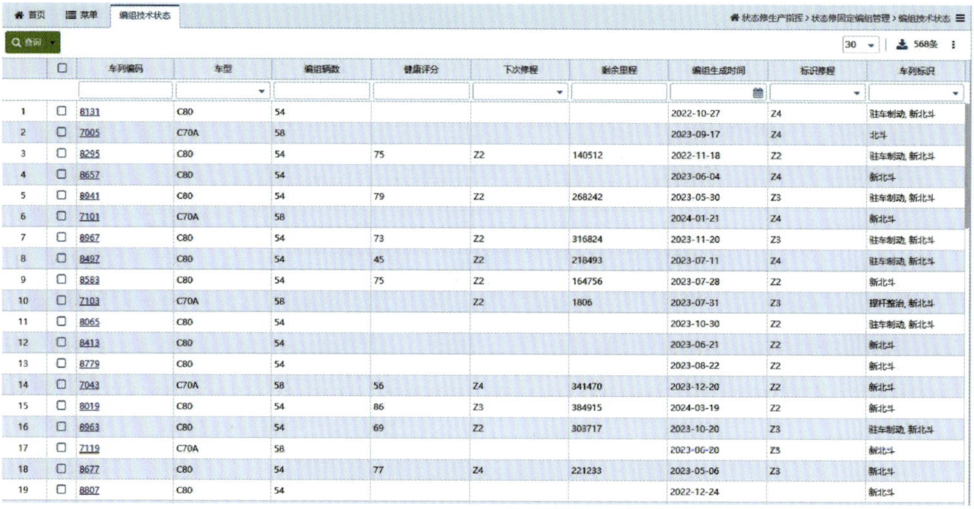

		车列编码	车型	编组辆数	健康评分	下次修程	剩余里程	编组生成时间	标识修程	车列标识
1	☐	8131	C80	54				2022-10-27	Z4	驻车制动, 新北斗
2	☐	7005	C70A	58				2023-09-17	Z4	北斗
3	☐	8295	C80	54	75	Z2	140512	2022-11-18	Z2	驻车制动, 新北斗
4	☐	8657	C80	54				2023-06-04	Z4	新北斗
5	☐	8941	C80	54	79	Z2	268242	2023-05-30	Z3	驻车制动, 新北斗
6	☐	7101	C70A	58				2024-01-21	Z4	新北斗
7	☐	8967	C80	54	73	Z2	316824	2023-11-20	Z3	驻车制动, 新北斗
8	☐	8497	C80	54	45	Z2	218493	2023-07-11	Z4	驻车制动, 新北斗
9	☐	8583	C80	54	75	Z2	164756	2023-07-28	Z2	新北斗
10	☐	7103	C70A	58		Z2	1806	2023-07-31	Z3	撑杆整治, 新北斗
11	☐	8065	C80	54				2023-10-30	Z2	驻车制动, 新北斗
12	☐	8413	C80	54				2023-06-21	Z2	新北斗
13	☐	8779	C80	54				2023-08-22	Z2	新北斗
14	☐	7043	C70A	58	56	Z4	341470	2023-12-20	Z2	新北斗
15	☐	8019	C80	54	86	Z3	384915	2024-03-19	Z2	新北斗
16	☐	8963	C80	54	69	Z2	303717	2023-10-20	Z3	驻车制动, 新北斗
17	☐	7119	C70A	58				2023-06-20	Z3	新北斗
18	☐	8677	C80	54	77	Z4	221233	2023-05-06	Z3	新北斗
19	☐	8807	C80	54				2022-12-24		新北斗

图 4.83 固定编组车列管理

某列的技术状态信息，包含车列总报告、车列子报告、检修后里程、车列修程预测、车辆明细、“多 T”数据查询。

车列总报告如图 4.84 所示，包括列车的车列得分、下次修程、剩余里程、车辆得分分布情况、建议重点检修内容等信息。

车列子报告如图 4.85 所示，包括列车的编组车号明细及辆序、“5T”报警情况、全寿命零部件的寿命分布情况、使用寿命零部件的参数分布情况等。

图 4.84　车列总报告界面

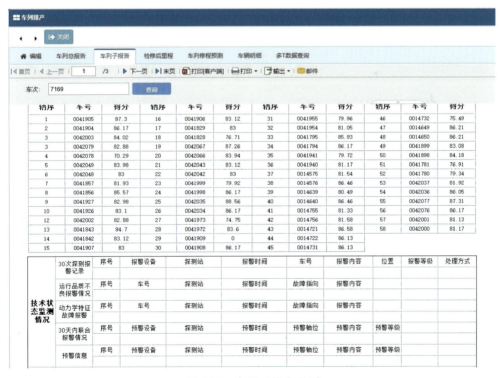

图 4.85　车列子报告界面

检修后车辆运行里程分布情况如图 4.86 所示，包括列车中每辆车 Z1 修至 Z4 修、段修、厂修后运行里程分布情况。

图 4.86 检修后车辆运行里程分布情况

车列运行轨迹如图 4.87 所示，包括列车查询当天运行过程中的车站电报码、探测站名称、通过时间、车辆数、空重和设备类型等。

		车站电报码	探测站名称	通过时间	上下行	车辆数	空重	设备类型	车型
1		671113253	河间上行	2024-03-07 00:27:08	上行	217		TH	C80B
2		671113255	行别营上行	2024-03-07 00:43:10	上行	217	重	TH	C80B
3		671113257	杜生上行	2024-03-07 01:06:30	上行	217	重	TH	C80B
4		671113259	沧州西上行	2024-03-07 01:22:25	上行	217	重	TH	C80B
5		671113261	李天木上行	2024-03-07 01:40:46	上行	217	重	TH	C80B
6		671113263	黄骅南上行	2024-03-07 02:02:51	上行	217	重	TH	C80B
7		671113270	宴庄子下行	2024-03-07 05:00:35	下行	54	重	TH	C80
8		671113272	大港水库上行	2024-03-07 05:34:18	上行	54	空	TH	C80
9		671113271	大港水库下行	2024-03-08 01:45:01	下行	54	重	TH	C80
10		671113269	宴庄子上行	2024-03-08 02:58:03	上行	54	空	TH	C80
11		671113264	黄骅南下行	2024-03-08 05:27:32	下行	108	空	TH	C80
12		671113260	沧州西下行	2024-03-08 06:03:01	下行	108	空	TH	C80
13		671113258	杜生下行	2024-03-08 06:18:48	下行	108	空	TH	C80
14		tp_xby	行别营	2024-03-08 06:39:00	下行	110	空	TP	TP
15		XBY	行别营	2024-03-08 06:41:00	下行	108	空	TA	TA
16		671113256	行别营下行	2024-03-08 06:41:57	下行	108	空	TH	C80
17		671113254	河间下行	2024-03-08 06:58:09	下行	108	空	TH	C80
18		671113250	肃宁北下行	2024-03-08 07:13:27	下行	108	空	TH	C80
19	☑	671113248	蠡县下行	2024-03-08 13:32:28	下行	108	空	TH	C80
20		671113246	安国下行	2024-03-08 13:51:23	下行	108	空	TH	C80

图 4.87 车列运行轨迹界面

状态修-整列修程预测界面如图 4.88 所示，涵盖了车列的下次预测修程及检修时间。

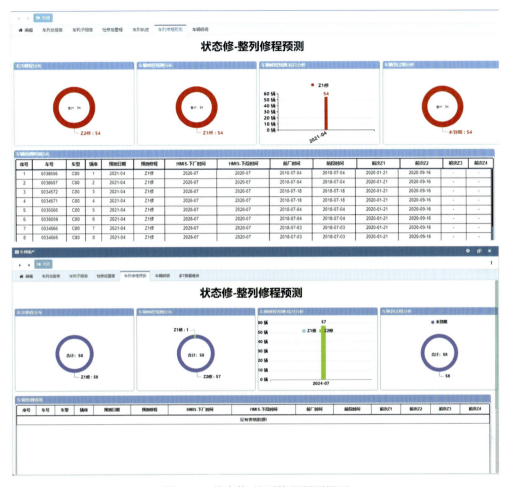

图 4.88　状态修-整列修程预测界面

　　车辆明细如图 4.89 所示，包括列车的编组车号明细、"4T"报警情况、预测信息、里程信息、检修信息等。具体"4T"预警列的标识内容如"典"，显示车号的典型故障明细(图 4.90)。

　　2) 编组状态预警

　　该模块是对状态修固定编组列的欠编状态和修程混编状态进行监控，其中欠编监控是通过将固定编组车号信息与实际过车信息进行比对，判断实际编组是否欠编;修程混编监控是判断实际编组车辆中是否存在状态修与计划修混编的情况。

　　对于编组状态异常车列，系统以颜色预警提示，如图 4.91 所示，选中车列，下方关联展示该编组的实际过车信息及欠编车辆信息。通过"实际过车明细"查看车辆的实际运行车次、位置等信息，并对欠编车辆进行颜色标识;通过"欠编车辆明细"查看欠编车辆的当前运行车次及位置等信息。

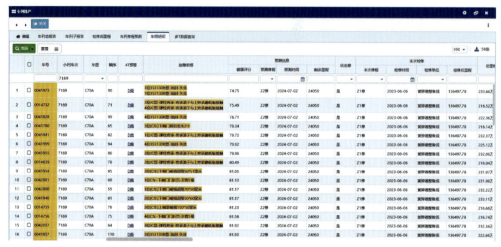

图 4.89　车辆明细界面

图 4.90　典型故障明细

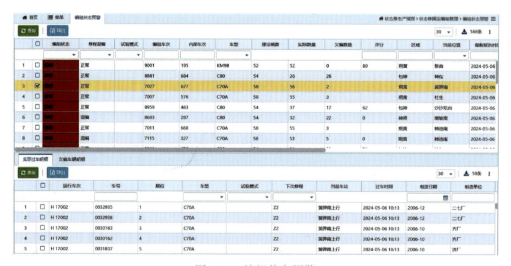

图 4.91　编组状态预警

3) 初始化编组预警

该模块主要实现修竣列车编组发生异常或者欠编状态时，对欠编列车进行主动预警，对异常车列进行颜色标识，如图 4.92 所示。

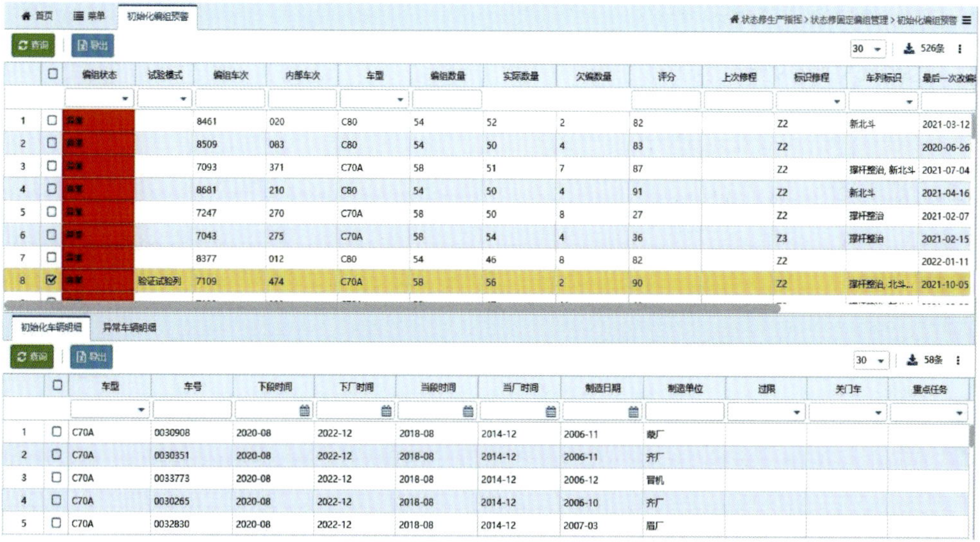

图 4.92　初始化编组预警

3. 列车运行监控

1) 状态修红线盯控

该功能实时监控神朔线、朔黄线、准池线三条线路上的车列运行动态，包含运行车次、编组辆数、小列车次构成、始发时间、当前位置、内含到过期车情况、技术属性(验证试验列、Z2/Z3/Z4 修、驻车制动等)、运行状态(撑杆破损、临修等)，并对两种车列状态进行预警：①实际过车信息与固定编组信息不符，需核实更新固定编组信息；②状态修车列健康状态红线、橙色、黄色预警。

车列信息新增：线上运行车列是由系统自动触发的，如因轨边监测设备故障造成漏车情况，用户可自行添加运行车次。

车列明细信息如图 4.93 所示，包括界面下方展示的小列编组和车辆明细，小列编组展示大列的小列车次构成情况，车辆明细展示大列的车号明细信息。

车列确认到达：每条线路的首尾站点为始发站和终到站，系统会根据探测信息自动判别是否到站，进行自动终到。对于由于轨边监测设备故障不能自动终到的列车，提供手动终到功能。

车列状态确认：调度人员可手动标识列车状态，方便调度人员排除正常列车，盯控重点列车。勾选车列，在"状态确认"下拉列表选择"重点盯控"和"已确认"，单击"状态确认"按钮。针对"已确认"列车，调度人员可不再重点关注，而针对"重点盯控"列车，需进行持续跟踪。

图 4.93　小列编组与车号明细信息

　　固定编组不一致预警：界面上部列表中"总辆数"标黄车列为固定编组不一致预警车列，经核实如需将过车信息更新至固定编组，在下方"车辆明细"界面，勾选车号，单击"同步"按钮，在弹出窗口中输入"小列车次"。

　　列车健康状态预警：针对列车健康状态有三种预警，即红线预警、橙色预警、黄色预警，如图 4.94 所示。

　　红线预警：未下发是指列车未纳入红线预警处理。单击"未下发"，手动添加至红线预警处理，状态更新为待处理。在红线预警处理模块中将红线车辆处理后，状态更新为已处理。

　　橙色预警和黄色预警：未下发是指列车未纳入调度日班计划。系统会自动与"调度日班计划"进行匹配，若车次纳入计划，则状态自动变更为"待处理"；若计划已兑现，则状态变更为"已处理"。

图 4.94　健康状态预警

　　选中"车列"，下方展示"小列编组"，可查看具体未下发小列车次，单击"车辆明细"，可查看车号明细、具体报警的车号明细。

　　2）评分预警状态分布

　　评分预警状态分布模块主要体现车列的健康状况，如图 4.95 所示，将状态修车列按照颜色、评分区间及线别分别统计车列的分布情况。单击"线别"可查看状态修车次分布情况，单击"编组车次"可以查看具体的车号分布明细。

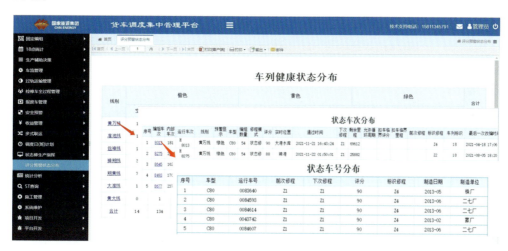

线别	橙色					黄色					绿色					合计
	空	0-59	60-79	80-89	90-100	空	0-59	60-79	80-89	90-100	空	0-59	60-79	80-89	90-100	
包神线	0	1	0	0	0	5	1	18	3	0	6	0	2	6	1	45
迪朔线	1	4	1	0	0	14	10	28	5	0	11	0	6	19	3	102
朔黄线	1	6	1	0	0	54	13	112	14	0	40	2	22	37	7	309
黄万线	1	0	0	0	0	1	6	1	0	0	2	0	1	1	0	15
淮池线	0	0	0	0	0	2	2	8	0	0	4	0	5	6	0	27
新巴淮线	0	0	0	0	0	0	0	5	0	0	0	0	4	3	1	17
大淮线	0	1	0	0	0	2	7	0	1	0	1	0	2	5	0	27
黄大线	0	0	0	0	0	1	0	0	1	0	0	1	0	0	0	13
合计	3	12	2	0	0	84	40	191	25	0	64	3	42	77	12	555

状态车次分布

序号	编组车次	内部车次	运行车次	线别	预警显示	车型	编组数量	修程模式	评分	实时位置	通过时间	下次修程	制余里程	允许循环周期	扣车临界评分	扣车临界里程	前次修程	标识修程	车列标识	最后一次改制
1	8025	532	OH60002A	包神线	绿色	C80	54	状态修	90	巴图塔	2024-05-06 12:00:35	Z2	394781						Z3	14,18	2024-04-20:07:5
2	8961	380	OH18962A	包神线	绿色	C80	54	状态修	88	巴图塔		Z2	304817						Z3	02,18	2023-10-08:03:0
3	8163	312	OHA	包神线	绿色	C80	54	状态修	85	神东	2024-05-06 03:40:52	Z2	221090						Z3	02,18	2023-04-08:04:2
4	8389	066	OH18390A	包神线	绿色	C80	54	状态修	85	巴图塔		Z3	202977						Z2	02,18	2024-03-16:53:5
5	8673	173	OH?????B	包神线	绿色	C80	54	状态修	84	神东	2024-05-06 17:01:17	Z4	217581						Z3	02,18	2023-12-16:56:5
6	8287	302	OHA	包神线	绿色	C80	54	状态修	84	沙沙圪台	2024-05-06 09:40:16	Z4	280887						Z2	03,18	2023-08-17:28:0
7	8091	224	OHA	包神线	绿色	C80	54	状态修	84	巴图塔	2024-05-06 09:59:32	Z2	197333						Z3	18	2023-02-14:06:5
8	8487	526	OH18488A	包神线	黄色	C80	54	状态修	81	东胜		Z2	422460						Z2	02,18	2024-03-12:24:3
9	8377	012	OHA	包神线	黄色	C80	54	状态修	81	神东	2024-05-06 09:06:18	Z2	472799						Z4	02,18	2023-12-18:05:1
10	8923	420	OH18924A	包神线	黄色	C80	54	状态修	81	神东		Z2	335555						Z3	02,18	2024-01-16:30:3
11	8623	131	OH18734A	包神线	绿色	C80	54	状态修	77	神东	2024-05-06 16:19:23	Z2	165405						Z4	18	2022-11-14:15:4
12	8409	533	OHA	包神线	绿色	C80	54	状态修	77	神东	2024-05-06 16:43:41	Z2	43810						Z4	18	2022-03-18:20:2

状态车号分布

序号	车型	运行车号	前次修程	下次修程	评分	标识修程	制造日期	制造单位
1	C80	0028196	Z1	Z2	96	Z3	2019-06	株厂
2	C80	0028191	Z1	Z2	96	Z3	2019-06	株厂
3	C80	0028192	Z1	Z2	96	Z3	2019-06	株厂
4	C80	0028231	Z1	Z2	96	Z3	2019-06	株厂
5	C80	0028232	Z1	Z2	96	Z3	2019-06	株厂
6	C80	0028203	Z1	Z2	96	Z3	2019-06	株厂
7	C80	0028236	Z1	Z2	96	Z3	2019-06	株厂
8	C80	0027806	Z1	Z2	96	Z3	2019-05	株厂
9	C80	0028228	Z1	Z2	96	Z3	2019-06	株厂
10	C80	0028204	Z1	Z2	96	Z3	2019-06	株厂
11	C80	0028195	Z1	Z2	96	Z3	2019-06	株厂
12	C80	0027805	Z1	Z2	96	Z3	2019-05	株厂
13	C80	0027801	Z1	Z2	96	Z3	2019-05	株厂
14	C80	0027820	Z1	Z2	96	Z0	2019-05	株厂
15	C80	0028215	Z1	Z2	96	Z3	2019-06	株厂
16	C80	0027798	Z1	Z2	96	Z3	2019-05	株厂
17	C80	0027814	Z1	Z2	96	Z3	2019-05	株厂
18	C80	0027819	Z1	Z2	96	Z3	2019-05	株厂

图 4.95　车列健康状况分布

3) 红线预警处理

红线预警处理模块是对红线预警车辆制订处理计划并跟踪处理, 如图 4.96 所示。通过状态修红线盯控模块对红线预警车辆进行下发, 纳入红线预警处理计划, 处理状态为"待处理"。

若预警车辆已处理, 则勾选"列车记录", 单击"处理", 在弹出窗口中填写处理信息记录。

图 4.96　红线预警处理界面

4) 车辆故障预警

该模块定时从 HCCBM 数据中心获取数据，展现所有红线、橙色、黄色报警车辆，包括处理状态、车号、运行车次、当前位置、预警类型、故障类型、故障信息、处理时间等。其中处理状态包含未下发、待处理、已处理，与状态修红线盯控模块是同步的。

5) 重点盯控

将特殊关注车辆纳入重点盯控，跟踪车辆技术状态及处理情况，实现重点车辆从发现到处理的全程无缝监控，可填写车号、重点盯控项目、技术状态、检修单位等信息，增加新的盯控任务。

6) 超时无动态监控

超时无动态车管理：超时无动态统计报表中根据线别及时间段分类统计超时无动态车的数量，支持线别筛选，显示选定线路上有超时无动态车的所有车站，单击车站名会显示该车站所有超时无动态车的停留时间。

超时无动态车监控：依据车辆的末次探测位置，获取状态修模式下车辆的当前位置和无动态时长，将状态修车辆按照超时无动态时长进行倒序排列，展示滞留时间超过 24h 以上的车辆。

4. 检修计划

1) 状态修年计划

该模块每年年底从 HCCBM 数据中心同步下一年度的预测检修计划并进行展示，包括计划月份、车号、车型、预测检修时间、预测修程、兑现状态、检修履历等信息。

2) 状态修月计划

可根据年份和车型查询状态修月计划分布，表中每个月的数量指的是上个月未维修完的辆数与本月需修辆数之和，单击每个月辆数，会出现具体的检修预测车次；检修预测车次可根据车次和兑现状态查询，单击辆数，会出现检修预测车辆表。

5. 状态修智能排产

1) 列车排产

该模块按固定编组小列车次展示编组的健康状态、预测修程、运行位置等信息，如图 4.97 所示，调度人员从中选取车列，制订排产计划，具体包括车次、车型、编组数量、修程模式、健康评分、预测修程、剩余里程、故障信息、橙色车统计等。支持车列筛选查询、列车诊断报告信息查看、车辆诊断报告信息查看。选中车列后，纳入计划。

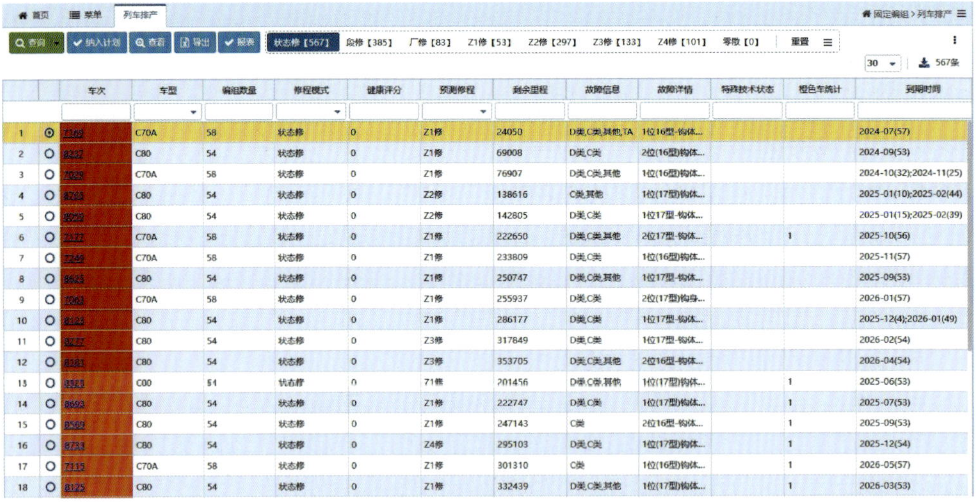

		车次	车型	编组数量	修程模式	健康评分	预测修程	剩余里程	故障信息	故障详情	特殊技术状态	橙色车统计	到期时间
1	⊙	7169	C70A	58	状态修	0	Z1修	24050	D类,C类,其他,TA	1位16型-钩体...			2024-07(57)
2	○	8237	C80	54	状态修	0	Z1修	69008	D类,C类	2位(16型)钩体...			2024-09(53)
3	○	7029	C70A	58	状态修	0	Z1修	76907	D类,C类,其他	1位(16型)钩体...			2024-10(32);2024-11(25)
4	○	8265	C80	54	状态修	0	Z2修	138616	C类,其他	1位(17型)钩体...			2025-01(10);2025-02(44)
5	○	8059	C80	54	状态修	0	Z2修	142805	D类,C类	1位17型-钩体...			2025-01(15);2025-02(39)
6	○	7177	C70A	58	状态修	0	Z1修	222650	D类,C类,其他	2位17型-钩体...		1	2025-10(56)
7	○	7249	C70A	58	状态修	0	Z1修	233809	D类,C类	1位(16型)钩体...			2025-11(57)
8	○	8625	C80	54	状态修	0	Z1修	250747	D类,C类,其他	1位17型-钩体...			2025-09(53)
9	○	7063	C70A	58	状态修	0	Z1修	255937	D类,C类	2位(17型)钩身...			2026-01(57)
10	○	8123	C80	54	状态修	0	Z1修	286177	D类,C类	1位17型-钩体...			2025-12(4);2026-01(49)
11	○	8277	C80	54	状态修	0	Z3修	317849	D类,C类	1位17型-钩体...			2026-02(54)
12	○	8281	C80	54	状态修	0	Z3修	353705	D类,C类,其他	2位16型-钩体...			2026-04(54)
13	○	8323	C80	54	状态修	0	Z1修	201456	D类,C类,其他	1位(17型)钩体...		1	2025-06(53)
14	○	8693	C80	54	状态修	0	Z1修	222747	D类,C类	1位(17型)钩体...		1	2025-07(53)
15	○	8569	C80	54	状态修	0	Z1修	247143	C类	2位16型-钩体...		1	2025-09(53)
16	○	8733	C80	54	状态修	0	Z4修	295103	D类,C类	1位(17型)钩体...		1	2025-12(54)
17	○	7115	C70A	58	状态修	0	Z1修	301310	C类	1位(16型)钩体...		1	2026-05(57)
18	○	8125	C80	54	状态修	0	Z1修	332439	D类,C类,其他	1位(17型)钩体...		1	2026-03(53)

图 4.97 列车排产界面

2) 排产日计划

进入排产日计划界面，装备公司调度人员对分公司调度提交的计划进行审批，审批通过后，自动纳入“调度日班计划”。排产日计划支持批量审核。

3) 状态修日班计划

定时获取调度集中平台中调度日班计划模块数据，展示状态修车列的每日扣车计划，包括计划日期、下达状态、兑现状态、扣车类型、扣车方式、扣车单位、扣车原因、编组车次、计划修程、健康评分、剩余里程等。

4) 修竣车日出车计划

为了维护修竣车出车日计划表，新增可输入单位、修程、车型相关信息，同时在修竣车出车日计划报表中显示该条信息，然后可以统计计划辆数、实际辆数、兑现率等；若在修竣车出车日计划报表中不需要某一条信息，则可在修竣车日计划界面根据单位、修程、车型查询或删除。

5) 月计划兑现率统计

按照分公司、修程、车型统计月度计划完成情况。选择日期，可查看选择当天的计划完成情况。通过当日实际和当月实际的数字连接，可查看车号明细。

6. 调度命令管理

调度命令管理用于调度命令申请和调度命令审批，支持对调度命令的修改和打印，其界面如图 4.98 所示。

图 4.98　调度命令管理界面

7. 状态修检修整备全过程

状态修检修整备全过程管理(图 4.99)包含状态修全过程(Z2 修、Z3 修、Z4 修)跟踪、整备修全过程(Z1 修)跟踪、休/修时统计、扣出残车统计及修竣车欠编预警。

对检修进度状态的跟踪包括运用、已扣、入段待修、修理、修竣、移交，支持所有字段的搜索查询。

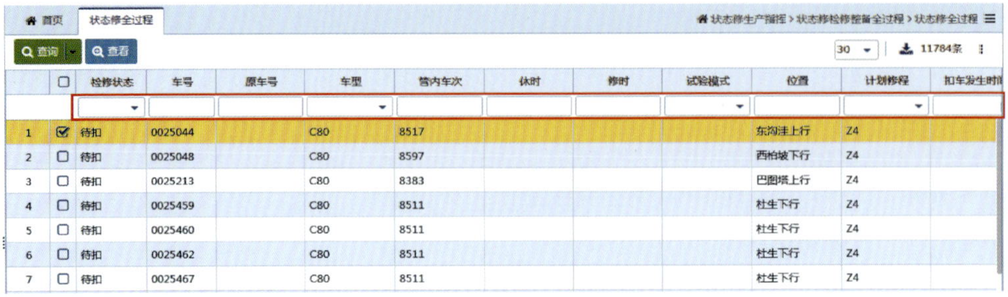

图 4.99　状态修检修整备全过程管理界面

8. 补轴管理

状态修零散车管理：未在固定编组里的车即零散车，该模块将所有未在编组里的状态修零散车汇集在一起，综合展示零散车的评分、运行里程、下次修程、黄标方向、当前位置等关键信息。

补轴计划：分公司调度可制订补轴计划，人员只需单击"补轴"，系统则根据黄标方向、车型、下次修程等补轴条件自动匹配符合条件的欠轴车列。装备公司调度可查看分公司调度提交的补轴计划，对该计划进行审核，审核通过后，分公司调度按照计划执行补轴操作，补轴完成后更新固定编组信息。

9. 调向管理

调向计划：调向车列依据调向预报模块纳入的计划在该模块展示，计划下达和处理状态默认为未下达和未兑现，用户根据计划执行情况手动更新计划状态。

调向预报：通过计算列车上次调向后东西向里程差值是否达到规定阈值判断是否需要调向，对超过规定阈值的列车进行调向预报，如图 4.100 所示，列表中

图 4.100　调向管理界面

标黄部分即需要调向的列车，选中列车记录可以查看车号明细。

车列调向履历及车辆调向履历：依据 THDS 过车信息中的车辆 AB 端，自动判别列车是否完成调向，并记录调向时间和调向点。展示所有编组小列的调向履历信息，包括车次、车型、编组辆数、线别、调向点、调向时间、上次调向后里程、运行方向、黄标方向等。

10. 决策分析

决策分析主要包含关键指标展示、站内存车情况可视化、列车运行状态可视化及车站装车情况可视化功能。

如图 4.101 所示关键指标展示，综合展示调度人员重点关注的生产关键指标，体现状态修列车数量、固定编组情况、现车分布情况、列车状态及检修情况。

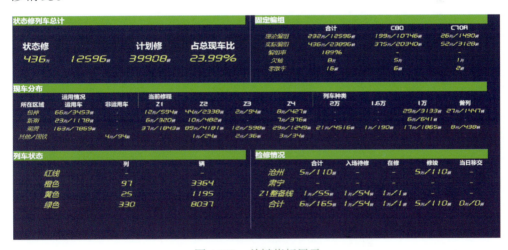

图 4.101　关键指标展示

站内存车情况可视化可展示不同车站内的存车情况，如图 4.102 所示，并按不同的车辆健康状态用不同的颜色进行标识，橙色表示过期车，黄色表示临修故障车，蓝色表示停留时间超长车，其中带黄标的表示状态修车列，不带黄标的表示计划修车列。

列车运行状态可视化模块可以展示实时的列车运行状态，如图 4.103 所示，在界面两端展现列车的始发终到时间，绿色表示在途列车，可体现在途列车的车次、编组辆数、途经车站等，灰色表示终到列车，可根据运行车次、小列车次等信息查询列车情况。

车站装车情况可视化主要展示每个站可以装车的情况，如图 4.104 所示，可实时展示每个站可装车的数量。

图 4.102　站内存车情况可视化

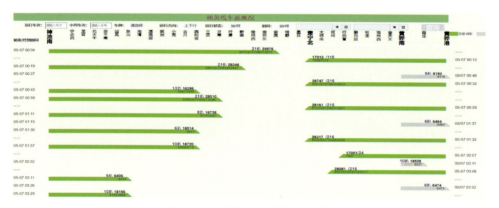

图 4.103　列车运行状态可视化

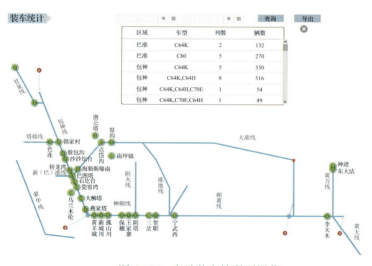

图 4.104　车站装车情况可视化

11. 试验列管理

本模块显示所有试验列车及技术状态，包括编组车次、编组数量、开始和结束时间、编组状态、评分、下次修程、剩余里程、试验模式。在"列车记录"可查看车号明细，在"编组车次"可查看车列的运行轨迹信息。

4.6.3　界面展示

按编组号展现货车的固定编组基础信息，如图 4.105 所示。

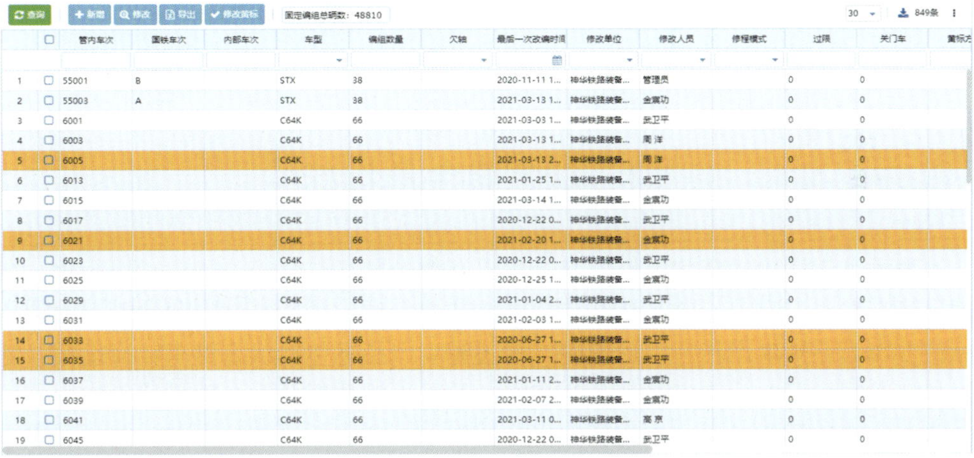

图 4.105　固定编组管理

以终到线别为查询基础，按实际当前线别和终到站统计自备车整体车流趋势情况，如图 4.106 所示。

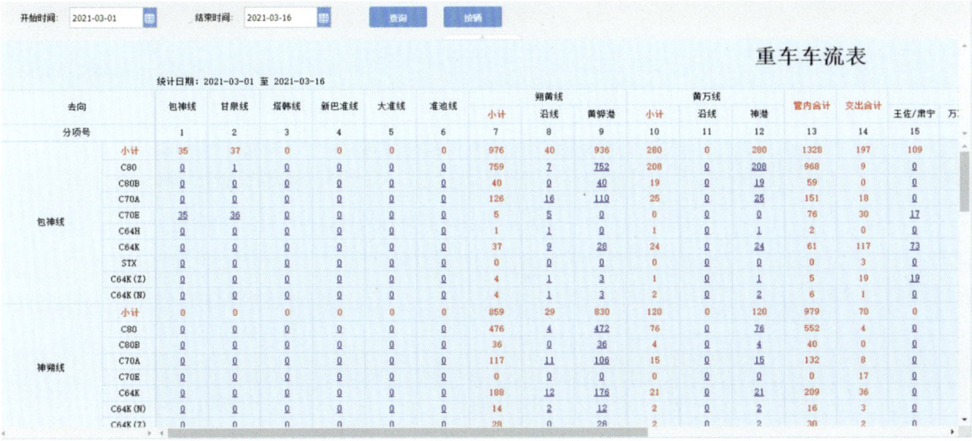

图 4.106　重车车流分析

第5章

状态修生产指标算法及数字化生产模型

5.1 状态修生产指标

为了有效评价货车状态修检修过程，有效开展清洁化、一体化、精细化、智慧化状态修协调活动，HCCBM 数据中心选取合理、可操作性强和易于获取的指标数据作为评价生产指标。目前确定的关键生产指标包括状态修车转换指标、健康状态监测指标、状态修修理预测指标、检修故障数据及检修质量评价指标、健康监测一致性评价指标、生产任务指标 6 类 123 项，并对指标类别、名称、业务定义、获取方法、分析维度做了相应的明确规定，见表 5.1，这些指标目前分布在不同的功能模块展现，为状态修生产流程提供评价手段。

表 5.1 评价生产指标列表

序号	类别	名称	业务定义	获取方法	分析维度
1	状态修车转换指标	状态修列	全列车均为状态修车辆的固定编组列车	系统按车辆状态、编组情况自动生成	车型、小列车次
2		应转状态修列	定义为状态修的车型的当前全部固定编组数量	系统按车型、编组情况自动生成	车型
3		未转状态修列	全列车有一辆不是状态修车辆的固定编组列车，并且车型符合状态修转换车型	系统按车辆状态、编组情况自动生成	车型、小列车次
4		状态修列转换率	应转状态修但未转状态修的列车比例	未转状态修列/应转状态修列总数	车型
5		状态修辆	已经经过 Z2 修以上修理等级且进行过初始化的车辆	系统按车辆检修状态自动生成	车型

续表

序号	类别	名称	业务定义	获取方法	分析维度
6	状态修车转换指标	应转状态修辆	定义为状态修的车型的当前全部车辆数	系统按车型自动生成	车型
7		未转状态修辆	定义为状态修的车型的车辆，未经过 Z2 修以上修理等级但进行过初始化的车辆数	系统按车型自动生成	车型
8		状态修辆转换率	应转状态修但未转状态修的辆车比例	未转状态修辆/应转状态修辆总数	车型
9		状态修零部件数量	定义为状态修的车型上需要跟踪的全部零部件数量	系统按车型自动生成	车型
10		未转状态修零部件数量	定义为状态修的车型的车辆的零部件，未经过 Z2 修以上修理等级但进行过初始化的需要跟踪的零部件数量	系统按车型自动生成	车型
11		状态修车辆列编组顺位	车辆在状态修固定编组的顺位位置	系统自动生成	
12		状态修车辆零部件列编组顺位	车辆零部件在固定编组中的顺位位置	系统自动生成	
13	健康状态监测指标	运行总里程	运行总的里程数据	系统自动生成	车型
14		运行重车里程	运行总的里程中重车里程数据	系统自动生成	车型
15		运行空车里程	运行总的里程中空车里程数据	系统自动生成	车型
16		运行万吨里程	运行总的里程中万吨编组里程数据	系统自动生成	车型
17		运行两万吨里程	运行总的里程中两万吨编组里程数据	系统自动生成	车型
18		运行万吨里程(重车)	运行总的里程中万吨编组里程数据中重车运行的里程	系统自动生成	车型
19		运行万吨里程(空车)	运行总的里程中万吨编组里程数据中空车运行的里程	系统自动生成	车型
20		运行两万吨里程(重车)	运行总的里程中两万吨编组里程数据中重车运行的里程	系统自动生成	车型
21		运行两万吨里程(空车)	运行总的里程中两万吨编组里程数据中空车运行的里程	系统自动生成	车型
22		列剩余里程	列车距下次检修的剩余里程	系统自动生成	车型
23		辆剩余里程	车辆距下次检修的剩余里程	系统自动生成	车型
24		件剩余里程	零部件距下次检修的剩余里程	系统自动生成	车型
25		检修后里程	列车、车辆、零部件各修程检修后运行的里程	系统自动生成	车型

续表

序号	类别	名称	业务定义	获取方法	分析维度
26	健康状态监测指标	红色车列数	列车健康码为红色的数量	系统自动生成	车型
27		红色车辆数	车辆健康码为红色的数量	系统自动生成	车型
28		红色零部件数	零部件健康码为红色的数量	系统自动生成	零部件类别、型号
29		橙色车列数	列车健康码为橙色的数量	系统自动生成	车型
30		橙色车辆数	车辆健康码为橙色的数量	系统自动生成	车型
31		橙色零部件数	零部件健康码为橙色的数量	系统自动生成	零部件类别、型号
32		黄色车列数	列车健康码为黄色的数量	系统自动生成	车型
33		黄色车辆数	车辆健康码为黄色的数量	系统自动生成	车型
34		黄色零部件数	零部件健康码为黄色的数量	系统自动生成	零部件类别、型号
35		绿色车列数	列车健康码为绿色的数量	系统自动生成	车型
36		绿色车辆数	车辆健康码为绿色的数量	系统自动生成	车型
37		绿色零部件数	零部件健康码为绿色的数量	系统自动生成	零部件类别、型号
38		红色故障	故障健康码为红色的数量	系统自动生成	故障配件、型号、部位
39		橙色故障	故障健康码为橙色的数量	系统自动生成	车型
40		黄色故障	故障健康码为黄色的数量	系统自动生成	车型
41		状态预警数	针对车辆健康进行预警	根据状态修列车颜色统计，预警数=红线预警数+橙色预警数+黄色预警数	状态预警、车列、车辆
42		列车健康评分	根据车辆健康状态给列车的分值	直接获取诊断模型数据	车次、车型、日期、计划修/状态修
43		车辆健康评分	根据车辆健康状态给车辆的分值	直接获取诊断模型数据	车次、车型、日期、计划修/状态修
44		零部件健康评分	根据车辆健康状态给零部件的分值	直接获取诊断模型数据	零部件型号

续表

序号	类别	名称	业务定义	获取方法	分析维度
45	状态修修理预测指标	状态修 Z1 修预测列数	根据列车当前技术状态对状态修固定编组预测下次检修是 Z1 修的列车数量	系统自动生成	车型
46		状态修 Z1 修预测辆数	根据列车当前技术状态对状态修车辆预测下次检修是 Z1 修的车辆数	系统自动生成	车型
47		状态修 Z2 修预测列数	根据列车当前技术状态对状态修固定编组预测下次检修是 Z2 修的列车数量	系统自动生成	车型
48		状态修 Z2 修预测辆数	根据列车当前技术状态对状态修车辆预测下次检修是 Z2 修的车辆数	系统自动生成	车型
49		状态修 Z3 修预测列数	根据列车当前技术状态对状态修固定编组预测下次检修是 Z3 修的列车数量	系统自动生成	车型
50		状态修 Z3 修预测辆数	根据列车当前技术状态对状态修车辆预测下次检修是 Z3 修的车辆数	系统自动生成	车型
51		状态修 Z4 修预测列数	根据列车当前技术状态对状态修固定编组预测下次检修是 Z4 修的列车数量	系统自动生成	车型
52		状态修 Z4 修预测辆数	根据列车当前技术状态对状态修车辆预测下次检修是 Z4 修的车辆数	系统自动生成	车型
53		状态修长期修程 Z1 修预测列数	根据指标性配件失效规律按里程长期预测状态修列车 Z1 修检修列数	系统自动生成	车型
54		状态修长期修程 Z1 修预测辆数	根据指标性配件失效规律按里程长期预测状态修列车 Z1 修检修辆数	系统自动生成	车型
55		状态修长期修程 Z2 修预测列数	根据指标性配件失效规律按里程长期预测状态修列车 Z2 修检修列数	系统自动生成	车型
56		状态修长期修程 Z2 修预测辆数	根据指标性配件失效规律按里程长期预测状态修列车 Z2 修检修辆数	系统自动生成	车型
57		状态修长期修程 Z3 修预测列数	根据指标性配件失效规律按里程长期预测状态修列车 Z3 修检修列数	系统自动生成	车型
58		状态修长期修程 Z3 修预测辆数	根据指标性配件失效规律按里程长期预测状态修列车 Z3 修检修辆数	系统自动生成	车型
59		状态修长期修程 Z4 修预测列数	根据指标性配件失效规律按里程长期预测状态修列车 Z4 修检修列数	系统自动生成	车型
60		状态修长期修程 Z4 修预测辆数	根据指标性配件失效规律按里程长期预测状态修列车 Z4 修检修辆数	系统自动生成	车型

续表

序号	类别	名称	业务定义	获取方法	分析维度
61	检修故障数据及检修质量评价指标	检修故障数	状态修过程中采集的故障数	系统自动生成	车型、故障配件、故障部位
62		故障检修_大部位位数	车辆检修过程中故障配件大部件位数	人工录入	修程、小列车次、车型
63		故障检修_小部位位数	车辆检修过程中故障配件小部件位数	人工录入	修程、小列车次、车型
64		检修故障率	检修过程发生故障的比例	检修过程发生故障的比例	阶段、部位
65		"多 T"故障数	系统整合"多 T"设备及列检检查典型故障的综合故障数	系统自动生成	
66		"多 T"故障_大部位位数	车辆运行过程中"多 T"监测故障中大部件位数	人工录入	修程、小列车次、车型
67		"多 T"故障_小部位位数	车辆运行过程中"多 T"监测故障中小部件位数	人工录入	修程、小列车次、车型
68		Z1 修典故数	Z1 修后发生的典型故障数	Z1 修检修后各运行时间段发生的典型故障数量	天数
69		Z1 修总数	Z1 修修车数	从 Z1 修修竣日期到所查截止时间段全部修车数量	天数
70		Z1 修典故率	Z1 修检修后发生的典型故障率	Z1 修典型故障数/Z1 修修车数	天数
71		Z2 修典故数	Z2 修后发生的典型故障数	Z2 修检修后各运行时间段发生的典型故障数量	天数
72		Z2 修总数	Z2 修修车数	从 Z2 修修竣日期到所查截止时间段全部修车数量	天数
73		Z2 修典故率	Z2 修检修后发生的典型故障率	Z2 修典型故障数/Z1 修修车数	天数
74		段修典故数	段修后发生的典型故障数	段修检修后各运行时间段发生的典型故障数量	天数
75		段修总数	段修修车数	从段修修竣日期到所查截止时间段全部修车数量	天数

序号	类别	名称	业务定义	获取方法	分析维度
76	检修故障数据及检修质量评价指标	段修典故率	段修检修后发生的典型故障率	段修典型故障数/Z1修修车数	天数
77		Z4 修典故数	Z4 修后发生的典型故障数	Z4 检修后各运行时间段发生的典型故障数量	天数
78		Z4 修总数	Z4 修修车数	从 Z4 修竣日期到所查截止时间段全部修车数量	天数
79		Z4 修典故率	Z4 修检修后发生的典型故障率	Z4 修典型故障数/Z1 修修车数	天数
80		厂修典故数	厂修后发生的典型故障数	厂修检修后各运行时间段发生的典型故障数量	天数
81		厂修总数	厂修修车数	从厂修竣日期到所查截止时间段全部修车数量	天数
82		厂修典故率	厂修检修后发生的典型故障率	厂修典型故障数/Z1 修修车数	修理等级(修程)、部位
83		临修故障数	临修过程发生故障数	系统自动生成	阶段、部位
84		临修故障车数	发生临修的故障车数	发生临修的故障车的数量	车型
85		临修故障率	临修故障车占状态修竣车的比例	临修故障车数量/状态修竣车数量	
86		临修故障同比	发生临修的故障车数和去年同期比	发生临修的故障车数和去年同期比	月份
87	健康监测一致性评价指标	闸瓦更换数_列检	列检更换闸瓦数	列检更换闸瓦数	月份
88		闸瓦更换数_Z1 修	Z1 修更换闸瓦数	Z1 修更换闸瓦数	月份
89		Z1 修_故障处理	Z1 修处理推送故障数据	人工录入	车次、车型、日期、计划修/状态修、故障部位
90		Z1 修_推送故障数	Z1 修接收推送故障数据	自动读取系统推送到 Z1 修检修的故障数	车次、车型、日期、计划修/状态修
91		Z1 修_故障一致数	Z1 修推送故障和本地故障处理一致的故障	人工录入	车次、车型、日期、计划修/状态修

续表

序号	类别	名称	业务定义	获取方法	分析维度
92	健康监测一致性评价指标	Z2 修_故障处理	Z2 修处理推送故障数据	人工录入	车次、车型、日期、计划修/状态修、故障部位
93		Z2 修_推送故障数	Z2 修接收推送故障数据	自动读取系统推送到 Z2 修检修的故障数	车次、车型、日期、计划修/状态修
94		Z2 修_故障一致数	Z2 修推送故障和本地故障处理一致的故障	人工录入	车次、车型、日期、计划修/状态修
95		Z3 修_故障处理	Z3 修处理推送故障数据	人工录入	车次、车型、日期、计划修/状态修、故障部位
96		Z3 修_推送故障数	Z3 修接收推动故障数据	自动读取系统推送到 Z3 修检修的故障数	车次、车型、日期、计划修/状态修
97		Z3 修_故障一致数	Z3 修推送故障和本地故障处理一致的故障	人工录入	车次、车型、日期、计划修/状态修
98		Z4 修_故障处理	Z4 修处理推送故障数据	人工录入	车次、车型、日期、计划修/状态修、故障部位
99		Z4 修_推送故障数	Z4 修接收推动故障数据	自动读取系统推送到 Z4 修检修的故障数	车次、车型、日期、计划修/状态修
100		Z4 修_故障一致数	Z4 修推送故障和本地故障处理一致的故障	人工录入	车次、车型、日期、计划修/状态修
101		预测车轮踏面磨耗	车轮踏面磨耗预测值	系统自动生成	车型、轮型、安装位数
102		实际车轮踏面磨耗	车轮踏面磨耗实际检测值	人工录入	车型、轮型、安装位数
103		预测车轮踏面磨耗差异率	车轮踏面磨耗预测值与实际值的差异率	(预测值−实测值)/实测值×100%	车型、轮型、安装位数
104		预测车轮直径	车轮直径预测值	系统自动生成	车型、轮型、安装位数

序号	类别	名称	业务定义	获取方法	分析维度
105		实际车轮直径	车轮直径实际检测值	人工录入	车型、轮型、安装位数
106		预测车轮直径差异率	车轮直径预测值与实测值的差异率	(预测值−实测值)/实测值×100%	车型、轮型、安装位数
107		预测车轮轮缘厚	车轮轮缘厚预测值	系统自动生成	车型、轮型、安装位数
108	健康监测一致性评价指标	实际车轮轮缘厚	车轮轮缘厚实际检测值	人工录入	车型、轮型、安装位数
109		预测车轮轮缘厚差异率	车轮轮缘厚预测值与实测值的差异率	(预测值−实测值)/实测值×100%	车型、轮型、安装位数
110		预测闸瓦剩余厚度	车轮闸瓦剩余厚度预测值	系统自动生成	车型、轮型、安装位数
111		实际闸瓦剩余厚度	车轮闸瓦剩余厚度实际检测值	人工录入	车型、轮型、安装位数
112		预测闸瓦剩余厚度差异率	车轮闸瓦剩余厚度预测值与实测值的差异率	(预测值−实测值)/实测值×100%	车型、轮型、安装位数
113		预测配件失效比例	失效类配件的失效比例预测值	系统自动生成	配件名称、配件型号
114		实际配件失效比例	失效类配件的失效比例实际检测值	人工录入	配件名称、配件型号
115		预测配件失效比例差异率	失效类配件的失效比例预测值与实测值的差异率	(预测值−实测值)/实测值×100%	配件名称、配件型号
116	生产任务指标	状态修生产任务_Z1 修车列数	检修车完成的车列数	各维修分公司编制编组顺位表的车列数量	单位
117		状态修生产任务_Z1 修车辆数	检修车完成的车辆数(分不同维度查询)	各维修分公司出车统33并车统36的辆数中按车型、修程、单位分组结果	单位、修程、车型
118		状态修生产任务_Z2 修车列数	检修车完成的车列数	各维修分公司编制编组顺位表的车列数	单位
119		状态修生产任务_Z2 修车辆数	检修车完成的车辆数(分不同维度查询)	各维修分公司出车统33并车统37的辆数中按车型、修程、单位分组结果	单位、修程、车型

序号	类别	名称	业务定义	获取方法	分析维度
120	生产任务指标	状态修生产任务_Z3 修车列数	检修车完成的车列数	各维修分公司编制编组顺位表的车列数	单位
121		状态修生产任务_Z3 修车辆数	检修车完成的车辆数(分不同维度查询)	各维修分公司出车统 33 并车统 38 的辆数中按车型、修程、单位分组结果	单位、修程、车型
122		状态修生产任务_Z4 修车列数	检修车完成的车列数	各维修分公司编制编组顺位表的车列数	单位
123		状态修生产任务_Z4 修车辆数	检修车完成的车辆数(分不同维度查询)	各维修分公司出车统 33 并车统 39 的辆数中按车型、修程、单位分组结果	单位、修程、车型

5.2　生产指标的计算算法

5.2.1　多维度运行里程

　　状态修根据车列状态进行修程判定，形成车辆健康诊断报告，确定重点检修范围，指导车辆运用及维修。其中，货车状态修修程判定的重要依据是货车寿命零部件的剩余寿命，通过对寿命零部件剩余寿命预测，实现对货车寿命零部件剩余寿命的评分。对于有明确寿命期的寿命零部件的寿命评分采用运用剩余寿命和检修剩余寿命相结合的方式进行评判，其中，运用剩余寿命为从当前到寿命管理体系中规定的寿命里程限制的剩余里程；检修剩余寿命为从当前到下次修程最长检修周期的剩余里程。同时，对于没有明确寿命期的部分退化类零部件更是用和运行里程紧密相关的退化量来标识零部件的寿命情况，以车轮为例，轮辋厚度可以作为车轮剩余寿命的评分依据，踏面圆周磨耗可以作为检修寿命的评分依据，而这两个指标的波动均以车轮运行里程为重要出发点。

　　由此可见，状态修修程体制中车辆及零部件的运行里程计算的准确性将直接影响货车状态修修程判定及车列、车辆运行技术状态。HCCBM 数据中心的一个核心功能就是实现对车辆、零部件运行里程的准确计算。HCCBM 数据中心运行里程的总体架构设计如图 5.1 所示。

图 5.1　运行里程计算架构设计图

数据源：整车及零部件的运行里程计算需要基础数据源的支撑，包括货车追踪数据、ATIS 数据、"多 T"数据、HMIS 数据、确报数据、现在车数据等。

数据层：整车及零部件运行里程的计算要依赖 Hadoop 大数据平台，并与状态修数据库及运输系统数据库进行源数据、计算结果的交互。

业务层：需要完备的整车及零部件的业务算法和业务字典库的支撑。

应用层：实现整车及零部件的空重里程、万吨里程、两万吨里程、修程别里程等维度的自动计算，为车辆健康评分提供数据支撑，同时实现车辆运行轨迹的可视化展示。

为了减少或避免错误、异常报文数据，车辆运行里程算法根据过车报文相邻两个报文站点、站间距、报文通过时间差等条件，实现对上传报文的进一步纠错管理，保障基础过车报文数据的正确性，进而保证车辆运行里程计算结果的准确性。

由于站内缺少相应监测设备，仅通过报文数据无法统计车辆在站内的运行里程。通过对比、跟踪试验列车次北斗定位里程数据，对试验列进行站内运行里程补偿，进一步优化运行里程计算精度。

状态修以运行里程为检修周期计量单位，因此整车及零部件的运行里程的计算是状态修项目的一个关键点。同时整车和零部件的里程需要根据装用车辆的编组、空重信息，区分出空车运行里程、重车运行里程、万吨车运行里程、两万吨车运行里程、某固定方向运行里程。目前运行里程的算法模型是实时获取的 ATIS 和"4T"过车报文，根据各个车站及"4T"站点的站间距离计算整车运行里程，并根据 HMIS 历史数据针对有唯一标识的配件根据整车运行里程估算出配件运行里程。由于目前获取的数据均为特定应用采集，设计之初并未涉及运行里程计算目标，HMIS 历史数据的完整性和准确性均影响本次运行里程的计算。基于以前的运行里程计算模型，并通过大量的基础数据的完善、运行里程算法的优化、配件的运行里程跟踪并对跟踪点布点的增补，保障运行里程计算方法的准确性与完整性。

为了保证运行里程计算的准确性，需要对基础报文数据获取起点之前的里程统一进行初始化。因此，状态修货车运行里程计算由两部分构成，一部分是初始化以前里程，另一部分是初始化以后里程，具体关系如图 5.2 所示。

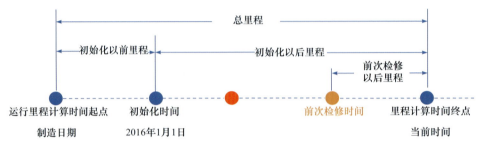

图 5.2　运行里程构成关系图

一般来说，第一次状态修是在初始化时间之后开始的，因此"前次检修以后里程"一般包含在"初始化以后里程"中，具体涉及各时间点里程关系如表 5.2 所示。依据运行里程构成关系，计算整车和零部件的运行里程，进而对计算的运行里程进行纠错，进一步保障运行里程计算的准确性。

表 5.2　运行里程构成关系

序号	名词	定义
1	运行里程计算时间起点	车辆和零部件计算总里程的起始时间点。车辆运行里程计算时间起点为车辆新造日期。 零部件运行里程计算时间起点分为三类：一类取首次组装时间，适用于车轴、车轮、轴承三个零部件；二类取装用日期，适用于闸瓦；三类取制造日期，适用于其他零部件
2	运行里程计算时间终点	车辆、零部件、车列运行里程计算的截止时间，一般是计算的当前时间
3	总里程	运行里程计算时间起点和运行里程计算时间终点之间的车辆、零部件里程。目前针对全寿命零部件及满足条件的其他零部件 HCCBM 提供总里程的计算，总里程是初始化以前里程与初始化以后里程之和
4	初始化时间	HCCBM 根据基础数据情况，确定的车辆及零部件通过报文跟踪进行运行里程计算的起点。在初始化时间前运行里程根据平均里程进行推算，目前车辆初始化时间采用启用报文时间(即 2016 年 1 月 1 日)。零部件初始化时间为零部件第一次进入状态修并且完整录入零部件制造日期或者首次组装日期的时间
5	初始化以前里程	计算时间起点和初始化时间之间的运行里程。车辆初始化以前里程算法为按 2019 年车型里程均值推算从车辆制造日期到 2016 年 1 月 1 日的里程值。 零部件初始化以前里程算法为零部件初始化装车后按 2019 年装车车型里程均值推算零部件从制造日期(首次组装日期)到初始化时间的里程值

续表

序号	名词	定义
6	初始化以后里程	车辆及零部件在初始化时间到运行里程计算时间终点的运行里程。车辆初始化以后里程算法为 2016 年 1 月 1 日开始按报文上报计算的实际里程。零部件初始化以后里程算法为该部件初始化装车后从初始化时间到运行里程计算时间终点的里程值
7	前次检修以后里程	车辆及零部件在前次检修后开始运行到里程计算时间终点的运行里程
8	空运行里程	车辆、零部件、车列在空车状态下的运行里程
9	重运行里程	车辆、零部件、车列在重车状态下的运行里程
10	万吨/两万吨运行里程	是针对固定编组车列来说的，通过 AEI 识别车辆编组辆数，对于 C80，小列编组辆数为 54 辆，2 小列编组 108 辆为万吨，4 小列编组 216 辆为两万吨。对于车辆、零部件、车列，为在过车报文编组数超过 70 辆重车状态下的运行里程

1. 车辆运行里程计算方法

1) 计算范围

整车里程计算范围为既有的、在线路上运行的所有车辆。建立整车里程库，利用 ATIS、"4T"等过车信息，计算整车的运行里程，实时更新里程库中对应车号的里程数，同时提供车辆阶段时间内运行里程的查询。

2) 异常处理

(1) 车辆标签损坏，通过确报获取车辆经过车站，对里程进行修正。

(2) AEI 等轨边设备损坏，造成过车报文的丢失或延迟，通过相邻设备报文进行计算，待丢失或延迟报文接收后，对里程进行统一修正。

3) 计算项点

总里程：基于站间距字典表、车辆运行轨迹，累加轨迹相邻站间距，得出车辆总里程。

空重里程：依据确报数据判别车辆空重。依据各设备上报报文维护各个线路及方向的空重，判断车辆空重状态；空重状态判别主要原则为"支线向干线方向为上行，相反为下行；由西向东为上行，相反为下行；一般上行方向为重，下行方向为空"。

万吨/两万吨里程：是针对固定编组车列来说的，通过 AEI 识别车辆编组辆数，对于 C80，小列编组辆数为 54 辆，2 小列编组 108 辆为万吨，4 小列编组 216 辆为两万吨。

修程别里程：通过车辆历史检修记录，获取车辆的历史检修修程及检修时间，计算车辆相邻修程、同级相邻修程间的车辆运行里程。首先计算相邻修程间的车辆运行里程，依据各相邻修程及检修时间，获取相邻修程时间段内车辆运行轨迹，累计站间里程得出相邻修程间总里程，总里程还要细分空重、万吨、两万吨等计算项点。基于相邻修程的计算结果，同级修程在其基础上累加即可。

不同速度区间里程：将整车运行速度区间划分为四个区间（小于50km/h（含）、50～80km/h（含）、80～100km/h（含）、大于100km/h）。计算整车运行速度时，以车辆运行轨迹相邻车站间距为单位，如相邻车站间距为L_1，通过时间为T_1，则该单位区段内的运行速度为$V_1=L_1/T_1$，V_1属于以上哪个速度区间范围，则将该段里程累加到该速度区间范围。

线路别里程：计算整车在不同线路别上的运行里程。依据车辆运行轨迹中站点所属线路信息，分线路累加车辆的运行里程。例如，车辆1的运行轨迹为站点1→站点2→站点3→站点4→站点5，依据车站公里标字典表，获取站点所在线路，其中站点1、2、3在包神线，站点3、4、5在神朔线，站点3为包神线与神朔线的交叉点，则车辆1在包神线的运行里程为站点1→2→3间距累加，在神朔线的运行里程为站点3→4→5间距累加。

以上各细分项点里程，存在以下计算逻辑：

(1) 空车里程+重车里程=总里程；

(2) 万吨空里程+两万吨空里程=空车里程；

(3) 万吨重里程+两万吨重里程=重车里程；

(4) 万吨空里程+万吨重里程=万吨里程；

(5) 两万吨空里程+两万吨重里程=两万吨里程。

4) 整车运行里程初始化及具体计算过程

(1) 初始化以前运行里程计算。

①HCCBM数据中心获取的ATIS过车记录为2014年至今。为了保障过车数据的准确性、典型性，HCCBM数据中心采用2016年1月1日作为启用报文计算里程的时间。

备注：对于制造时间为2016年之后的车辆，不初始化以前里程。

②制造日期为2016年之前的车辆。为了保障数据的准确性与典型性，HCCBM数据中心依据ATIS过车记录选取2019年该车辆所属车型校正后的车辆运行里程记录集，得到该车辆所属车型在2019年度的日均运行里程作为该车辆的年度运行里程，再基于该车的制造时间，计算得出该车辆新造日期至2016年1月1日之前的天数作为初始化以前运行天数，通过年度日均运行里程与年数即可得到该车辆的初始化以前整车里程。

备注：2019年校正后的车辆运行里程记录集筛选方法如下。

通过ATIS过车记录计算得出车辆所属车型在2019年1月1日至2019年12月31日所有的运行里程集$(m_{c1}, m_{c2}, \cdots, m_{cn})$，得出车型平均运行里程$\bar{M}_c$：

$$\bar{M}_c = \frac{1}{n}\sum_{i=1}^{n} m_{ci}$$

计算标准差 σ：

$$\sigma = \sqrt[2]{\frac{1}{n}\sum_{i=1}^{n}[(m_{ci} - \bar{M}_c)^2]}$$

选择车型在 2019 年度运行里程数值分布在 $(\bar{M}_c - 3\sigma, \bar{M}_c + 3\sigma)$ 区间内的运行里程记录 $(m_{c1}, m_{c2}, \cdots, m_{cm})$，即 2019 年校正后的车辆运行里程记录集。

③车辆的万吨、两万吨里程的初始化按照各项计算里程占总里程的比例进行推演。

备注：数据中心判断万吨、两万吨的依据如下。

万吨、两万吨以通过过车报文编组数量作为万吨和两万吨车辆判断依据，系统设置过车报文编组数超过 70 辆为万吨车列，过车报文编组数超过 130 辆为两万吨车列。

综上，汇总得出车辆初始化以前运行里程如下。

m_i：车辆所属车型在 2019 年的运行里程。

d：里程计算时间起点与初始化时间之间相差的天数。

$$M = \frac{d}{365} \times \frac{1}{m}\sum_{i=0}^{m} m_i + M_c$$

其中，$m_i \in \left(\frac{1}{n}\sum_{i=0}^{n} m_i - 3\sqrt[2]{\frac{1}{n}\sum_{i=1}^{n}\left(m_i - \frac{1}{n}\sum_{i=1}^{n} m_i\right)^2}, \frac{1}{n}\sum_{i=0}^{n} m_i + 3\sqrt[2]{\frac{1}{n}\sum_{i=1}^{n}\left(m_i - \frac{1}{n}\sum_{i=1}^{n} m_i\right)^2} \right)$。

(2) 初始化以后运行里程计算。

①初始化以后运行里程算法说明。

整车运行里程采用车站中心线间距计算，基于 AEI 或 THDS 获取车辆的轨迹信息，计算得出车辆的累计运行里程。

基于过车记录，得知某车辆运行轨迹为 1 上行→2 上行→3 上行→7 上行，因采用车站中心线间距计算方法，转换成里程计算轨迹为车站 1→车站 2→车站 3→车站 7，累加上述站间距离，得到计算里程为 L_1(图 5.3)。但计算里程与实际运行里程相比存在偏差，实际运行里程 $L_1' = L_1 - L_3 + L_2$。这部分误差需将 "4T" 及 AEI 点的编码、公里标信息完善后消除。

另外，目前运行里程的计算中未对港口、电厂等运行线路里程进行考虑，需单独建立港口或电厂到最近 AEI 点的距离字典表。当港口或电厂 AEI 探测到车辆进出时，在上述计算结果的基础上累加里程。

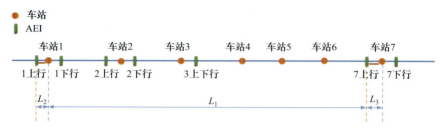

图 5.3　整车里程算法图示

②初始化以后运行里程计算步骤。

a. 构建基础字典表。

b. 构建整车里程计算所需的基础字典表：线路字典表、车站字典表、AEI 字典表、"多 T"设备字典表、站间距字典表。

c. 获取车辆运行轨迹。

d. 基于既有 ATIS 过车报文数据，获取车辆的历史运行轨迹，包括车号、通过时间、通过站点。

e. 累计自 2016 年 1 月 1 日至今车辆 ATIS 过车记录，得到初始化以后整车里程。

综上，汇总得出车辆初始化以后运行里程为

$$M = \frac{d}{365} \times \frac{1}{m} \sum_{i=0}^{m} m_i + M_c$$

$$m_i \in \left(\frac{1}{n}\sum_{i=0}^{n} m_i - 3\sqrt[2]{\frac{1}{n}\sum_{i=1}^{n}\left(m_i - \frac{1}{n}\sum_{i=1}^{n} m_i\right)^2}, \frac{1}{n}\sum_{i=0}^{n} m_i + 3\sqrt[2]{\frac{1}{n}\sum_{i=1}^{n}\left(m_i - \frac{1}{n}\sum_{i=1}^{n} m_i\right)^2} \right)$$

2. 零部件运行里程计算方法

1) 计算范围

建立零部件里程库，基于零部件唯一 ID，通过 HMIS 获取零部件基本信息及零部件装用记录，明确零部件历史装用车号、上车时间、下车时间，基于零部件装用时间段内车辆运行里程计算零部件运行里程，并实时更新里程库中对应零部件 ID 的里程数。

2) 计算项点

根据零部件与车辆的装用关系，零部件里程计算项点包括：零部件总里程、空车里程、重车里程、万吨里程、两万吨里程和发生故障点里程(多条)。

各细分项点里程存在以下计算逻辑：

(1) 空车里程+重车里程=总里程；

(2) 万吨空里程+两万吨空里程=空车里程；

(3) 万吨重里程+两万吨重里程=重车里程；

(4) 万吨空里程+万吨重里程=万吨里程；

(5) 两万吨空里程+两万吨重里程=两万吨里程；

(6) 故障点里程基于零部件的唯一 ID，得出每个零部件发生故障时零部件的运行总里程。

3) 零部件运行里程初始化及具体计算过程

(1) 初始化以前运行里程计算。

根据零部件的分类，零部件运行里程初始化算法主要分为三类。

备注：只有 2016 年 1 月 1 日前新造的零部件存在零部件初始化以前运行里程的情况。

① 按照寿命里程进行管理的零部件。

按照寿命里程进行管理的零部件主要涵盖车体钢结构、摇枕、侧架、侧周、牵引杆、钩尾框、缓冲器、钩体、钩舌、闸调器、上交叉杆、下交叉杆、主阀、紧急阀、传感阀、调整阀、承载鞍、制动梁、车轮、闸瓦。该类零部件的运行里程的初始化计算方法如下：

a. 计算零部件"运行里程计算时间起点"与"初始化时间"间相差的天数；

b. 通过 ATIS 过车记录计算得出 2019 年 1 月 1 日至 2019 年 12 月 31 日间装用该零部件车型的日均运行里程；

c. 通过相差的天数与运行里程日均值，可得到零部件初始化以前运行里程。

② 按照寿命年限或寿命里程进行管理的零部件。

按照寿命年限或寿命里程进行管理的零部件主要涵盖轴承、轴箱橡胶垫、轴箱弹簧(KM98)、轴箱纵向弹性垫(KM98)、旁承、心盘磨耗盘、滑块磨耗套、扣板(夹板)、旁承磨耗板、X 型弹性垫、轴向橡胶垫、编制软管总成。该类零部件的运行里程的初始化计算方法如下：

a. 计算零部件"运行里程计算时间起点"与"初始化时间"间相差的年数；

b. 按照零部件的寿命里程与寿命年限，得出零部件年均运行里程；

c. 通过相差的年数与年均运行里程，得出零部件的初始化以前里程。

③ 特殊零部件。

该类零部件主要是指斜楔，斜楔不做标签跟踪，其初始化以前里程按"制造日期"和"装车日期"进行判断：

a. "制造日期"和"装车日期"同属一年内，则默认该斜楔为新品，初始化以前里程为零；

b. 若"制造日期"和"装车日期"不同属一年内，则默认该斜楔为旧品，初始化以前里程为 160 万 km。

(2) 初始化以后运行里程计算。

① 零部件初始化以后运行里程算法说明。

依据零部件基础信息表及零部件装用记录表，获取零部件的历史装用车号及每辆车的上车时间、下车时间。

基于整车里程，得出车辆零部件上车时间、下车时间阶段内，该车的运行里程，再将零部件历史装用车辆里程累加即可得到零部件运行里程。零部件的空重里程、万吨/两万吨里程依据零部件装用车辆进行分类累加，零部件运行里程算法如图 5.4 所示，说明如下：

零部件总里程 $=L_1+L_2+L_3+\cdots+L_n$；

零部件空车里程 $=L_{11}+L_{21}+L_{31}+\cdots+L_{n1}$；

零部件重车里程 $=L_{12}+L_{22}+L_{32}+\cdots+L_{n2}$；

零部件万吨里程 $=L_{13}+L_{23}+L_{33}+\cdots+L_{n3}$；

零部件两万吨里程 $=L_{14}+L_{24}+L_{34}+\cdots+L_{n4}$。

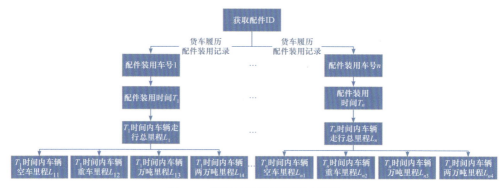

图 5.4　零部件运行里程算法图示

零部件故障点运行里程计算：基于零部件的唯一 ID，得出每个零部件发生故障时零部件的运行总里程。首先从 HMIS 获取有唯一 ID 的零部件名称、发生故障名称、发生故障时间，然后计算该零部件每个故障发生时的运行里程，计算方法举例如下。

如某零部件 ID 号为 01，制造时间为 T_0，故障名称为裂纹，发生故障时间为 T_g，2014 年后零部件 01 装用车辆 1、车辆 2、车辆 3，目前仍装用在车辆 3 上，该故障为装用在车辆 3 上发生的。零部件故障点运行里程算法如图 5.5 所示，零部件 01 在车辆 1 的上车时间为 T_1，下车时间为 T_2；车辆 2 的上车时间为 T_3，下车时间为 T_4；车辆 3 的上车时间为 T_5，则零部件 01 发生裂纹故障时的运行里程为 $L_总=$ 推演里程 L_0+ 装用车辆 1 里程 L_1+ 装用车辆 2 里程 L_2+ 装用车辆 3 里程 L_3。

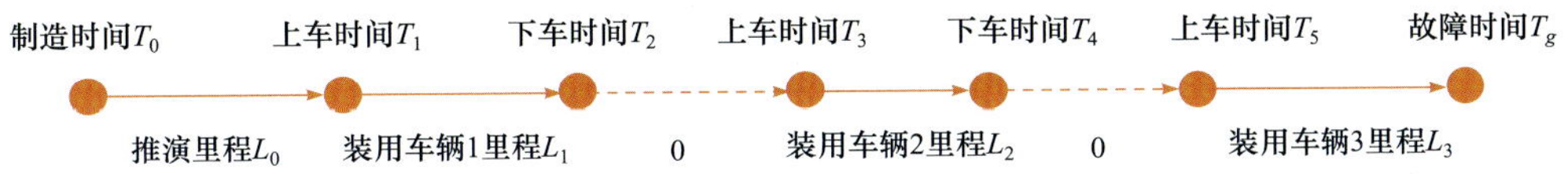

制造时间T_0　　上车时间T_1　　下车时间T_2　　上车时间T_3　　下车时间T_4　　上车时间T_5　　故障时间T_g

推演里程L_0　　装用车辆1里程L_1　　0　　装用车辆2里程L_2　　0　　装用车辆3里程L_3

图 5.5　零部件故障点运行里程算法图示

② 初始化以后运行里程计算步骤。

根据零部件装用记录，获取零部件"初始化时间"与"运行里程计算时间终点"间的历次装用车号及对应的"上车时间"与"下车时间"：

a. 基于车辆里程的计算，得出零部件历次装用车辆的运行里程；

b. 零部件历次装用车辆运行里程累加即可得到零部件的初始化以后里程。

(3) 前次检修后里程计算。

前次检修后里程计算的前提条件是该零部件完成在数据中心录入"支出车号"、"支出位数"和"支出日期"信息的初始化操作。

根据实际情况，前次检修后里程计算分为两种情况。

第一种情况，零部件在建议修程及以上修程检修，检修后里程算法如下：

① 依据现车零部件装用信息，获取零部件"装车时间"及检修后的装用车号信息；

② 基于车辆里程的计算，根据零部件"装车时间"与"里程计算时间终点"得出该时间段零部件检修后装用车辆的运行里程，即零部件前次检修后里程。

第二种情况，零部件在未达到建议修程及以上修程的检修过程中发生更换的情况，检修后里程算法如下：

① 在数据中心中对零部件进行初始化操作，此时不对零部件做检修后里程计算；

② 待零部件做建议修程及以上修程检修时，再按照第一种情况的检修后里程算法进行计算，得出零部件前次检修后里程。

(4) 总运行里程计算。

累计初始化以前零部件运行里程和初始化以后运行里程，即得到零部件总的运行里程。

备注：仅限于 2016 年 1 月 1 日前新造的零部件，2016 年 1 月 1 日后新造的零部件，初始化以后运行里程即总运行里程。

汇总得出零部件运行里程算法如下。

m_i：所属车型的车辆在 2019 年的运行里程。

p_i：零部件初始化后截止于里程计算时间终点之间的历次装车的车辆运行里程。

y：零部件"运行里程计算时间起点"与"初始化时间"间相差的年数。

UM：寿命里程。

UY：寿命年限。

$$M = M_0 + M_c = \begin{cases} \dfrac{d}{365} \times \dfrac{1}{m}\sum\limits_{i=0}^{m} m_i + \sum\limits_{i=1}^{n} p_i, \quad m_i \in \left(\dfrac{1}{n}\sum\limits_{i=0}^{n} m_i - 3\sqrt[2]{\dfrac{1}{n}\sum\limits_{i=1}^{n}\left(m_i - \dfrac{1}{n}\sum\limits_{i=1}^{n} m_i\right)^2}\,,\right. \\ \qquad\qquad\qquad\qquad\qquad\quad \left. \dfrac{1}{n}\sum\limits_{i=0}^{n} m_i + 3\sqrt[2]{\dfrac{1}{n}\sum\limits_{i=1}^{n}\left(m_i - \dfrac{1}{n}\sum\limits_{i=1}^{n} m_i\right)^2}\right) \\[2mm] y \times \dfrac{UM}{UY} + \sum\limits_{i=1}^{n} p_i, \quad 存在寿命年限的零部件 \\[2mm] 160 + \sum\limits_{i=1}^{n} p_i, \quad 斜楔，制造日期和装车日期属于同一年 \\[2mm] 0 + \sum\limits_{i=1}^{n} p_i, \quad 斜楔，制造日期和装车日期不属于同一年 \end{cases}$$

目前货车全寿命零部件均在生产过程中配备唯一标识，实现互换修中下车到装车的对应，因此可以计算历次装车车辆运行里程之和。但针对斜楔这个零部件在检修过程中很难做到标签跟踪，考虑到检修过程中的管理成本，里程计算做简化。斜楔寿命期限为320万km，一般为2个Z4修的运行周期，因此斜楔运行里程仅仅依其初始化以前里程，按照制造日期和装车日期进行判断：制造日期和装车日期同属一年内，则默认斜楔为新品，初始化以前里程 $M_0 = 0$；若制造日期和装车日期不同属一年内，则默认斜楔为旧品，初始化以前里程 $M_0 = 160$ 万km。再根据零部件装用记录，获取斜楔的当前装用车号及装车时间，基于装车车辆里程的计算，得出斜楔的运行里程。

3. 运行里程纠错机制

为了减少或避免错误、异常报文数据，车辆运行里程算法根据过车报文相邻两个报文站点、站间距、报文通过时间差等条件，实现对上传报文的进一步纠错管理，保障基础过车报文数据的正确性，进而保证车辆运行里程计算结果的准确性。

而报文数据常存在以下几方面问题：部分设备点上报报文不准确，存在上报报文存在多车或少车的情况；车次信息录入有误，增加通过报文中车次数据准确识别同一列车难度；部分装卸站内没有装探测设备，造成里程数据偏差。

针对以上存在的问题，通过报文纠错机制与里程补偿等优化策略实现对车辆及零部件运行里程计算的优化，保障运行里程计算的准确性。

1）报文纠错机制

针对报文上报多车和丢车等情况，系统采用了多种纠错方式自动处理报文。

（1）站间距增补报文。

针对神华各线路车站，系统设置了每个站点和其他所有站点各经路的站间距关系，在同一条线路上一列编组中间车站丢报可以直接采用跨中间站的站间距计算，不影响里程计算结果；针对跨线路的丢报，系统首先根据运行方向按照决策树算法选取方向一致的交路，增补两线交接点报文，计算里程，对同方向有多个交路的里程的，按安全优先原则系统自动补偿距离远的交界点报文，重新计算里程。

(2) 固定编组和成组车增补、删减报文。

针对状态修主型车，C70A、C80、KM98 等车型采用固定编组、成组车管理，系统通过编组、成组车信息自动进行报文的增补和删减操作；将报文中的车按小列车次分组，遍历报文中每一个车号，与固定编组和成组车进行匹配，自动进行车辆增补、删减操作。

(3) 超速删除报文。

部分设备误报车号，造成在短时间内该车号在不同设备上报，通过不同设备间距离和报文间隔时间计算已经超出货车运行最高时速限度，若当前报文计算货车运行速度高于 120km/h，则该上报报文为错误报文，删除该车号报文数据。

(4) 相似报文动态删补。

针对没有固定编组、成组车的 C64K 等车型，未经过初始化尚未成组车信息的列车、同组车同时报文缺失等情况，通过实时识别同列车上报报文数组的变化情况、动态完成报文的智能增减工作，完成动态固定编组跟踪，并通过动态固定编组进行实时的里程跟踪。

2) 里程补偿策略

(1) 装卸站里程补偿。

针对装卸点无报文测报点的情况，系统通过报文跟踪上下行折返点和人工采集装卸数据结合的方式补偿里程，系统自动识别列车的折返点，并将折返点列表提供给调度，调度在录入装卸车信息时首先选择某次的折返记录，实现将里程计算的点从报文识别到的折返点延长到装卸车作业点。

(2) 站内里程补偿。

通过试验列北斗卫星定位，跟踪站内里程和站间里程的比例关系，作为车站内里程的通用补偿比例，并进行统一补偿。

通过对比、跟踪 1104 趟试验列车次北斗卫星定位里程数据，对试验列进行站内运行里程补偿，补偿后减小里程偏差 0.58%。目前通过北斗卫星定位获取站内补偿运行里程的算法尚未应用到车辆运行里程算法中，下一步会通过不断地对北斗卫星定位数据的跟踪和核对，将通过北斗卫星定位获取站内补偿里程补充到车辆运行里程计算方法中，进一步提升运行里程计算方法的准确程度。

4. 运行里程计算案例

1) 案例 1

通过对以下试验列进行跟踪，结合试验列开始时间和比较时间，按照车辆运行里程计算方法计算运行里程与试验列运行循环跟踪日志表(试验写实里程)之间的对比关系，如表 5.3 所示。

表 5.3 试验列计算运行里程与试验写实里程对比结果

试验列编号	小列车次	开始时间	比较时间	往返趟数	运行月数	运行天数	总里程			
							运行里程/km	试验写实里程/km	差值/km	百分比/%
#1	8053	2019-04-22 20:38:00	2020-06-28 15:40:00	117	15	368	195840.95	195885	−44.05	−0.02
#2	8549	2019-05-08 16:00:00	2020-06-17 17:21:59	120	14	364	193140.4	197151	−4010.60	−2.08
#3	7083	2019-05-18 01:00:00	2020-08-29 15:50:00	111	16	349	172326.4	173146	−819.60	−0.48
#4	7167	2019-05-26 15:00:00	2020-06-20 23:11:47	94	14	303	151519.12	148882	2637.12	1.74
#5	8457	2019-04-15 19:00:00	2020-07-08 01:57:52	127	16	380	203898.06	205907	−2008.94	−0.99
#6	8047	2019-05-12 20:00:00	2020-07-16 10:23:48	130	15	379	198913.03	200286	−1372.97	−0.69
#7	8315	2019-05-24 19:47:28	2020-08-14 08:23:19	127	16	391	204660.34	206068	−1407.66	−0.69
#8	8223	2019-05-10 22:00:00	2020-08-29 05:06:09	110	14	342	181510.12	181472	38.12	0.02
#9	8573	2019-06-15 16:38:23	2020-08-29 13:11:25	103	12	303	162293.9	162637	−343.10	−0.21
#10	8981	2019-06-24 15:53:02	2020-08-30 08:25:00	111	15	346	187142.94	190047	−2904.06	−1.55
#11	8753	2019-06-19 23:00:00	2020-08-27 23:21:46	112	14	342	181246.75	181803	−556.25	−0.31
#12	8007	2019-06-21 17:00:00	2020-08-29 17:56:16	129	15	399	212490.4	212262	228.40	0.11
#13	7009	2019-06-23 05:59:01	2020-08-28 21:08:29	110	15	349	166581.75	169614	−3032.25	−1.82
#14	7109	2019-06-18 04:51:38	2020-08-28 12:58:36	96	14	296	138971.72	141135	−2163.28	−1.56
#17	8075	2019-07-24 21:00:00	2020-08-28 23:59:59	107	14	332	179371.5	179031	340.50	0.19
#18	8175	2019-07-31 20:00:00	2020-08-27 21:58:01	120	14	362	192402.44	196737	−4334.56	−2.25
#19	8777	2019-06-02 17:00:00	2020-08-29 23:59:59	136	15	403	219924	221252	−1328.00	−0.60

续表

试验列编号	小列车次	开始时间	比较时间	往返趟数	运行月数	运行天数	总里程			
							运行里程/km	试验写实里程/km	差值/km	百分比/%
#20	8617	2019-06-02 17:00:00	2020-08-28 13:15:50	139	15	406	224166.03	222312	1854.03	0.83
#21	8737	2019-06-03 14:21:36	2020-08-29 17:01:59	141	15	426	230187.03	231170	−982.97	−0.43
#22	8331	2019-05-15 20:00:00	2020-08-25 08:48:32	132	16	410	219340.84	219371	−30.16	−0.01
#23	7185	2019-05-18 17:00:00	2020-08-30 08:35:18	118	16	375	180166.88	182296	−2129.12	−1.18
#24	7061	2019-06-12 20:18:36	2020-08-25 17:23:59	104	14	336	159760.56	161079	−1318.44	−0.83

　　试验列计算运行里程与试验写实里程对比结果如图 5.6 所示，通过分析可知计算运行里程与试验列运行循环跟踪日志表中的运行里程的偏差值大部分都保持在 1%以内，最大计算运行里程偏差也保证运行里程准确率均控制在 95%以内。通过以上试验列写实里程与计算里程的对比分析数据，验证了车辆运行里程计算算法的准确性及可用性。

图 5.6　试验列计算运行里程与试验写实里程对比结果

2) 案例 2

　　以 C80 为例，基于数据中心车辆运行里程算法计算得出 2020 年 C80 车型的多维度运行里程，结果如图 5.7 所示，各维度运行里程的平均值见表 5.4。通过校正后 C80 车型 2020 年平均运行里程为 172969km，如图 5.8 所示。

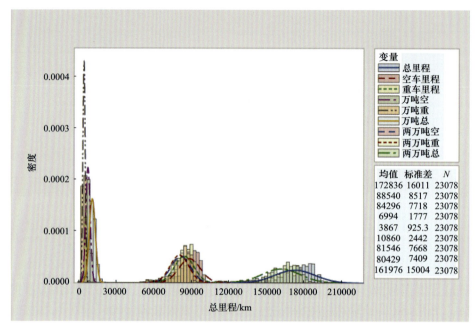

图 5.7　C80 车型 2020 年多维度运行里程直方图

表 5.4　C80 车型 2020 年多维度运行里程均值　　（单位：km）

总里程	重车里程	空车里程	万吨里程	两万吨里程	万吨里程(重车)	万吨里程(空车)	两万吨里程(重车)	两万吨里程(空车)
172836	84296	88540	10860	161976	3867	6994	80429	81546

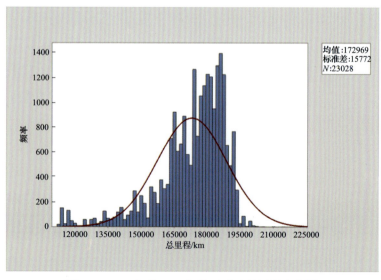

图 5.8　C80 车型 2020 年校正后运行里程直方图

进一步，针对不同车型，根据车辆运行里程计算方法计算各种车型运行里程，2020 年不同车型的平均运行里程如表 5.5 所示。

表 5.5　不同车型 2020 年年运行里程均值

序号	车型	2020 年平均运行里程/km
1	C64K	78747
2	C64KP	68502
3	C70A	137213
4	C70E	37178
5	C80	172969
6	C80B	184689
7	KM98	50440
8	KM98AH	71238

为了满足运行里程及时性的要求，HCCBM 数据中心不断优化车辆运行里程计算方法，具体优化流程如图 5.9 所示。通过建立故障报文队列、实时报文队列、历史报文队列，将一列车的运行里程计算由原先的 1min 提升到 20s 之内，效率整体提升约 70%。

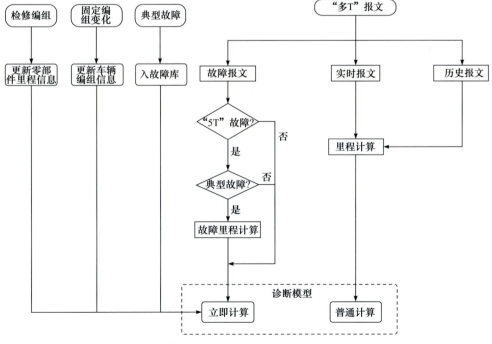

图 5.9　车辆运行里程优化流程

5.2.2 车列运行状态(健康码)

1. 健康码定义

开展状态修不是以牺牲安全、简化作业为代价的，而是要精准识别列车、车辆的运行状态。列车的健康状态由构成该列车的车辆健康状态决定。车辆健康状态主要由车辆运行里程和车辆扣分故障两部分决定。车辆的健康得分是通过诊断模型对车辆运行里程和扣分故障进行综合计算得到的。HCCBM 数据中心根据诊断模型反馈的车辆健康得分与车辆剩余里程，对车辆、列车健康状态进行颜色标识，进行健康码定义，并依托货车的健康码指导装备公司调度指挥扣车。

目前 HCCBM 数据中心实现了对状态修货车区别列车、车辆、运行故障三类业务进行健康码状态监控。健康码状态(即颜色状态)分为四种颜色标识，即红线状态、橙色状态、黄色状态、绿色状态。车列的健康码状态由构成该列车的车辆健康状态决定。车辆的健康码状态由车辆的剩余运行里程和车辆运用故障扣分两部分共同决定。运行故障的健康码状态由故障扣分分值决定。

(1) 红线状态是指已经危及行车安全、出现监测设备高危报警、列检典型故障等需要立即拦停或前方列检扣修的车辆。

(2) 橙色状态是整车健康水平已经接近临界值，如零部件寿命临近到期，或人工检查出现典型故障 B、C，或出现"多 T"监测设备典型故障 B、C 报警，须有序安排检修的车辆。

(3) 黄色状态是日常重点关注、根据运输组织需求，允许安排检修的车辆。

(4) 绿色状态是健康无故障车辆。

2. 健康码颜色判定

健康码具体颜色判定流程如下。

1) 运行故障颜色状态的判断条件

目前装备公司货车运用故障分类标准(装备公司运用故障主数据标准)如下。

(1) 典型故障：危及行车安全的故障。A 类：HCCBM 预报扣 100 分或直接摘车。B 类：HCCBM 首次预报扣 40 分，车辆运行每增加 1000km 加扣 30 分，100分止。C 类：HCCBM 首次预报扣 30 分，车辆运行每增加 1000km 加扣 10 分，100 分止。

(2) 重点故障：HCCBM 预报每件故障扣 5 分，20 分止。

(3) 其他故障：HCCBM 不予扣分。

目前 HCCBM 数据中心接收健康诊断模型对故障的扣分分值后，对故障颜色状态进行判断。

2) 车辆颜色状态的判断条件

目前 HCCBM 数据中心接收健康诊断模型对车辆故障的扣分分值、预测修程、剩余里程数据，并对车辆颜色状态进行判断。

(1) 红线车辆：车辆运用故障中最高预警状态为红线运用故障的车辆。

(2) 橙色车辆：①车辆运用故障中最高预警状态为橙色运用故障的车辆；②车辆剩余里程小于等于零后仍继续运行。两个条件只要满足其中一个即达到橙色状态。

(3) 黄色车辆：①车辆运用故障中最高预警状态为黄色运用故障的车辆；② 车辆运行剩余里程超过一定范围，其中，预测修程为 Z1 修的剩余里程范围为(0, 10000km]，预测修程为 Z2 修至 Z3 修车辆剩余里程范围为(0, 20000km]，预测修程为 Z4 修车辆剩余里程范围为(0, 60000km]。两个条件只要满足其中一个即达到黄色状态。

(4) 绿色车辆：健康无故障车辆，即不存车辆运用红线、橙色、黄色故障和剩余里程超限情况。

3) 列车颜色判断条件

(1) 红线列车：列车中有车辆最高预警状态为红线的车辆，有一红线车辆即红线列车。

(2) 橙色列车：列车中有车辆最高预警状态为橙色的车辆，橙色车辆的数量大于等于 20 辆。

(3) 黄色列车：列车中有车辆最高预警状态为黄色的车辆，黄色车辆的数量大于等于 20 辆。

(4) 绿色列车：除上述红线、橙色、黄色以外车辆。

4) 根据列车的颜色扣车原则

针对红线、橙色、黄色健康码列车，按列达到 Z1 修至 Z4 修的，按诊断模型预测修程扣修。未达到 Z1 修至 Z4 修，由于离散故障造成红线列车或者橙色列车中列车扣分小于 60 分，并且车辆剩余里程范围大于 10000km，系统会给出推荐临修或在线整备建议。

3. 健康码应用

HCCBM 数据中心采用列车健康状态算法支撑，可以实现对列车运行状态的有效监控，实时显示线路上运行的所有铁路列车颜色状态信息，如图 5.10 所示。

图 5.10　列车颜色状态提示界面

HCCBM 数据中心增设列车、车辆颜色状态变更管理功能，记录历次列车及车辆的颜色状态变更过程及变更原因等信息，为后续数据分析提供基础管理数据，如图 5.11 和图 5.12 所示。如果因为典型故障扣分导致列车、车辆颜色状态变更，系统支持查看车辆典型故障具体扣分原因及扣分分值，如图 5.13 所示。

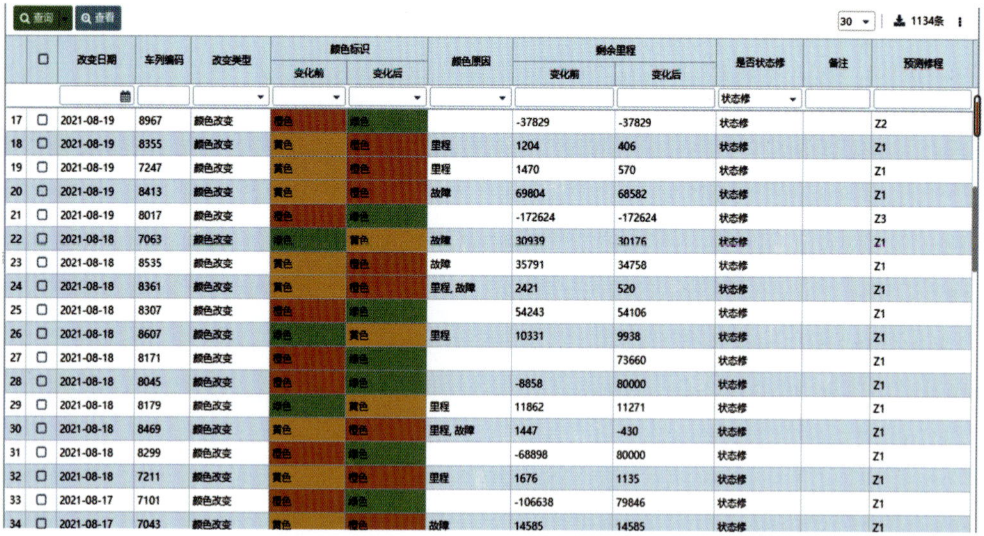

图 5.11　列车颜色状态变更管理

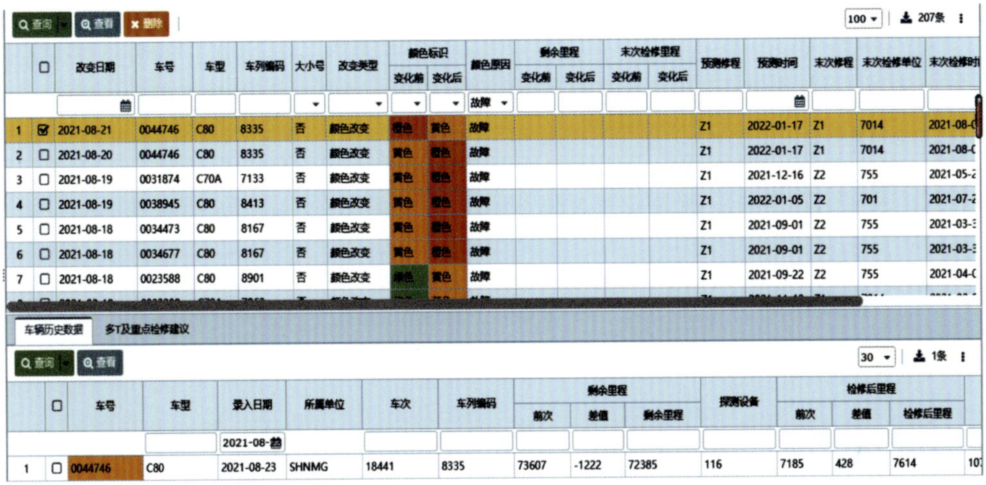

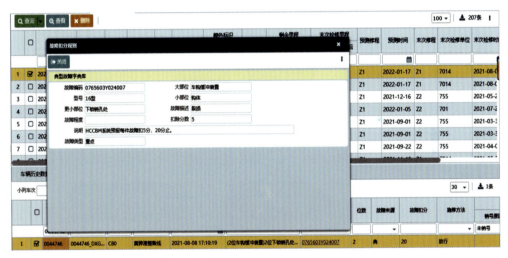

图 5.12　车辆颜色状态变更管理

图 5.13　车辆典型故障扣分情况分析

5.2.3　状态修生产任务预测

　　根据现场实际生产作业要求, HCCBM 数据中心对预测模型进行了完善优化, 将诊断模型提供的状态修车型的预测和 HMIS 原计划修车型预测结合, 修订原计划修修程预测的部分问题, 形成统一的状态修过渡期间无缝衔接的修程预测模型。模型中常用名词定义如表 5.6 所示。

表 5.6　名词定义

说明内容	定义
修程预测时间	车辆在完成末次检修后，第一次经过探测设备时，自动触发系统对该车辆下次修程的预测
状态修车辆	车辆只要做过 Z1 修至 Z4 修中的任一修程，则认为该车辆属于状态修车辆，特指 C70A、C80、KM98 系列车型；C64 系列、C70E、C80B 车型不属于状态修车辆，该类车型只做计划修及 Z1 修
里程转换时间	根据该车辆所属车型前 6 个月的走行里程，得出该车型月均走行里程；根据不同修程对应的剩余里程、该车型月均走行里程，即可得出下次修程检修日期(预测)

对车列、车辆生产任务预测分为状态修车列修程预测、计划修列车修程预测(高级修程)、Z1 修修程预测(包括非状态修车型)三个方向，如图 5.14 所示。每个方向单独建立预测算法。

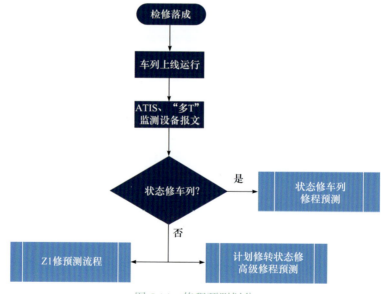

图 5.14　修程预测划分

1. 状态修车列修程预测

状态修车列修程预测流程如图 5.15 所示，通过上报的 ATIS 和 "多 T"监测设备报文，判断是否全列经过 Z1 修或者都是状态修车辆的列车，对落成后或者在运行过程中重新编组后的列车，满足上述条件的由诊断模型预测后续的修程和剩余里程，HCCBM 数据中心根据年运行里程(目前采用 2019 年里程)

估算后续的修程和检修时间，对不满足上述条件的车列由数据中心按具体车辆的修程进行预测。

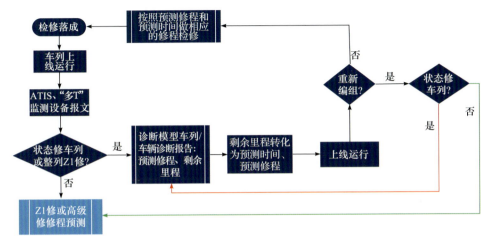

图 5.15　状态修车列修程预测流程

HCCBM 数据中心对过车报文信息进行解析，并对入库报文进行多源异构大数据处理提取出车辆运行中的车号、位置、过车时间等动态报文数据，结合 HCCBM 数据中心建立线路字典、车站字典、"多 T" 及 AEI 字典、线路交叉点字典、车站间距字典等，形成车辆运行里程计算的静态数据，通过对车辆位置的连续性追踪，途经车站站间距等计算得出车辆运行里程。

HCCBM 数据中心根据车列编组信息及车辆末次检修等基本信息判断该车辆所属车列是否属于状态修车列或该车辆是否做过 Z1 修。如果该车辆属于状态修车列或做过 Z1 修，则 HCCBM 数据中心将上报的车辆过车报文信息进行解析、计算，生成车辆多个维度的运行里程(空、重、万吨、两万吨、修程别、黄标方向别、线路别等里程)，并将车辆、零部件基本信息、多维度运行里程、地对车状态监测信息("多 T" 故障信息)、关键零部件状态参数指标(如车轮的轮辋厚度、轮缘厚度、踏面磨耗、踏面擦伤等参数)、故障信息、典型故障、零部件寿命里程限制、检修里程限制等通过数据接口推送诊断决策模型，该系统通过零部件分类、零部件失效规律、零部件运行里程、"多 T" 报警和预警情况，实现对零部件的评分。其中，车辆的评分是依据车辆运行里程、车辆装用零部件评分及零部件分类、零部件退化规律或失效概率、零部件技术状态检测情况等信息综合评价得出的。车列评分是基于车辆评分并综合考虑车列中各车辆的得分分布、距下次修程剩余运行里程等因素计算得出的。

　　诊断决策模型分析 HCCBM 数据中心推送的信息，通过车辆评分模型和车列评分模型生成车辆、车列诊断报告，评估车列、车辆运行状态，得出预测修程、剩余里程等信息，并反馈至 HCCBM 数据中心。HCCBM 数据中心与诊断决策模型之间的信息交互如图 5.16 所示。

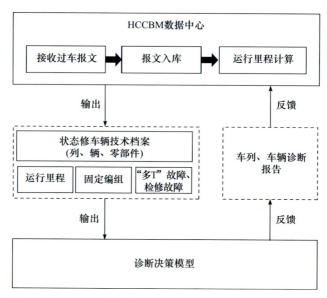

图 5.16　HCCBM 数据中心与诊断决策模型之间的信息交互

　　HCCBM 数据中心将车辆剩余里程转化为车辆还可以运行时间，进而将预测修程对应的"剩余里程"转化为预测修程对应的"预测时间"。

　　在车列运行过程中，HCCBM 数据中心实时监测该车列是否发生重新编组情况，装卸点作业、突发故障甩车、行车故障等导致的固定编组变更情况会导致车列技术状态的变更，直接影响车列修程的判定。如果车列在运用过程中发生了重新编组情况，HCCBM 数据中心首先会判断重新编组后车列是否为状态修车列，若重新编组后车列仍属于状态修车列，则编组完成后 HCCBM 数据中心推送立即生成车列、车辆诊断报告指令给诊断决策模型，诊断决策模型收到指令后即刻根据车辆、车列评分模型给出该车辆及车列的预测修程和剩余里程。HCCBM 数据中心通过相应算法将剩余里程转化为运行时间，得出预测修程对应的预测时间，车辆按照预测修程、预测时间到期后进行对应修程的检修，直到检修落成。若车列重新编组后不属于状态修车列，则 HCCBM 数据中心针对车列中所有车辆采用非状态修车列修程预测算法预测车辆后续修程及检修时间。

2. 非状态修车列修程预测

非状态修车列修程预测是对没有做过状态修的车列进行修程预测,指导货车检修,保障车辆安全运行。非状态修主要分为 Z1 修修程预测和高级修程(厂修、段修、Z2 修至 Z4 修)预测两部分。

1) 非状态修车型 Z1 修的预测模型

判断是否全列经过 Z1 修或者都是状态修车辆的列车,不满足上述条件的列车,若下次修程为 Z1 修,则由 HCCBM 数据中心统一判断。HCCBM 数据中心通过跟踪各系列车型 2019 年运行里程制定各系列车型 Z1 修的间隔时间,其中,C64 系列间隔时间 9 个月,C70 系列间隔时间 8 个月,KM98、STX 系列间隔时间 12 个月,其他车型间隔时间 6 个月进行 Z1 修的预测,同时控制 Z1 修时间和下次厂/段修时间间隔大于等于 3 个月,具体流程如图 5.17 所示。

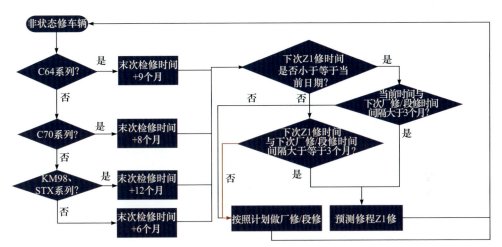

图 5.17　非状态修车型 Z1 修预测流程

2) 非状态修车型高级修程(段修、厂修、Z2 修至 Z4 修)预测模型

判断是否全列经过 Z1 修或者都是状态修车辆的列车,不满足上述条件的列车,若下次修程为高级修程则由 HCCBM 数据中心统一判断,具体流程如图 5.18 所示。

对 KM98,驼背运输车进入状态修修程后,主要按橡胶件周期进行预测,Z2 修为 3 年,Z3 修为 6 年,Z4 修为 12 年;Z1 修,KM98 为 1 年,驼背车为 1.5 年。

通过以上流程就实现了对状态修与非状态修车列的修程预测。

HCCBM 数据中心对铁路货车运营单位的车辆修程进行预测,通过对货车车辆进行预测,得出车辆的预测修程、预测时间,其中不同车型的预测修程统计结果如表 5.7 所示。

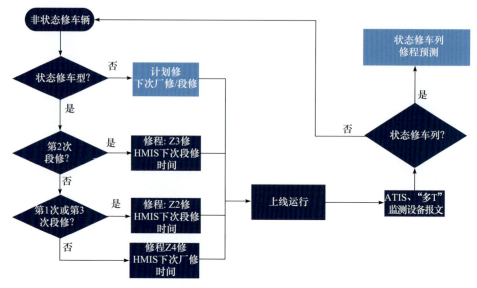

图 5.18　非状态修车型高级修程预测流程

表 5.7　不同车型修程预测结果　　　　　　（单位：辆）

车型	修程						合计
	Z1	Z2	Z3	Z4	段修	入段厂修	
C64H	405				324		729
C64K	12347				3768	789	16904
C64KP	15				190	1	206
C70A	3036	1774		2			4812
C70E	3392				13	193	3598
C80	18999	3699	108	318			23124
C80B	257					1843	2100
KM98			240				240
KM98AH			120				120
合计	38451	5473	468	320	4295	2826	51833

3. 状态修车辆修程预测优化

针对已经做过 Z2 修的状态修车辆，目前诊断模型无法根据车辆、零部件的运行里程，判断该车辆下次是进行 Z3 修还是 Z4 修。这里采用通过车辆新造/厂修后的段修次数确定车辆下次检修修程。

目前修程预测主要存在以下几方面问题：

(1) 系统中 2014 年、2015 年厂修的车辆根据检修记录计算的检修次数大于 4

次，但距下次厂修还有 3 年以上，经过检修次数转换修程的算法，这部分车辆将预测 Z4 修，但是根据 20150403 号文件 C70A 段修检修周期为 2 年的要求，按照目前修程预测算法会造成该部分车辆的过度修。

(2) 试验列在初开始启动时，HCCBM 还未部署应用，未采集当时检修数据，HMIS 与 HCCBM 中无试验列车辆(模拟状态修)的检修记录，即缺少试验列车辆检修数据，按照目前修程预测算法会对车辆修程预测造成影响，造成车辆过度修。

为了解决以上问题，对 HCCBM 数据中心采取以下相关措施，减少以上问题造成的车辆过度修问题：

(1) 针对试验列车辆缺少检修记录的情况，为了消除由于 HCCBM 数据中心缺少试验列前期检修数据造成车辆过度修的情况，在此次检修次数计算时，HCCBM 数据中心针对模拟状态修试验列车辆，在车辆做 Z4 修前自动实现对试验列车辆检修次数增加一次的操作。

(2) 根据 C70A 年平均里程 15 万 km，推算检修周期为 2.6 年。采用本次状态修时间距下次厂修小于 2.6 年的，预测 Z4 修；2.6~5.2 年的预测 Z3 修；大于 5.2 年的预测 Z2 修。具体车辆修程预测流程如图 5.19 所示。

① 车辆下次厂修/段修时间一致的，并且 HCCBM 数据中心统计该车辆检修次数为 4，则预测该车辆下次检修修程为 Z4 修。

② 经过 Z4 修的车辆，由诊断模型根据车辆、零部件状态、里程进行预测。

③ 经过 Z3 修的车辆，计算下次厂修时间与本次 Z3 修时间差，时间差大于等于 2.6 年，并且 HCCBM 数据中心统计该车辆检修次数为 3，则预测该车辆下次检修修程为 Z2 修；时间差小于 2.6 年，则预测该车辆下次检修修程为 Z4 修。

④ 经过 Z2 修的车辆，计算下次厂修时间与本次 Z2 修时间差，时间差小于 2.6 年，并且 HCCBM 数据中心统计该车辆检修次数为 4，则预测该车辆下次检修修程为 Z4 修；时间差大于等于 2.6 年并且小于等于 5.2 年，且 HCCBM 数据中心统计该车辆检修次数为 2，则预测该车辆下次检修修程为 Z3 修；时间差大于 5.2 年，并且 HCCBM 数据中心统计该车辆检修次数为 1，则预测该车辆下次检修修程为 Z2 修。

未经过状态修的车辆，并且 HCCBM 数据中心统计该车辆检修次数小于等于 3 次，HCCBM 数据中心将该车辆检修次数提供诊断模型，由诊断模型提供该车辆预测修程及剩余里程；未经过状态修的车辆，并且 HCCBM 数据中心统计该车辆检修次数大于 3 次，HCCBM 数据中心判断该车辆下次厂修与段修时间差，时间差小于等于 2.6 年，并且 HCCBM 数据中心统计该车辆检修次数为 3，则预测该车辆下次检修修程为 Z2 修；时间差大于 2.6 年，并且 HCCBM 数据中心统计该车辆检修次数为 2，则预测该车辆下次检修修程为 Z3 修。

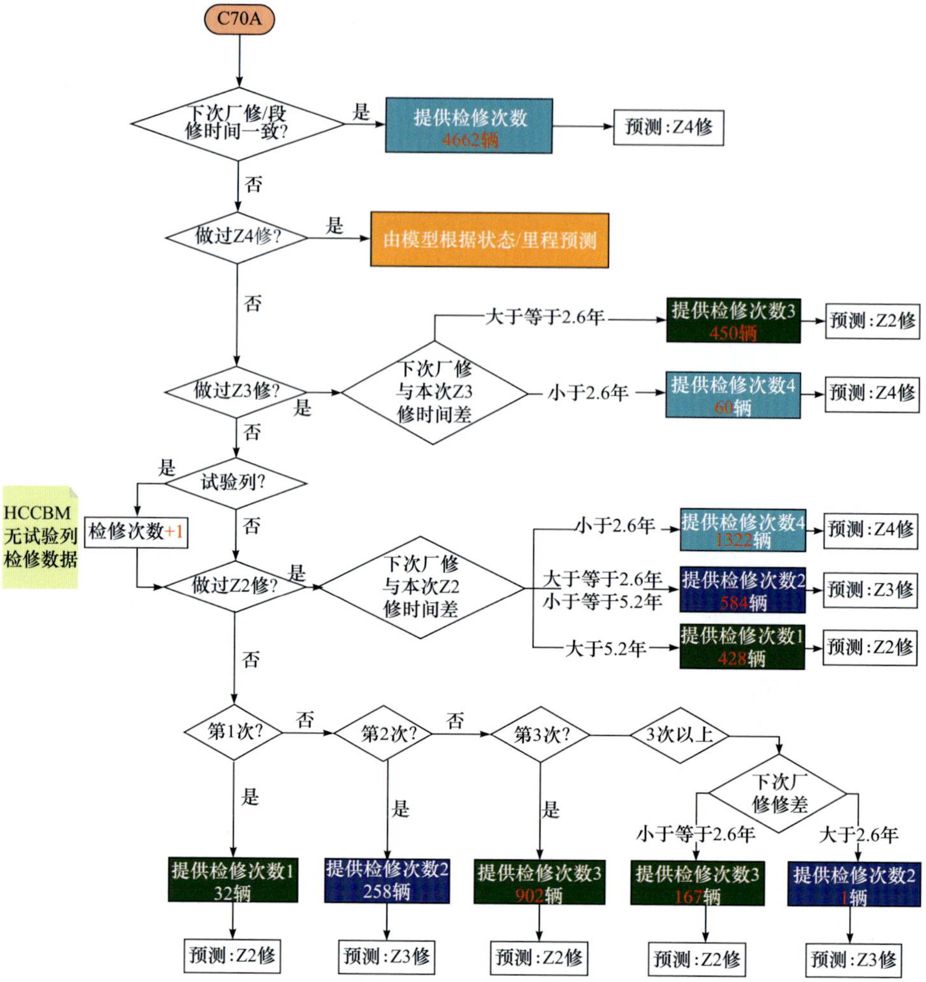

图 5.19　车辆修程预测流程

4. 状态修全周期修程预测

HCCBM 数据中心结合实际生产所需,提供短期预测与长期预测两种修程预测维度。其中,短期预测指对正常运行的车列、车辆提供下次修程的预测,该修程预测由状态修诊断决策综合判别模型系统提供,为指导现场作业提供数据支撑。长期预测由 HCCBM 数据中心对车列、车辆进行在较长时间段内(5~8年)的修程预测,更侧重于从 Z1 修到 Z4 修的全周期性修程预测,可以为生产计划安排、制订等提供数据支撑。

5.2.4　故障闭环验证一致率

HCCBM 中"多 T"报警数据和运用典故数据已经成为指导检修的重要数据标

准。目前 HCCBM 数据中心整合铁路货车运行过程中的"多 T"故障数据并运用典故整理成为"多 T"故障，通过线上检修卡控实现了"多 T"故障从下发到处理的闭环管理，全路首次实现了行业内对车辆安全监测数据的闭环应用。并且建立完善了"多 T"销号流程，目前 TADS、TPDS、THDS 故障，Z1 修至 Z4 修全面启动了故障点对点销号流程。

在故障处理过程中，需要按照故障位数预处理、相同故障处理和检修故障处理三步开展。例如，系统对"多 T"故障销号实施闭环管理分为如下步骤。

首先，系统获取车列运行状态，判断其是否为状态修车列或全列经历过 Z1 修。若经历过 Z1 修，则判断是否存在固定编组变更、"多 T"故障预报、三车典故，有其中一个，则由诊断模型立即计算出诊断报告发送给调度指挥。若都没有，则进行定期计算，诊断报告发送给调度指挥。

然后，调度指挥车辆到不修继续运行、相应修程检修或临修。继续运行的，系统判断其是否存在列检更换的寿命零部件，无须更换的继续运行，需要更换的系统自动携带基础信息，初始化标识更新，完成初始化，再进行部分闸瓦更换；检修的，按规定对零部件进行初始化，针对运用三车典故或"多 T"故障预警进行点对点销号，并将销号故障反馈给诊断模型，再实施全部闸瓦更换；临修的，直接运用三车典故、"多 T"故障预警销号，针对有换轮或配件更换的，系统自动携带车辆轮轴信息、配件信息，初始化标识允许重新初始化，再更换闸瓦，无须换轮或配件的直接更换部分闸瓦。

最后，更新车列、零部件基本信息后，车列可继续运行。

1. 故障位数的预处理

针对 TPDS、TADS 上报的故障相对标签安装位数进行绝对位数的转换，将报文中 A1～A8 结合 HCCBM 初始化车辆标签安装位数，确定具体故障对应的绝对配件位数。针对 THDS 上报的 AB 端，结合 HCCBM 初始化车辆标签安装位数，确定具体故障对应的绝对配件位数。具体描述为将车辆端部距离标签较近的一端定义为名义一位端，另一端为名义二位端。从名义二位端看向名义一位端，距离名义一位端最近的第 1 根车轴的右侧轴承定义为 A1，左侧轴承定义为 A2；第 2 根车轴的右侧轴承定义为 A3，左侧轴承定义为 A4，以此类推。轴位的定义与车辆运行方向无关。当标签安装在车辆结构的一位端时 A1～A8 与车辆结构 1～8 正序对应；当标签安装在车辆结构二位端时 A1～A8 与车辆结构 1～8 反序对应，具体详见图 5.20。

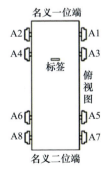

图 5.20　标签定位图示

2. 相同故障预处理

针对典型故障，同一辆车、相同故障、相同位数，只保留日期最新的故障记录，其他故障标记为"相同故障"做销号处理。

针对"多 T"故障，在没有和"多 T"综合系统闭环处理之前，目前系统自动销号处理原则如下：

(1) TPDS 故障取消，即对预报大于 30 天的"踏面损伤故障"自动销号。

(2) THDS 故障取消，即时间大于 60 天，历史仅预报过一次的"微热"故障自动销号。

(3) TADS 故障取消，即时间大于 60 天，历史仅预报过一次的"TADS"故障自动销号。

3. 故障闭环处理

HMIS(段修、厂修、临修)整车落成数据上传到状态修数据中心，系统根据检修车，将车辆对应的故障进行批量销号处理。状态修数据中心(Z1 修至 Z4 修)根据各工位录入的数据进行点对点销号，具体处置标准如下。

对发送的"多 T"故障不允许填写确认结果：不存在、无法确认。针对"多 T"故障增加确认结果：转动检查无异常，施修方法：放行。外观检查无异常，施修方法：放行。

1) THDS 处置标准

对 30 日内预报的微热轴承按规定进行起轴转动检查。HCCBM"故障核实结果"填写规范如下。

(1) 起轴转动检查无异常，填写转动检查无异常，施修方法：放行。

(2) 起轴转动检查有故障，填写故障描述，扣修。

对大于 30 日内预报的微热轴承按规定进行外观检查。HCCBM"故障核实结果"填写规范如下。

(1) 外观检查无异常，填写转动检查无异常，施修方法：放行。

(2) 外观检查有故障，填写故障描述，扣修。

2) TADS 处置标准

对 30 日内预报三级故障 2 次及以上的轴承和二级以上的轴承进行起轴转动检查，其他轴承进行外观检查。HCCBM"故障核实结果"填写规范如下。

(1) 起轴转动检查无异常，填写转动检查无异常，施修方法：放行。

(2) 起轴转动检查有故障，填写故障描述，扣修。

(3) 外观检查无异常，填写转动检查无异常，施修方法：放行。

(4) 外观检查有故障，填写故障描述，扣修。

3) TPDS 处置标准

对运行状态不良预警车和踏面损伤预警车轮按规定进行检查处理，HCCBM "故障核实结果" 填写规范如下。

(1) 检查无异常，填写检查无异常，施修方法：放行。

(2) 检查有故障，填写故障描述，扣修。

对未进行销号处理的车辆进行修竣卡控。

系统对 "多 T" 故障销号实施闭环管理，流程如图 5.21 所示，分为如下步骤。

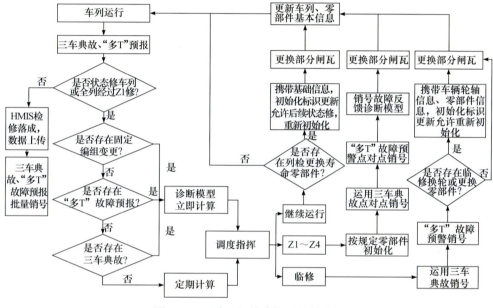

图 5.21　"多 T" 故障闭环销号流程

　　首先，系统获取车列运行状态，判断是否状态修车列或全列经过 Z1 修。若经过 Z1 修，则判断是否存在固定编组变更、是否存在 "多 T" 故障预报、是否存在三车典故，有其中一个，则由诊断模型立即计算出诊断报告发送给调度指挥；若都没有，则进行定期计算，诊断报告发送给调度指挥。

　　然后，调度指挥车辆到不修继续运行、相应修程检修或临修。继续运行的，系统判断其是否存在列检更换寿命零部件，无须更换的继续运行，需要更换的系统自动携带基础信息，初始化标识更新，完成初始化，再进行部分闸瓦更换；检修的，按规定对零部件进行初始化，针对运用三车典故或 "多 T" 故障预警进行点对点销号，并将销号故障反馈给诊断模型，再实施全部闸瓦更换；临修的，直接运用三车典故、"多 T" 故障预警销号，针对有换轮或零部件更换的，系统自动携带车辆轮轴信息、零部件信息，初始化标识更新允许重新初始化，再更换闸瓦，无须换轮或零部件的直接更换部分闸瓦。

最后，更新车列、零部件基本信息后，车列可继续运行。

4. 故障一致率分析

HCCBM 数据中心支持对“多 T”故障预报与处理情况进行统计，支持对“多 T”预报和处理情况的跟踪，支持日、月、年累计，支持对故障明细的跟踪。HCCBM 数据中心对“多 T”销号情况进行跟踪，可以对检修单位进行分类，对故障发布的一致性进行明细跟踪。截至 2021 年 10 月，统计“多 T”故障一致率为 70%(图 5.22)，“多 T”故障预报与实际检修故障一致率统计结果如图 5.23 所示。

图 5.22　“多 T”故障一致性分析

发布故障一致查询

序号	小列车次	车号	车型	发现单位	通过时间	多T故障描述	是否一致	销号时间	销号原因	末次检修修程	末次检修时间	核实人	核实单位	核实时间	检修故障	施修方法	检修时间
1	7103	0033809	C70A	朱盖塔(列检)	2024-02-26	2位TC型-弹性旁承-旁承滚子与	不存在			在线整备	2023-08-28	何月	神池	2024-05-06			
2			C70A	朱盖塔(列检)	2024-03-03	4位TC型-弹性旁承-旁承滚子与	不存在			在线整备	2023-08-28	何月	神池	2024-05-06			
3		0031551	C70A	朱盖塔(列检)	2024-04-15	1位C车-侧墙板-腐蚀穿孔	一致	2024-05-06	Z2修	在线整备	2023-08-28	张智超	神池	2024-05-04	(1位车体)1位侧墙板腐蚀1个	更换	2024-05-04
4	8049	0039170	C80	神木北(列检)	2024-04-20	3位353130B型-油封-失效	不存在	2024-05-06	Z1修	Z3修	2022-11-05	庞子珺	黄骅港整备线	2024-05-06			
5		0039171	C80	神木北(列检)	2024-04-20	3位353130B型-油封-失效	不存在	2024-05-06	Z1修	Z3修	2022-11-05	庞子珺	黄骅港整备线	2024-05-06			
6			C80	朱盖塔(列检)	2024-05-01	通用配件-防脱连杆圆销-丢失	不存在	2024-05-06	Z1修	Z3修	2022-11-05	庞子珺	黄骅港整备线	2024-05-06			
7		0035093	C80	神木北(列检)	2024-04-20	4位353130B型-油封-失效	不存在	2024-05-06	Z1修	Z3修	2022-11-02	王鑫宇	黄骅港整备线	2024-05-06			
8		0034510	C80	神池南(列检)	2024-05-04	2位(HEZD型)踏面圆周磨耗超限	一致	2024-05-06	Z1修	Z3修	2022-11-04	庞子珺	黄骅港整备线	2024-05-06	(1位轮轴)2位踏面圆周磨耗超限	更换	2024-05-06
9	8535	9014780	C80	黄骅港(列检)	2024-05-01	6位(HEZD型)轮辋厚度超限22.8	一致	2024-05-06	Z1修	Z4修	2022-09-07	耿国明	黄骅港整备线	2024-05-05	(3位轮轴)6位轮辋厚度超限22.8	更换	2024-05-05
10		9014752	C80	肃宁北(列检)	2024-05-04	(KZW-A型)横跨梁变形1根	一致	2024-05-06	Z1修	Z4修	2022-09-07	庞子珺	黄骅港整备线	2024-05-05	(1位空气制动装置)1位横跨梁变	更换	2024-05-05
11	8567	9014816	C80	朱盖塔(列检)	2024-04-30	通用配件-防脱连杆圆销-丢失	不存在	2024-05-05	Z1修	Z4修	2022-10-07	庞子珺	黄骅港整备线	2024-05-05			
12		9014815	C80	朱盖塔(列检)	2024-04-30	通用配件-防脱连杆圆销-丢失	不存在	2024-05-05	Z1修	Z4修	2022-10-07	庞子珺	黄骅港整备线	2024-05-05			
13		0028402	C80	神池南(列检)	2024-05-03	4位(HEZD型)踏面圆周磨耗超限	一致	2024-05-05	Z1修	Z4修	2022-10-07	庞子珺	黄骅港整备线	2024-05-05	(2位轮轴)4位踏面圆周磨耗超限	更换	2024-05-05
14		0026447	C80	朱盖塔(列检)	2024-04-30	通用配件-防脱连杆圆销-丢失	不存在	2024-05-05	Z1修	在线整备	2023-04-10	庞子珺	黄骅港整备线	2024-05-05			
15		0021747	C80	朱盖塔(列检)	2024-04-04	1位17型-下锁销孔处-裂损20毫	不存在	2024-05-05	Z1修	Z4修	2022-10-07	耿国明	黄骅港整备线	2024-05-05			
16		0028394	C80	南坪（列检）	2024-05-03	缓解手柄关闭	不存在	2024-05-05	Z1修	Z4修	2022-10-08	耿国明	黄骅港整备线	2024-05-05			
17		9014891	C80	神木北(列检)	2024-03-29	8位353130B型-油封-失效	不存在	2024-05-05	Z1修	Z4修	2022-10-06	曹仕杰	黄骅港整备线	2024-05-05			
18		9014821	C80	朱盖塔(列检)	2024-04-30	通用配件-防脱连杆圆销-丢失	不存在	2024-05-05	Z1修	Z4修	2022-10-05	曹仕杰	黄骅港整备线	2024-05-05			
19		0028419	C80	神木北(列检)	2024-03-29	4位353130B型-油封-失效	不存在	2024-05-05	Z1修	Z4修	2022-10-07	曹仕杰	黄骅港整备线	2024-05-05			
20		0029411	C80	朱盖塔(列检)	2024-04-30	通用配件-防脱连杆圆销-丢失	不存在	2024-05-05	Z1修	Z4修	2022-10-07	曹仕杰	黄骅港整备线	2024-05-05			
21		0018464	C80	南坪（列检）	2024-05-03	缓解手柄关闭	不存在	2024-05-05	Z1修	Z4修	2022-10-06	杨佳飘	黄骅港整备线	2024-05-05			
22	8477	0016733	C80	神木北(列检)	2024-01-10	7位353130B型-油封-失效	一致	2024-05-05	Z1修	Z4修	2022-08-09	庞子珺	黄骅港整备线	2024-05-04	(4位轮轴)7位油封失效	更换	2024-05-04
23		0026341	C80	黄骅港(列检)	2024-04-25	2位(HEZD型)踏面圆周磨耗超限	一致	2024-05-05	Z1修	Z4修	2022-08-06	王鑫宇	黄骅港整备线	2024-05-04	(1位轮轴)2位踏面圆周磨耗超限	更换	2024-05-04
24		0017458	C80	神池南(列检)	2024-01-18	2位KZW-A型-限压阀-破损20毫	不存在	2024-05-05	Z1修	Z4修	2022-08-06	耿国明	黄骅港整备线	2024-05-04			
25		0017623	C80	黄骅港(列检)	2024-04-25	8位(HEZD型)踏面圆周磨耗超限	一致	2024-05-05	Z1修	Z4修	2022-08-08	曹仕杰	黄骅港整备线	2024-05-04	(4位轮轴)8位踏面圆周磨耗超限	更换	2024-05-04
26	8015	0084160	C80	朱盖塔(列检)	2024-05-02	通用配件-防脱连杆圆销-丢失	不存在	2024-05-04	Z1修	Z2修	2023-05-14	王鑫宇	黄骅港整备线	2024-05-03			
27		0044899	C80	神池南(列检)	2024-04-16	1位(17型)钩体牵引台裂纹45毫	一致	2024-05-04	Z1修	Z2修	2023-05-14	王鑫宇	黄骅港整备线	2024-05-03	(1位车钩缓冲装置)1位钩体牵引	更换	2024-05-03
28		0084241	C80	南坪（列检）	2024-04-27	1位(MT-2型)腹板件破损10*120	不存在	2024-05-04	Z1修	Z2修	2023-05-12	庞子珺	黄骅港整备线	2024-05-03			
29			C80	朱盖塔(列检)	2024-05-02	1位HM-1型-腹板件-破损30*100	不存在	2024-05-04	Z1修	Z2修	2023-05-12	庞子珺	黄骅港整备线	2024-05-03			

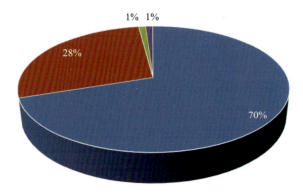

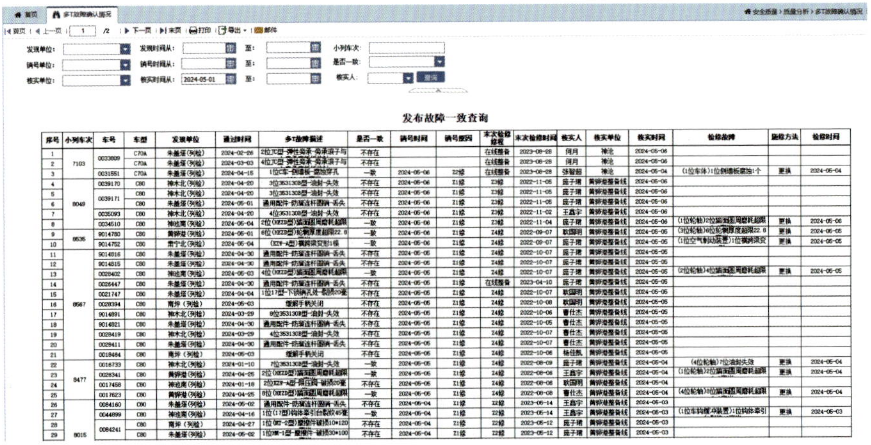

图 5.23　“多 T”故障预报与实际检修故障一致率统计

5.2.5　状态修列车典故率

为了真实核查车辆检修后的质量水平,需要对检修后车辆运行质量进行跟踪,通过对比分析检修后不同时间段内车辆发生的典型故障,评价按照修程进行检修的车辆的真实质量,设定 Z1 修至 Z4 修典故率统计指标。Z1 修至 Z4 修典故率的统计解决了传统的按照时间范围估算典型故障发生比例的问题,实现将每个典型故障、典型故障发生时间落实到具体车号,便于更加精准掌握定检车辆真实质量。其中,首次发现故障指车辆在相同前次定检(Z1 修至 Z4 修、厂修、段修)后首次发现的故障,再发生同车号、同位数、同故障编码的故障,以第一条故障为准,后续故障算作重复故障统一处理不计入故障库。

本节通过举例说明"末次修程"与"首次发现故障"之间的关系。例如,某车 0066568 在 2020 年 6 月 3 日做了 Z1 修,且后面没有再做过其他定检,则该车的"末次修程"为 Z1 修。该车 1 位车轮的一个典型故障 A 与 2020 年 7 月 1 日 02:16:56 首次被轨边监测设备监测到,则该故障 A 可以称为车辆 0066568 在 2020 年 6 月 3 日末次修程 Z1 修后的"首次发现故障"。后续与故障 A 相同的多条故障又在其他轨边监测设备被监测到多次,系统会统一做去重处理。若车辆 0066568 在 2020 年 10 月又做了 Z2 修,则该车"末次修程"变更为 Z2 修,此时故障 A 已经不是该车 Z2 修后的"首次发现故障",故不会统计到该 Z2 修典型故障中。

1. Z1 修典故率

1) Z1 修典故数统计算法说明

(1) 选取"末次修程"为 Z1 修的车辆为统计基数。

(2) 统计的故障属于"典型故障",即统计的故障需要从典型故障库中筛选;典型故障来源于 HMIS 中所有的(去重处理)故障,且该故障为"末次修程"为 Z1 修后首次发现的故障。

(3) 表格"天数"根据典型故障发生的时间与"末次修程"为 Z1 修时间之间相差的天数进行统计,例如,某车"末次修程"为 Z1 修,Z1 修检修时间为 2020-09-26,某次典型故障发生时间为 2020-10-16,则将该典型故障统计到"0-30"的天数内;某车"末次修程"为 Z1 修,检修时间为 2020-09-26,某次典型故障发生时间为 2020-12-16,则将该典型故障统计到"60-90"的天数内。

(4) 单位默认为"黄骅港整备线"。

2) Z1 修车数统计算法说明

(1) 选取"末次修程"为 Z1 修的车辆为统计基数。

(2) 表格"天数"根据"末次修程"为 Z1 修的检修时间与所选查询时间之间相差的天数进行统计,例如,某车"末次修程"Z1 修时间为 2019-09-26,输入的查询时间为 2020-10-16，则将该车统计到"0-30"的天数内；某车"末次修程"为 Z1 修的时间为 2020-09-26，输入的查询时间为 2020-12-16，则将该车统计到"60-90"的天数内。

(3) 单位默认为"黄骅港整备线"。

3) Z1 修故障率计算分析

Z1 修故障率等于对应"天数"下的 Z1 修发生典型故障数除以 Z1 修车数再乘以 100%。

4) Z1 修典故率示例

单位"黄骅港整备线"，试验列 Z1 修典故率示例如图 5.24 所示。

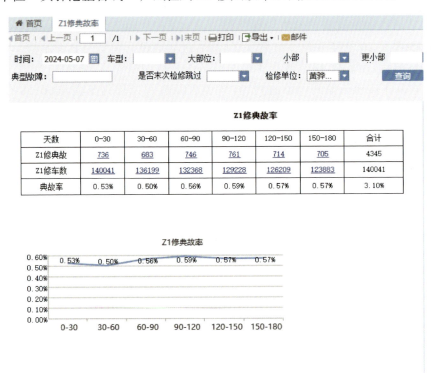

图 5.24　Z1 修典故率图

2. Z2/Z3/Z4 修典故率

1) Z2/Z3/Z4 修典故数统计算法说明

(1) 选取"末次修程"为 Z2/Z3/Z4 修的车辆为统计基数。

(2) 统计的故障属于"典型故障",即统计的故障需要从典型故障库中筛选;典型故障来源于 HMIS 中所有的(去重处理)故障,且该故障为"末次修程"Z2/Z3/Z4 修后首次发现的故障。

(3) 表格"天数"根据典型故障发生的时间与"末次修程"为 Z2/Z3/Z4 修时间之间相差的天数进行统计,例如,某车"末次修程"为 Z2/Z3/Z4 修,Z2/Z3/Z4 修检修时间为 2020-09-26,某次典型故障发生时间为 2020-10-16,则将该典型故障统计到"0-30"的天数内;某车"末次修程"为 Z2/Z3/Z4 修,检修时间为 2020-09-26,某次典型故障发生时间为 2020-12-16,则将该典型故障统计到"60-90"的天数内。

(4) 默认为"C80"车型。

2) Z2/Z3/Z4 修车数统计算法说明

(1) 选取"末次修程"为 Z2/Z3/Z4 修的车辆为统计基数。

(2) 表格"天数"根据"末次修程"为 Z2/Z3/Z4 修的检修时间与所选查询时间之间相差的天数进行统计,例如,某车"末次修程"Z2/Z3/Z4 修时间为 2019-09-26,输入的查询时间为 2020-10-16,则将该车统计到"0-30"的天数内;某车"末次修程"为 Z2/Z3/Z4 修时间为 2020-09-26,输入的查询时间为 2020-12-16,则将该车分别统计到"60-90"的天数内。

(3) 车型默认为"C80"。

3) Z2/Z3/Z4 修故障率

Z2/Z3/Z4 修故障率等于对应"天数"下的对应修程发生的典故数除以对应修程修车数再乘以 100%。

4) 段修/厂修典故数统计算法说明

(1) 选取"末次修程"为段修/厂修的车辆为统计基数。

(2) 统计的故障属于"典型故障",即统计的故障需要从典型故障库中筛选;典型故障来源于 HMIS 中所有的(去重处理)故障,且该故障为"末次修程"段修/厂修后首次发现的故障。

(3) 表格"天数"根据典型故障发生的时间与"末次修程"为段修/厂修时间之间相差的天数进行统计,例如,某车"末次修程"为段修/厂修,段修/厂修检修时间为 2020-09-26,某次典型故障发生时间为 2020-10-16,则将该典型故障统计到"0-30"的天数内;某车"末次修程"为段修/厂修,检修时间为 2020-09-26,某次典型故障发生时间为 2020-12-16,则将该典型故障统计到"60-90"的天数内。

（4）默认为"C80"车型。

5）段修/厂修车数统计算法说明

（1）选取"末次修程"为段修/厂修的车辆为统计基数。

（2）表格"天数"根据车辆 Z1 修检修时间与所选查询时间之间的差值进行统计，例如，某车某次段修/厂修时间为 2019-09-26，输入的查询时间为 2020-10-16，则将该车统计到"0-30"的天数内；某车某次段修/厂修时间为 2020-09-26，输入的查询时间为 2020-12-16，则将该车统计到"60-90"的天数内。

（3）车型默认为"C80"。

6）段修/厂修故障率

段修/厂修故障率等于对应"天数"下的段修/厂修发生的典故数除以段修/厂修车数再乘以 100%。

7）Z2 修典故率示例

以 Z2 修为示例，试验列 Z2 修典故率统计结果如图 5.25 所示。

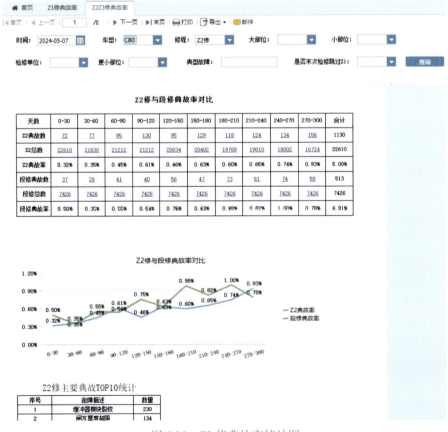

图 5.25　Z2 修典故率统计图

5.3　状态修数字化生产模型

5.3.1　数字化生产模型的建立

设计数字化生产流程配置模型如图 5.26 所示，可以按铁路货车 BOM 中的配件逻辑关系实现配件从收入、解体、探伤、检修、组装、支出的上下工序流程之间的灵活配置，预先设定不同状态配件的不同工艺流程，同时对每个配件的每个采集界面可以实现数据采集范围、是否为空等关键指标的预先设定，这样形成数字化状态修的检修模型，将业务流程与信息化流程进行深度融合，使信息化各节点与业务节点一一对应，形成状态修生态数据链，最终形成 C70、C80 两个系列的车体结构模型；Z1 修至 Z4 修四个状态修修理等级的车辆检修工艺模型；19 个零部件的工艺流水线模型；短期预测、长期预测两个车辆修程预测模型；沧州、肃宁两个维修分公司、整备线共三套人员作业生产组织模型，整体降低人工录入强度，为数据分析、数据挖掘奠定基础，实现现场无纸化作业。

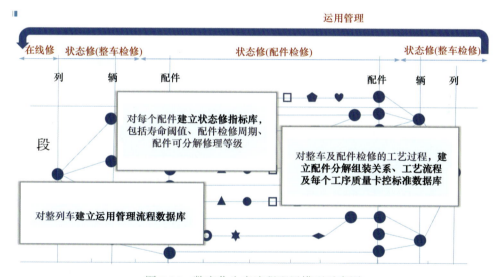

图 5.26　数字化生产流程配置模型示意图

5.3.2　配件标识跟踪原理

为解决零部件需要全寿命周期总里程跟踪和目前车辆检修过程中重要零部件换件修的矛盾，利用零部件唯一的标识与零部件历次检修唯一标识关联，同时依据各配件特点应用不同的跟踪媒介，实现了配件全寿命周期的单件追踪。

1. 唯一标识的物理标签跟踪媒介

全寿命跟踪配件可采用多种唯一标签媒介作为数据传递载体，具体媒介选择及跟踪数据流程如图 5.27 所示。

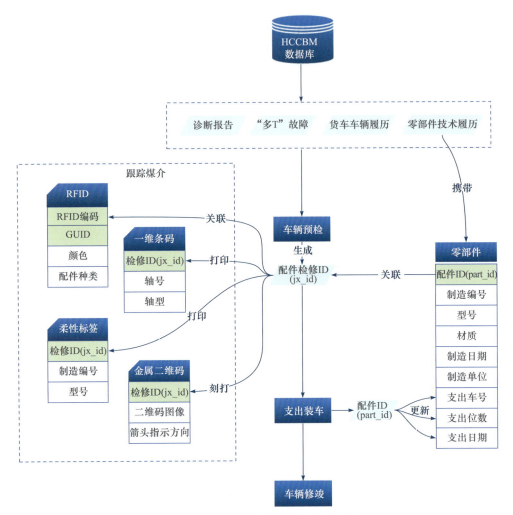

图 5.27　关键零部件追踪数据流程图

状态修数据中心根据配件技术特点，应用了多种跟踪媒介，例如：在摇枕、侧架、制动梁、车钩缓冲、制动阀等流水线，采用了绑定 RFID 标签的跟踪方式；在轮轴各级修程检修线，采用了纸质一维条形码标签打印粘贴的跟踪方式；在轴承检修流水线，轴承退卸时，在轴承凹槽刻打金属二维码标识的方式，实现轴承信息的传递，避免每次检修均需绑定及解绑标签。

2. 跟踪过程重点注意事项

零部件检修生产过程中涉及从供应商、各异地检修车间往复发送及车间内部各流水线之间传递、检修、设备数据共享、组装等复杂过程，如图 5.28 所示，建立配件跟踪标识，将配件与标签进行绑定，全程跟踪零部件检修信息。为避免每次零部件检修生产过程中需频繁绑定及解绑标签，并解决配件跟踪标识建立过程中涉及的问题，需要考虑在工序流转过程中父子级零部件分解过程中信息的传递的问题，需要解决探伤、打沙过程中标签与零部件分离及后续匹配的问题，针对集中加修异地配送的零部件检修信息需考虑跨服务器的数据传输或者对唯一标识本身的状态信息写入问题，为每个检修环节设计关键业务解决方案。

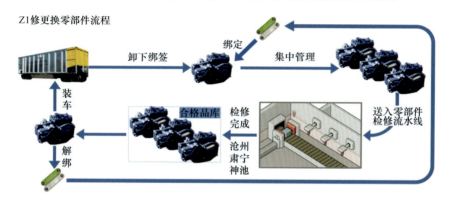

图 5.28　Z1 修零部件异地更换流程

5.3.3　基于生产节拍的作业过程数字化实景跟踪

1. 标准化工位作业内容采集和流转

每个岗位按生产模型设置好的采集内容、流转顺序进行数据采集，例如：在配件收入岗位，从货车履历中把车轴等配件基本信息加载到录入信息页面，并更新检修作业相应信息，按标准采集数据后，根据系统设置的工序作业关系自动流转。

以标签识别为依托，实现基于精度到秒级的生产作业过程跟踪，界面如图 5.29 所示。

	☐	轴号	轴型	单号	录入日期	上一工位点	当前工位点	开工日期	完工日期	发送者	处理者
1	☐	32912	RE2B	Z75522050572	2022-05-06 10:08	041001_1轮对收入	041001_1轮对收入	2022-05-06 10:08	2022-05-06 10:08	***	***
2	☐	32912	RE2B	Z75522050572	2022-05-06 10:08	041021_1支出尺寸检查	041022_1轮对现车支出			***	***
3	☐	32912	RE2B	Z75522050572	2022-05-06 10:08	041002_1段修轮对收入…	041021_1支出尺寸检查	2022-05-06 10:08	2022-05-06 10:08	***	***
4	☐	32912	RE2B	Z75522050572	2022-05-06 10:08	041004_1轴承外观检查	041002_1段修轮对收入检测	2022-05-06 10:08	2022-05-06 10:08	***	***
5	☐	32912	RE2B	Z75522050572	2022-05-06 10:08	041001_1轮对收入	041004_1轴承外观检查	2022-05-06 10:08	2022-05-06 10:08	***	***
6	☐	32912	RD2	Z75521036610	2021-03-26 09:57	041001_1轮对收入	041001_1轮对收入	2021-03-26 09:57		***	***
7	☐	32912	RD2	Z75521012830	2021-01-13 09:22	041001_1轮对收入	041001_1轮对收入	2021-01-13 09:22		***	***

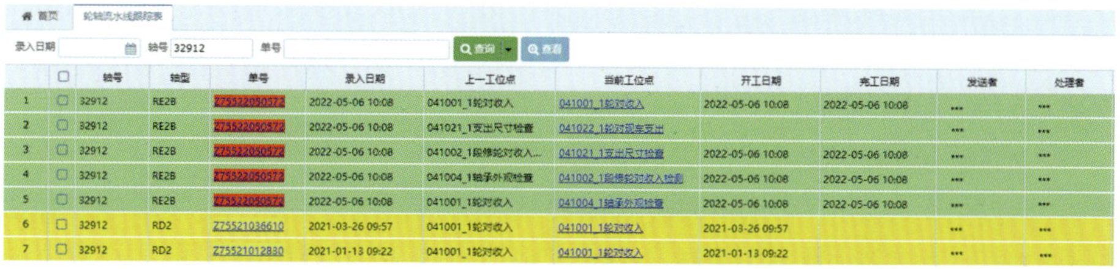

图 5.29　基于生产节拍的数据采集

2. 检修作业过程标准化卡控

利用模型在生产过程中实现机控代替人控，实现基于生产节拍的生产过程仿真及现场无纸化作业。在检修工位录入界面中，对每个尺寸增加卡控，不合格尺寸在录入时，给出错误提示，并且提示正确的尺寸范围，如图 5.30 所示。由于不同型号、新旧零部件的尺寸限度要求不同，系统增加可以维护的尺寸卡控功能，用于状态修新增零部件的尺寸限度维护。

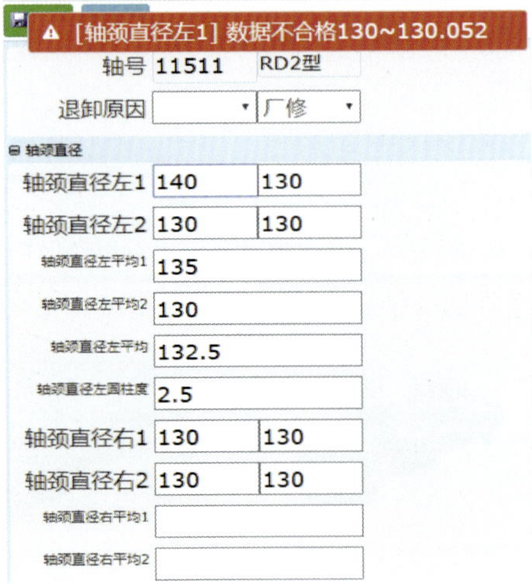

图 5.30　测量尺寸不合格报警图示

3. 检修过程中点对点故障销号和修理故障的采集

1) 系统增加了故障采集的维度，落实到专人

系统增加了故障的面积、体积等二维、三维数据的录入，为进一步研究零部件故障发生规律及性能失效规律提供了更加翔实的基础数据。另外，系统在 HMIS 故障采集机制的基础上，还增加了故障处理的人员和时间，完善了故障的责任到人。

2) 增加故障与物料的关联卡控

系统将配件的故障和物料的报废、领料进行关联控制，在配件返厂大修、配件报废环节，必须采集对应的故障，否则系统将进行卡控，配件不能进行返厂、报废或进行相关的领料。

3) 增加故障和检修过程的关联拓展

系统在故障采集过程中增加检修故障的下车车号、位数，装车车号、位数，改变了传统车辆故障检修管理模式，使车辆检修故障能跟踪到车号、小列编组、编组序位等细节，配件检修故障跟踪到配件，建立了配件的树形级联关系。例如，钩舌的故障录入也可以追溯到下车车号和装车车号(图 5.31)，为配件全过程的寿命跟踪及质量的变化趋势分析提供了可能。

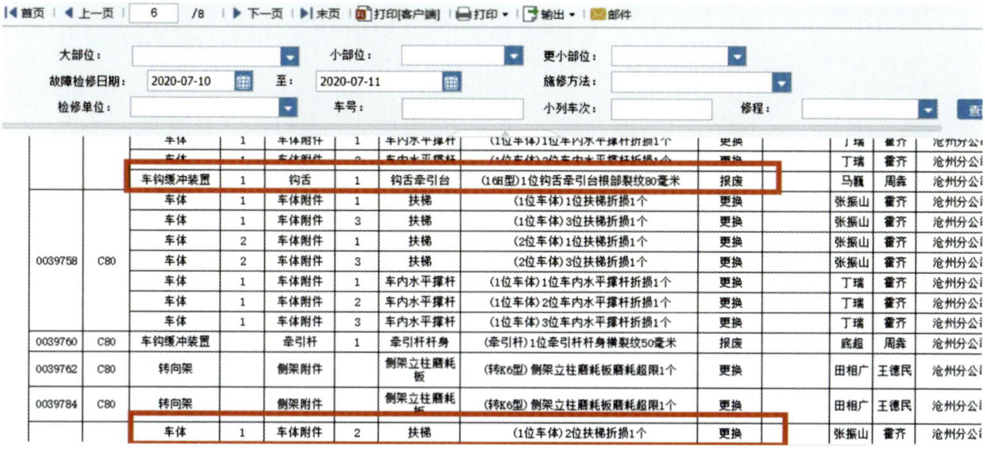

		车体	1	车体附件	1	车内水平撑杆	(1位车体)1位车内水平撑杆折损1个	更换	丁瑞	霍齐	沧州分公
		车体	1	车体附件	2	车内水平撑杆	(1位车体)2位车内水平撑杆折损1个	更换	丁瑞	霍齐	沧州分公
		车钩缓冲装置	1	钩舌	1	钩舌牵引台	(16H型)1位钩舌牵引台根部裂纹80毫米	报废	马巍	周犇	沧州分公
0039758	C80	车体	1	车体附件	1	扶梯	(1位车体)1位扶梯折损1个	更换	张振山	霍齐	沧州分公
		车体	1	车体附件	3	扶梯	(1位车体)3位扶梯折损1个	更换	张振山	霍齐	沧州分公
		车体	2	车体附件	1	扶梯	(2位车体)1位扶梯折损1个	更换	张振山	霍齐	沧州分公
		车体	2	车体附件	3	扶梯	(2位车体)3位扶梯折损1个	更换	张振山	霍齐	沧州分公
		车体	1	车体附件	1	车内水平撑杆	(1位车体)1位车内水平撑杆折损1个	更换	丁瑞	霍齐	沧州分公
		车体	1	车体附件	2	车内水平撑杆	(1位车体)2位车内水平撑杆折损1个	更换	丁瑞	霍齐	沧州分公
		车体	1	车体附件	3	车内水平撑杆	(1位车体)3位车内水平撑杆折损1个	更换	丁瑞	霍齐	沧州分公
0039760	C80	车钩缓冲装置		牵引杆	1	牵引杆杆身	(牵引杆)1位牵引杆杆身横裂纹50毫米	报废	庑超	周犇	沧州分公
0039762	C80	转向架		侧架附件		侧架立柱磨耗板	(转K6型) 侧架立柱磨耗板磨耗超限1个	更换	田相广	王德民	沧州分公
0039784	C80	转向架		侧架附件		侧架立柱磨耗板	(转K6型) 侧架立柱磨耗板磨耗超限1个	更换	田相广	王德民	沧州分公
		车体	1	车体附件	2	扶梯	(1位车体)2位扶梯折损1个	更换	张振山	霍齐	沧州分公

图 5.31　配件关联关系表

4) 运行故障收集推送及闭环管理

在车辆运行过程中，“多 T”预报的故障将在数据中心进行汇总。在车辆经过 Z1 修至 Z4 修检修基地时，HCCBM 数据中心会将故障数据随诊断报告一起推送到检修基地的 HCCBM。

检修基地工作者可查看“多 T”故障的名称、故障等级、最后一次报警站点、报警时间、累计报警次数、故障图片等信息。工作者根据数据中心推送的“多 T”故障，进行现车故障核实，确认运行故障是否存在，并将误报的故障进行关闭。对于确实存在的运行故障，系统将故障精准推送到相关检修工位，实现故障精准施修。

“多 T”故障处理完毕后，HCCBM 数据中心记录施修方法、处理时间、处理单位等信息。已经处理的“多 T”故障，将不再推送到下一个检修列检或整备车间。由此形成“多 T”故障的完整闭环。

4. 无纸化作业场景

目前货车状态修已经形成生产线无纸化作业，形成数字化一车一档，无纸化与传统人工记录现场对比如图 5.32 所示。

图 5.32　现场无纸化作业与传统人工记录现场对比

5.3.4　生产模型网络环境的应用拓展

1. 工业物联网环境的使用

为了保证 Z1 修作业人员采用户外手持机操作、北斗卫星定位等移动状态监控设备数据在沿线的上传，本书在全路货车检修领域首次使用中国移动通信服务完成了物联网专网接入点(access point name，APN)专线，如图 5.33 所示，支持铁路货车运营单位安全生产网数据，同中国移动专网数据全过程共享，为沿线移动运行的设备和神华广域网范围外的设备采集打通了通道。

图 5.33　中国移动物联网 APN 专线部署架构

2. 异地工位级生产数据采集

全路首次实现异地工位级生产数据采集，采集过程如图 5.34 所示，支持肃宁和沧州的 HCCBM 数据库统一部署，目前 Z1 修至 Z4 修四个修理等级、两个维修分公司稳定并行，肃宁的工位机、手持机直接连沧州的应用服务器，这是全路首次在工位流水线级别的异地生产流水线的部署。

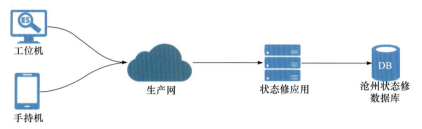

工位机　　手持机　　生产网　　状态修应用　　沧州状态修数据库　DB

图 5.34　异地工位级生产数据采集过程

肃宁全部模块均链接沧州生产网，各项数据无须上传下载，减少了数据上传下载(货车履历、零部件唯一标识、车辆、零部件运行里程、诊断报告等)环节，数据更完整准确，同时各维修分公司的零部件检修工艺流程不同，设备接入方式、厂家不同；应用程序需同时适应各应用单位。

5.3.5　数字化生产模型验证

数字化生产模型的最后环节，需要将各项诊断模型数据反馈结果和真实数据对比，并将对比结果不断反馈给模型，通过模型的自学习迭代，逐步优化模型的准确性，在当前尚无设备实时监测数据的情况下，利用当前已有数据进行模型验证工作，截至目前系统已经支撑实现了 Z1 修启动条件的验证。

1. 圆周磨耗和里程关系数据获取

针对 Z2 修至 Z4 修启动条件，最重要的是踏面圆周磨耗的预测的准确性。通过上述数字化流程对 Z2 修至 Z4 修的车轮采用全流程唯一标识跟踪，将轴号、车轴制造日期、车轴制造单位、首装日期、首装单位作为分组条件，追溯到前次检修轮对装车情况，进一步对数据进行治理，过滤掉前次支出为空的、前次支出车轮直径小于本次收入车轮直径的，运行里程、踏面圆周磨耗异常的数据，累计整合沧州分公司 2011 年全年收入轮对的前次检修到本次检修踏面圆周磨耗按里程分布数据 5 万余条，数据项点见表 5.8。

表 5.8　踏面圆周磨耗按里程分布计算要素表

序号	数据项
1	小列车次
2	扣车时间
3	收入车号
4	车种车型

序号		数据项
5		收入轴位
6		收入日期
7		收入单位
8		收入原因
9		轴号
10		车轮型号
11		磨耗值
12		运用里程增量
13	本次收入	收入车轮踏面磨耗
14		收入车轮直径
15		收入车轮径差
16		收入车轮轮缘厚
17		收入车轮轮辋厚
18		收入车轮轮辋宽
19		修程旋面
20		修程送厂
21		支出原因
22	前次支出	前次支出日期
23		前次支出轴位
24		前次支出车轮踏面磨耗
25		前次支出车轮直径
26		前次支出车轮径差
27		前次支出车轮轮缘厚
28		前次支出车轮轮辋厚
29		前次支出车轮轮辋宽
30		前次修程旋面
31		前次修程送厂
32		前次支出原因

2. 踏面圆周磨耗按里程维度分析

对所获取的数据和业务专家一起对可能会影响踏面圆周磨耗的维度进行分析,包括多维圆周磨耗/里程分析(图 5.35)、运行里程按圆周磨耗分布分析(图 5.36)、圆周磨耗按运行里程分布分析(图 5.37)、圆周磨耗按里程递增趋势(图 5.38)、圆周磨耗按运行里程比例分析(图 5.39),补充可能影响的维度。

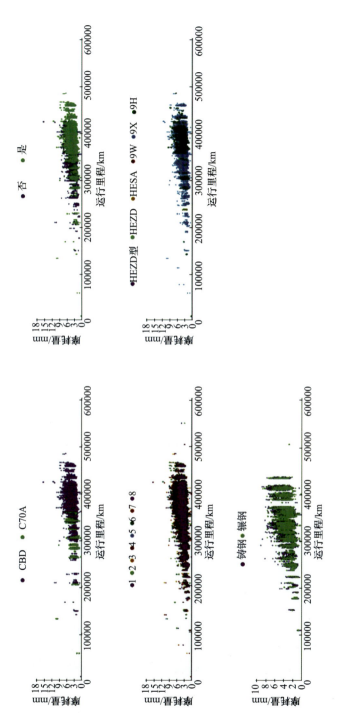

图5.35　多维圆周磨耗/里程分析

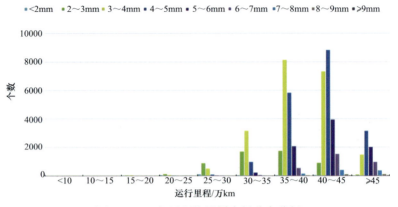

图 5.36　运行里程按圆周磨耗分布分析

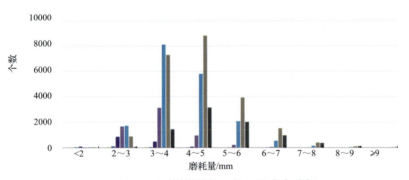

图 5.37　圆周磨耗按运行里程分布分析

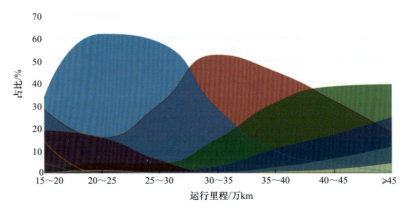

图 5.38　圆周磨耗按里程递增趋势图

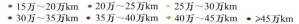

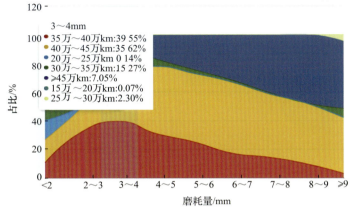

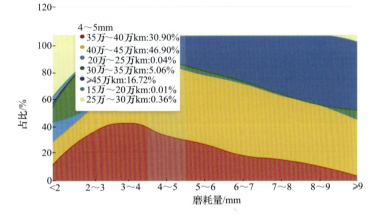

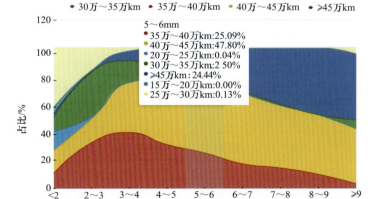

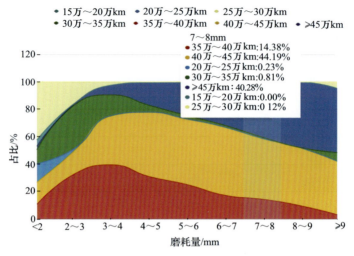

图 5.39　圆周磨耗按运行里程比例分析

3. 失效规律接口获取预测数据

目前根据试验列数据已经初步建立失效规律模型,通过失效规律的业务接口,获取失效规律模型对车轮踏面圆周磨耗的个体预测值和总体预测值,具体预测字段见表 5.9。

表 5.9　失效规律课题反馈数据表字段

序号	失效规律	字段
1		预测车轮踏面
2	预测车轮踏面圆周磨耗	预测车轮踏面(MAX)
3		预测车轮踏面(MIN)
4		预测车轮直径
5	预测车轮直径	预测车轮直径(MAX)
6		预测车轮直径(MIN)
7		预测车轮轮缘厚
8	预测车轮轮缘厚	预测车轮轮缘厚(MAX)
9		预测车轮轮缘厚(MIN)

4. 实测和模型预测数据对比分析

针对失效规律模型个体预测值和总体预测值,进行差异对比,结果如图 5.40 和图 5.41 所示,并通过接口反馈预测差异,辅助模型持续迭代。

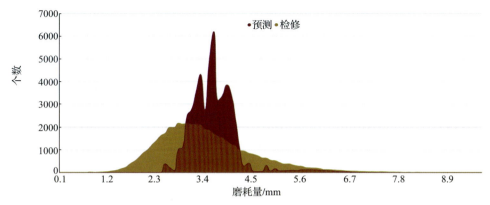

图 5.40　踏面磨耗个体预测多维差异分析

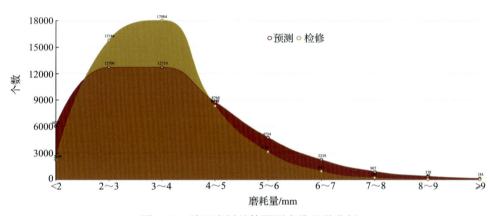

图 5.41　踏面磨耗总体预测多维差异分析

5.4　数字化生产模型数据流过程监控

5.4.1　完整性

(1) 对从 HMIS 获取的落成信息、货车履历、三车典故跟踪验证，展示各类接口末次执行时间如图 5.42 所示；对"多 T"报文上报的流量进行跟踪，对错误日志进行跟踪等，错误数据及时发现解决，保证数据的完整性。

(2) 对数据沿线"多 T"上报、HMIS 接口数据、数据库同步的复制数据和诊断模型的接口数据等，系统建设了异常数据的在线报警机制，如图 5.43 所示，实现对各服务器磁盘使用情况、各应用运行情况、数据库实例运行、数据复制延迟等情况的实时在线巡检。

图 5.42　各类接口末次执行时间展示图

图 5.43　计算机实时在线巡检报警案例

(3) HCCBM 数据中心建立了数据库归档日志监控机制, 如图 5.44 所示, 实时掌握各数据库用户数据量, 避免出现个别系统或数据库表占用大量磁盘空间影响数据中心的稳定性。

(4) 对从 HCCBM 获取的信息在落成时进行严格的数据卡控, 不满足要求不允许落成。

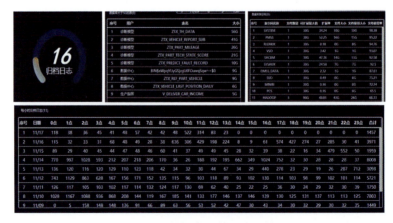

图 5.44　数据库归档日志监控

5.4.2　及时性

对从"多 T"系统获取安全检测故障、从运用获取的列检故障，从接收报文、报文入库、里程计算、发送模型、模型接收、模型计算、模型返回各环节耗时进行分析，如图 5.45 所示，对状态修各个数据主流程用时进行耗时跟踪优化。

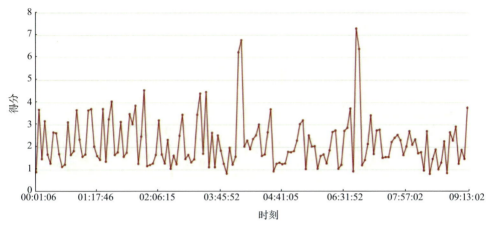

图 5.45　耗时分析图

5.4.3　准确性

(1) 对每日各单位故障销号情况进行跟踪(图 5.46)，确保故障点对点处理。

	车号	车型	探测站/列检	通过时间	故障描述	故障扣分	故障代码	位数	故障来源	零部件	施修方法	销号原因	销号时间	销号单位	修程
8	0025609	C80	襄阳南(列检)	2021-11-15 23:53:00	车轮踏面剥离 70*30 毫米	-80	089H7027751277	8	列检	车轮	放行	相同故障销号	2021-12-09		段修
9	0039717	C80	神池南(列检)	2021-06-20 22:15:00	牵引杆裂损 25 毫米	1	07686127550007	1	列检	牵引杆	放行	system	2021-12-03		Z4修
10	0025609	C80	贵宁北(列检)	2021-11-05 19:34:00	踏面剥离 10*35 毫米	-50	089W7027751277	8	列检	车轮	放行	Z4修	2021-12-27	神池	段修
11	0025609	C80	神池南(列检)	2021-11-15 00:51:00	车轮踏面剥离 55 毫米	-50	089J7027751277	8	列检	车轮	放行	相同故障销号	2021-12-09	贵宁北	段修
12	9014222	C80	神池南(列检)	2021-10-08 10:34:00	构体本体裂纹 35 毫米	-50	07666037016001	1	列检	构体	放行	D1	2021-12-07	7014	Z2修
13	9031325	C70A	袖木北(列检)	2021-09-29 02:56:00	构身裂纹 40 毫米	-40	07666037004001	2	列检	构体	放行	D1	2021-12-03	system	段修
14	0029010	C80	贵宁北(列检)	2021-08-19 19:16:00	构体本体裂纹 45 毫米	-40	07665037016001	2	列检	构体	放行	D1	2021-12-18	7014	Z2修
15	0026085	C80	贵宁北(列检)	2021-08-07 12:49:00	踏面剥离 0.2 毫米	-20	089J7027751207	5	列检	车轮	放行	D1	2021-12-03	system	Z2修
16	0018505	C80	神池南(列检)	2021-04-02 16:09:00	横跨梁变形	0	054E4044864014	0	关		放行	D1	2021-12-03	system	Z2修
17	0037574	C80	神池南(列检)	2021-04-08 18:58:00	(KZW-A型)横跨梁变形	0	054E4044864014		关		放行	D1	2021-12-03	system	Z2修
18	0045152	C80	神池南(列检)	2021-01-29 18:43:00	(KZW-A型)横跨梁变形	0	054E4044864014	0	关		放行	Z4修	2021-09-23	神池	段修
19	0026872	C80	神宁北(列检)	2021-04-22 11:19:00	横跨梁变形	0	054E4044864014		关		放行	Z1修	2021-11-20	7014	段修
20	0038591	C80	神池南(列检)	2021-04-06 03:58:00	横跨梁变形	0	054E4044864014		关		放行	Z1修	2021-09-09	7014	段修
21	0023533	C80	襄阳南(列检)	2021-04-16 06:05:00	构身裂纹 20 毫米	0	07666037007001	1	列检	构体	放行	Z3修	2021-09-24	神池	新造
22	0048739	C80	神池南(列检)	2021-04-10 23:41:00	横跨梁变形	0	054E4044864014		关		放行	Z2修	2021-11-26	贵宁	段修
23	0038080	C80	神池南(列检)	2021-04-04 15:42:00	横跨梁变形	0	054E4044864014		关		放行	Z2修	2021-11-26	贵宁	入段厂修
24	0022641	C80	神池南(列检)	2021-07-22 03:10:00	横跨梁变形	0	054E4044864014		关		放行	D1	2021-12-07	system	段修
25	0081970	C80	神池南(列检)	2021-02-06 08:34:00	(KZW-A型)横跨梁变形	0	054E4044864014		关		放行	Z2修	2021-09-08	7014	段修
26	0035950	C80	神池南(列检)	2021-02-20 00:00:00	(KZW-A型)横跨梁变形	0	054E4044864014		关		放行	Z2修	2021-09-15	神池	入段厂修

图 5.46　故障销号跟踪图

(2) 对每列的关键配件里程可视化如图 5.47 所示，确保关注关键配件的检修后里程一致性，保证诊断模型的里程数据准确。

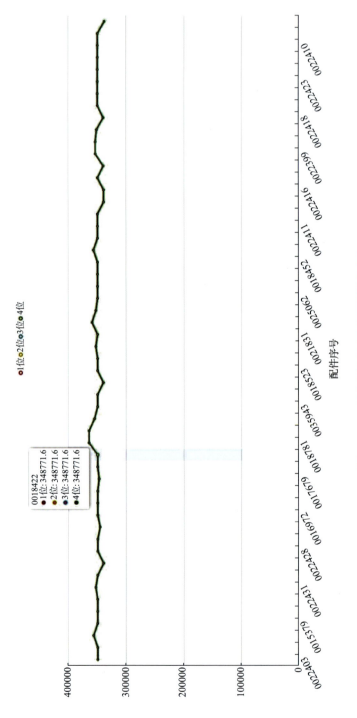

图5.47　关键配件里程可视化图

(3) 对每列车重新编组后及时发诊断模型进行跟踪，如图 5.48 所示。

编组顺位表(5441)

序号	小列车次	车型	修程	辆数	录入单位	录入时间	健康评分	诊断报告编号	诊断报告返回时间	主键
1	8021	C80	Z1	—	7014	2024-09-04 09:57:41	—	—	—	cAfku2RbltEja324
2	6911	C64K	ZB	1	701-01	2024-09-04 08:47:00	—	—	—	fvxCamxalvqdm2OU
3	8295	C80	Z1	54	7014	2024-09-03 08:35:29	—	8295_20240903105924	—	Cs3Nn06hGoxGl7me
4	8455	C80	Z2	54	755	2024-09-02 20:05:25	—	8455_20240902201816	—	heQh2nTV9H06Wf6h
5	8049	C80	Z1	—	7014	2024-09-02 17:17:37	—	—	—	JK46BXbOUKneACxD
6	8981	C80	Z1	54	7014	2024-09-02 10:03:50	—	8981_20240902102753	—	MnQ8mY0f5JOmATru
7	8749	C80	Z1	54	7014	2024-09-01 15:44:17	—	8749_20240901155339	—	zNGzYl8wz8hKGztL

图 5.48　重新编组模型及时跟踪情况图

(4) 对每列车、每辆车的颜色、剩余里程、剩余里程差变化进行实时跟踪，如图 5.49 所示。

图 5.49　列车变化实时跟踪图

第 *6* 章
铁路货车状态修信息技术基础设施建设实例

6.1　建设目标及要点分析

6.1.1　建设目标

状态修信息技术硬件基础设施建设十分关键，基于实践单位国能集团的检修及管理单位实际情况，设计在沧州黄骅搭建状态修生产中心(以下称黄骅生产中心)，在北京搭建容灾中心(以下称北京灾备中心)，形成双活数据中心。实现以下建设目标：

(1) 保证功能性需求的切实落地。确保硬件的设计与搭建可承接重载货车状态修应用的需求，保证应用的性能需求。

(2) 保证非功能性需求的全面可用。信息技术基础设施不仅仅应该可用，更应该健壮。通过整体设计，消除设计上的单点失败，保证任何一个故障点发生都不会影响业务系统的运行，同时提供不同层次和角度的数据保护方案。针对各种物理与逻辑失败导致的数据丢失尽量少或者不丢失，通过及时有效的硬件与系统软件监控，提高管理效率，做到故障的尽早发现与尽早定位。

(3) 平滑升级能力。实现资源池规划，同时确保符合未来云规划要求，所以投资在未来云环境中可用，不需要重复建设。

(4) 合规性。需要符合铁路货车运营单位各项机房管理规定。

6.1.2　要点分析

从计划修转变为状态修后，通过应用系统实时跟踪货车运行状态，对货车健康状态进行综合、量化的评判与修程的科学决策，实现对故障的精准施修，实现寿命管理零部件的快速、批量换件修，信息从原来货车检修过程的辅助采集数据，已经转化为货车状态修货车运用、检修过程的推动力，因此对信息化硬件支撑方面提出了新的、更高的要求，主要包括：

(1) 数据的及时性大大提高。分布在神华 2000km 线路上 200 余个采集点实时上报将近 5 万辆货车过车数据、货车故障数据，这些数据将作为整个状态修调度指挥的输入条件。

(2) 业务连续性要求更高。业务系统停止工作会导致所有检修工作的停顿，严重影响全线的生产。

(3) 网络中断恢复，对数据一致性要求更高。主数据中心对外网络中断，灾备中心的应用和主数据中心的内网生产需保持同步进行，网络恢复时需实现双向的新增数据同步。

(4) 支持向其他状态修修程点的拓展。状态修各级修程在沧州分公司试点后，将在其他维修分公司拓展，硬件支撑需支持多点拓展。

6.1.3　需求分析

从系统技术架构模型看，不同的应用具备不同的特点，需求可分三类：

(1) 以 Oracle RAC 核心数据库为代表的传统的高稳定性、高性能需求。

(2) 以 Hadoop 集群为代表的大容量、高扩展性需求。

(3) 以应用服务器集群以及缓存为代表的支持横向扩展，快速、灵活的需求。

从状态修应用架构上看，数据层不仅包含应用内部产生的数据，同时也担负着从外部提取数据的任务，因此需要考虑外部数据交换的硬件支撑。

从网络连通看，如果使用数据复制软件，可以保证在数据完整性与及时性的同时，对网络压力较小，总体可行。

同时，为了保证业务在黄骅数据中心不能连接/可用时切换到北京数据中心继续运行，需要在北京同时发起两份数据复制，分别发往黄骅数据中心与北京数据中心。

6.2　黄骅生产中心建设

6.2.1　软件模型

结合铁路货车状态修应用架构分析，黄骅生产中心软件模型如图 6.1 所示。黄骅工作车间的前端设备将采集的数据通过浏览器/服务器(B/S)或者客户端/服务器(C/S)模式、核心数据库通信，存储到 SNIS 数据库。通过数据抽取和实时传送两种方式，将数据上传到大数据系统中，以实现对历史数据的快速检索及高速计算。

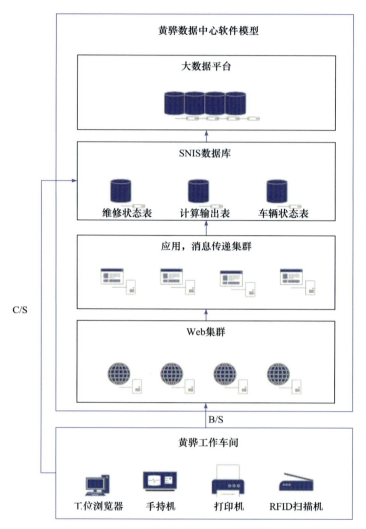

图 6.1　黄骅生产中心软件模型

6.2.2　硬件拓扑与部署

以信息技术基础架构设计为依据，对黄骅生产中心的计算资源、存储资源、网络资源进行分配规划。

1. 计算资源

参考应用需求，计算资源池分为四个：基于高性能物理机的数据库资源池、基于虚拟化技术的应用资源池，以及由两路服务器和大容量硬盘组成的大数据资源池。

(1) 大数据资源池由 8 台两路服务器组成，包含计算节点和管理节点。数据存储于本地硬盘，通过在不同服务器上的多副本实现数据冗余与保护。

(2) 数据库集群由两台 Oracle RAC 构成，使用共享存储和万兆网络作为集群心跳线与内部数据传输通道。通过数据库多节点并发操作，实现计算资源的最大化。

(3) 虚拟化应用集群通过 10 台两路服务器组成的虚拟化集群完成。所有应用都部署在虚拟化机器上。通过虚拟化技术，提供高可用(high availability，HA)、在线迁移等多项集群服务。

2. 存储资源

存储资源池由存储服务器通过双活特性构成，支撑数据库集群和应用集群的存储容量与性能需求，具体特性表现如下：

(1) 集群式横向扩展控制器，可以在未来控制器性能不能满足应用时提供控制器扩展性。

(2) 内置高速固态硬盘驱动器(solid state driver，SSD)，针对数据库等高 IOPS(每秒输入/输出性能)压力应用提供可持续的稳定输出。

(3) 内置分层存储功能，可自动统计数据访问频度，将高频访问数据存储于存储服务器中。

(4) 内置大容量机械硬盘，提供超大容量以及大吞吐量能力。

(5) 先进的存储双活功能，其中 1 套磁盘存储设备出现故障或宕机，不会影响前端服务器正常存取数据，保证业务系统的可靠性和可用性，业务不受影响，增加了可持续工作时间，降低了由于存储故障导致业务停顿的概率。

(6) 通过存储虚拟化功能，对未来不同存储接入后，提供统一的存储管理与调度功能。

3. 网络资源

网络划分为三段：

(1) 生产网络，用于各个服务器彼此之间通信和数据传输。

(2) 数据复制网络，用于大数据节点之间的数据复制和通信。

(3) 管理网络，用于和服务器的集成管理模块(integrated management module，IMM)以及刀片中心管理模块(chassis management module，CMM)连接，用于对服务器硬件的远程管理。

其中，生产网络和数据复制网络复用万兆交换机，通过划分虚拟局域网方式实现。管理网络通过独立的千兆交换机完成监管。

参考黄骅生产中心拓扑图 6.2，黄骅生产中心将各交换机、服务器集成部署于两个机柜中，具体部署如图 6.3 所示。其中网络交换机和存储交换机质量比较轻，

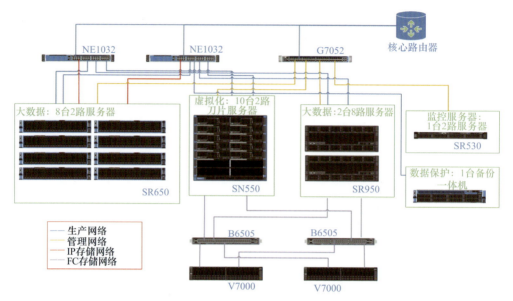

图 6.2　黄骅生产中心拓扑图

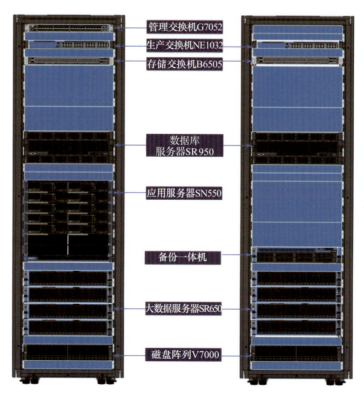

图 6.3　黄骅生产中心硬件部署图

放置在机柜顶部；磁盘阵列质量比较重，放置在机柜底部；大数据服务器由于内置大量硬盘，质量重于通用服务器，建议放置在中下部；数据库服务器和应用服务器放置于中上部。

6.2.3　数据库基础架构

状态修数据主要来源于北京数据中心相关数据库的复制以及各个维修车间工位的数据更新，以结构化形式存储于 Oracle 数据库中。日常业务以联机事务处理(online transaction processing，OLTP)类型为主，属于典型的关系型在线交易业务。

针对以上分析，状态修数据库需要的存储类型为高稳定、高 IOPS。因此，使用集中式光纤双控制器存储，数据存储于磁盘阵列内置高速企业级 SSD 中，通过Raid5 保证硬盘失败时业务的连续运行及数据不丢失。

同时，针对数据库数据，在存储层面启动压缩功能，节省空间，提高存储效率。

1. 数据规模

参考数据库设计概要，主要表空间及数据规模如表 6.1 所示。

表 6.1　数据库设计

序号	数据表	描述	数据年限/年	数据量
1	ZTX_REF_STATION_MILEAGE	站间公里字典表	10	万级
2	ZTX_HCLL	货车履历	10	万级
3	ZTX_GDBZ	固定编组	10	万级
4	ZTX_TRAIN_TRAJECTORY	车辆轨迹信息表	10	十亿级
5	ZTX_TRAIN_YC_INFO	车辆预测信息表	10	亿级
6	ZTX_TRAIN_MILEAGE_RECORD	车辆里程记录表	10	千万级
7	ZTX_PJ_INFO	零部件基本信息表	10	千万级
8	ZTX_PJ_ZY_INFO	零部件装用记录	10	亿级
9	ZTX_PJ_YC_INFO	零部件预测信息表	10	千万级
10	ZTX_PJ_MILEAGE_RECORD	零部件里程记录表	10	亿级
11	ZTX_TRAIN_JX_INFO	车辆检修记录	10	十万级
12	ZTX_FAULT_INFO	故障信息表	10	千万级
13	ZTX_PJ_JX_INFO	零部件检修记录	10	千万级
14	ZTX_REF_TRAIN_PJ_INFO	车辆装用零部件信息表	10	千万级

粗略估算，状态修整体数据存储可用空间需求为 8TB。在存储中，使用 SSD高性能存储池，划分 20 个 400GB LUN(LUN 指逻辑单元号)，通过 FCWWN 方式

映射(Mapping)给 Oracle 服务器。通过划分一个 10GB LUN，作为心跳盘。拓扑架构如图 6.4 所示。

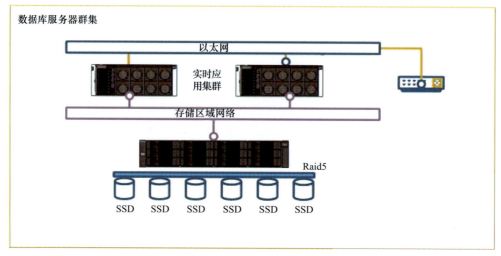

图 6.4   拓扑架构图

2. 硬件配置

据上设计，硬件搭建 2 台 8 路数据库服务器设备，具体配置如下：

(1) 实配 8 个 Intel 8160 CPU。

(2) 512GB 内存。

(3) 内置 3 块 600GB 硬盘。

(4) 磁盘阵列卡一块。

(5) 双万兆网卡 2 块。

(6) 四电源供电。

3. 软件配置

软件需要：

(1) Oracle RAC 数据库软件一套。

(2) 红帽操作系统 16CPUlicense。

(3) 存储无单独设备，从存储资源池分配。

6.2.4   虚拟化基础架构

1. 数据规模

虚拟化资源池主要承载理论模型资源池与状态修资源池两个需求，具体划分如表 6.2 所示。

表 6.2　虚拟化资源池

应用类别	配置	数量	存储	资源池
状态修应用	4CPU、32GB 内存	40	机械硬盘 datastore	状态修
理论模型应用	4CPU、32GB 内存	8	机械硬盘 datastore	理论模型
状态修缓存	4CPU、64GB 内存	2	固态硬盘 datastore	状态修

表 6.2 中所有应用都将实现计算虚拟化，为了保证高可用性，服务器中只存放 Hypervisor，所有虚拟机的影像都将存储在专用的磁盘存储系统中。

针对不同业务特性的虚拟机对存储性能需求的不同以及业务隔离的需要，设置高速和低速存储两个资源池，如图 6.5 所示，分别使用 SSD 和普通机械硬盘。磁盘阵列数据保护方式统一使用 Raid5。对应到虚拟化存储管理，设置两个 datastore，通过不同的虚拟机使用不同的 datastore 来实现虚拟机存储层面的性能差异和性能隔离，有效提高虚拟机的存储访问速度及稳定性。

基于上述要求，10 台应用服务器设计为一个数据中心内部的两个集群，状态修集群 8 台 2 路服务器，理论模型 2 台 2 路服务器。共享存储机械硬盘可用容量为 20TB(LUNsize1TB，数量 20)，使用 SSD 划分可用容量为 1.2TB(LUNsize200GB，数量 6)。

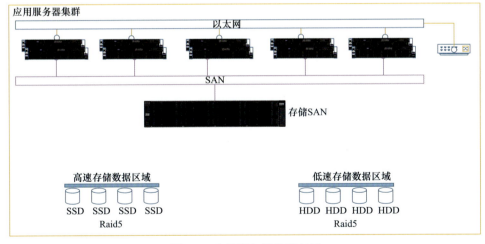

图 6.5　应用服务器集群存储

2. 硬件配置

据上设计，硬件应用服务器设备为 2 路服务器 10 台，具体配置如下：

(1) 每台实配 2 个 Intel 5120 CPU。

(2) 256GB 内存。

(3) 2 块 600GB 硬盘。

(4) 双端口万兆网卡 2 块。

(5) 双端口 16GB FC 卡 2 块。

3. 软件需求

软件需求：

(1) Vmware 企业版虚拟化软件。

(2) Linux 操作系统。

(3) Windows 企业版。

(4) 存储无单独设备，从存储资源池中分配。

6.2.5　集中存储架构

基于状态修业务，考虑到不同应用类型对存储的不同需求，将集中式存储分为数据库数据存储、访问需求和虚拟机存储两类，见表 6.3，两类业务分别放置于独立的存储设备上。

表 6.3　集中式存储

应用类别	主存储	磁盘规划	LUN 规划	Mapping 主机
数据库	V7k-1	SSD Raid5D+1P 一组	20×400GB 1×10GB	数据库服务器 2 台
虚拟机高性能	V7k-2	SSD Raid5D+1P 一组	6×200GB	应用虚拟化服务器 10 台
虚拟机普通	V7K-2	HDD Raid8D+1P+1S 两组	20×1TB	应用虚拟化服务器 10 台

状态修数据库属于典型的 OLTP 与 OLAP(联机分析处理)混合型，以 OLTP 为主，对于存储提供的每次数据读写的时延、每秒钟的读写次数、总吞吐量等都有比较高的要求，因此使用 6 块 SSD 硬盘作为存储介质，为了保证冗余，6 块 SSD 使用 5D+1P 的磁盘阵列保护技术。

虚拟机业务种类繁多，需求严重不一，很难针对每一个虚拟机做精准分析。通过虚拟化平台 Vmware 上构建不同性能的 datastore，在创建虚拟机中指定 datastore，可以实现针对不同虚拟机不同的容量和性能需求。此外，在虚拟机性能发生变化时，可以通过在线存储迁移的方式，实现对虚拟机存储性能的在线调整。

同时，为了保证健壮性，在两个存储服务器之间使用存储双活技术，实现对单一存储失败对业务系统没有影响的保护。

根据以上设计，集中式 SAN 存储设备与配置如下：

(1) 48 端口 16GB SAN 交换机两台，每台激活 24 个端口。

(2) 双控中高端存储 2 台，每台配置 6 块 1.92TB 固态硬盘和 20 块 1.8TB 机械硬盘，配置存储双活技术。

6.2.6　大数据基础架构

大数据建设使用了以 Hadoop 为原型的生态系统，核心点为分布式计算与分布式存储。

分布式计算通过 MapReduce、Spark、Storm 等算法来实现针对一个业务的大规模并行处理(massively parallel processing，MPP)架构计算分发。分布式存储主要针对 HDFS 架构的优化，完成(元)数据的分割、快速检索与数据多副本存储等。

参考架构中设计 3 个数据节点、2 个管理节点、3 个控制节点、2 个 Kafka 节点，如图 6.6 所示。考虑到提高资源利用率、节约成本，管理节点和控制节点做物理合并。未来，支持在节点内部增加存储容量以存储更大规模的数据。同时，

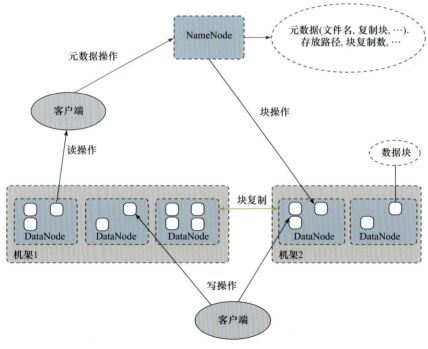

图 6.6　参考架构图

也可以通过增加节点来实现计算与存储的线性扩容。

黄骅机房部署 8 节点两路大容量内置存储服务器，通过万兆以太网连接。磁盘节点功能的划分如表 6.4 所示。

表 6.4 磁盘规划表

节点功能	数量	磁盘配置
MN&CN	2	12×600GB SAS
CN	1	10×600GB SAS
Kafka	2	2×600GB + 3×1.2TB
DN	3	2×600GB + 5×8TB

每台服务器中使用两块 600GB 硬盘作为大数据应用系统盘，其余存储容量为大数据存储提供服务。服务器内置存储中没有磁盘阵列设置，通过不同节点之间的数据镜像实现数据保护，如图 6.7 所示。

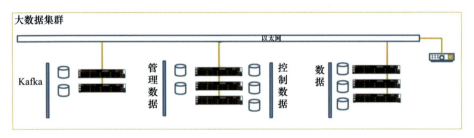

图 6.7 大数据集群

依据以上设计，配置大数据平台硬件 8 台：

(1) 每台实配 2 个 Intel 511812Core CPU。

(2) 256GB 内存。

(3) 两台 MN&CN 服务器配置 12 块 600GB 硬盘。

(4) 一台 CN 服务器配置 10 块 600GB 硬盘。

(5) 两台 Kafka 服务器配置 2 块 600GB 硬盘加 3 块 1.2TB 硬盘。

(6) 三台 DN 服务器配置 2 块 600GB 硬盘加 5 块 8TB 硬盘。

(7) 双端口万兆网卡 2 块。

6.2.7 网络细化及优化

1. 网络优化设备

通过以下网络设备，实现网络优化：

(1) 万兆交换机两台(32 个 10Gbit/s 的短波光纤模块(small form pluggable，SFP)端口，16 根 3m 被动 DACSFP+线缆，14 根 10m 被动 DACSFP+线缆，2 根 10m FC 线缆)。

(2) 千兆交换机一台(48 端口千兆交换机，4 端口万兆上联)。

2. 网络细化优化项

1) 实现管理网络与生产网络的物理隔离

(1) 当发生业务网络拥塞时，可通过管理网络及时登录到服务器、网络、存储设备，做远程诊断和维护。

(2) 硬件管理软件可通过管理网络完成设备的微码升级、系统备份、故障预警等操作。

(3) 在未来云环境中，管理网络是必须与生产网络分离的，完成云中心远程启动、自动安装配置等操作。

(4) 通过购买不同的交换机，连接不同的线路来实现。

2) 实现生产网络与数据备份网络/大数据的数据复制网络逻辑隔离

(1) 在数据备份窗口内，数据通过网络传送到备份设备，从而产生了大量的网络流量，为了不影响生产/其他服务器应用的网络性能，需要单独走一条链路来进行流量隔离。

(2) 大数据为了保护数据安全，在新增数据写入到本地节点的同时，需要通过网络向其他 1~2 个节点同步发送数据写入要求，必然占用大量带宽，导致整个网络架构中东西向流量暴增，因此需要与生产网络隔离。

(3) 大数据在硬盘/节点恢复失败时，同样会有大量的东西向数据流量产生，为了消除对生产的影响，需要与生产网络隔离。

(4) 是通过在交换机上划分虚拟局域网来实现的。

6.2.8　数据保护与业务连续性

1. 业务连续性保障

业务连续性保障如下：

(1) 数据库物理机通过双机软件和 Oracle 自身的 RAC 功能，实现当一台服务器发生物理故障时，可快速切换到另一台服务器。

(2) 虚拟机可通过虚拟化平台内置的高可用和在线迁移(Vmotion)功能，实现计划内和计划外宕机的应用迁移，保证生产继续运行。

(3) 大数据平台使用的原型为 Hadoop，三副本，具备抵御单点失败导致失效的能力。

(4) 集中式存储池使用两个池子双活的功能，当一个存储池不能提供数据访问时，会自动切换到另一个存储池，保证业务的连续运行。

(5) 网络使用双交换机、双链路的方式，消除由于网卡故障、网线连接、交换机故障等导致的单点失败的隐患。

2. 数据保护

通过一台数据备份一体机设备，实现以下数据保护项：

(1) 数据库通过启用归档日志方式，保证记录所有数据的变更。

(2) 每日做数据库全备份，并备份到备份一体机，保证在出现数据崩溃时数据可恢复。

(3) 每日定时将数据库日志文件备份到指定备份一体机内，实现数据在不同设备的备份，在遇到崩溃场景时，快速恢复数据。

(4) 通过虚拟化环境内的快照与克隆功能，实现对虚拟机的全备份。

(5) 大数据备份由于数据量比较大，通过黄骅、北京双写入方式完成数据保护。

6.2.9　基础架构管理平台

通过一套20服务器license的Xclarity管理软件,实现以下基础架构管理平台功能：

(1) 服务器硬件通过 Xclarity 软件实现对物理机的统一远程监控。

(2) 服务器硬件通过 Xclarity 软件实现远程微码管理，在线统一升级。

(3) 服务器硬件通过 Xclarity 软件实现远程系统安装、备份/恢复等功能。

(4) 服务器硬件通过 Xclarity 软件实现所有服务器的统一资源监控。

(5) 通过虚拟化的模板管理，实现虚拟机的快速复制与统一更新。

(6) 通过虚拟化管理平台，实时监控虚拟机资源使用情况，协助系统管理员做出针对性高精度调整。

(7) 存储监控软件实现两个存储资源池的状态监控与管理。

(8) 网络监控软件实现对网络交换机的状态监控与管理。

6.3　北京灾备中心建设

北京灾备中心整体框架设计与黄骅生产中心相似，为方便设备的统一管理和监控，设备以利旧为主，只增加四台大数据服务器，不为北京灾备中心单独配备备份一体机。同时，取消物理独立管理网络，和生产网络共用同一物理交换机，但对其进行单独的虚拟局域网管理。

北京灾备中心拓扑结构如图 6.8 所示。

部署方面，将利旧的 3 台交换机、2 个数据库、1 台应用服务器、1 个磁盘阵列与新增的大数据服务器集成到一个机柜中，具体位置部署如图 6.9 所示。

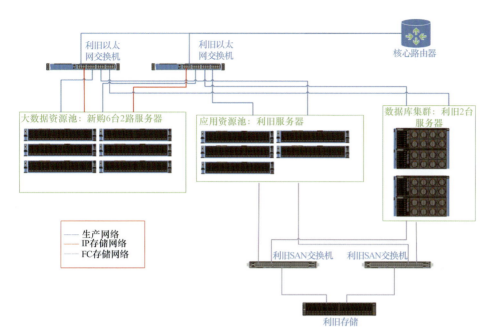

图 6.8　北京灾备中心拓扑结构

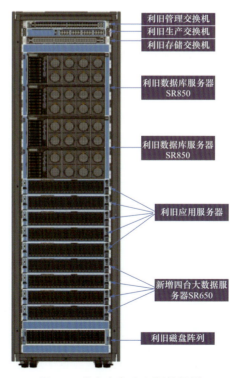

图 6.9　北京灾备中心硬件部署

其中，大数据平台服务器配置如下：

(1) 每台实配 2 个 Intel 511812Core CPU。

(2) 256GB 内存。

(3) 硬盘配置为 3 台 6×600GB+4×8TB+1×1.2TB。

(4) 1 台 2×600GB+4×8TB+1×1.2TB。

(5) 双端口万兆网卡 2 块。

6.4 黄骅—北京容灾系统

铁路货车状态修为应对各种灾难情况，需建立可以保证业务连续性的安全、可靠、高效的系统备份及恢复解决方案(容灾系统)，实现数据与应用两个层级的异地备份与恢复。具体来说，就是为业务应用系统提供一个能应对各种灾难的环境，当业务应用系统在遭受如火灾、水灾、地震、战争等不可抗拒的自然灾难以及计算机犯罪、计算机病毒、掉电、网络/通信失败、硬件/软件错误和人为操作错误等人为灾难时，系统将保证用户数据的安全性(数据容灾)。同时，一个更加完善的容灾系统，还应能提供不间断的应用服务(应用容灾)。可以说，容灾系统是数据存储备份的最高层次。

数据中心以"系统集成、资源整合、信息共享"为目标，对现有应用系统环境进行整合，尤其是对相关计算、存储环境进行整合。通过建设容灾系统保证数据的业务连续性，当单数据中心出现故障时，可使用容灾系统快速接管业务，保障业务停机时间满足用户要求或者无停机的业务访问。

6.4.1 容灾备份目标

状态修生产中心位于黄骅数据中心(物理位置：黄骅港)，灾备中心设置于北京数据中心(物理位置：北京)。容灾备份主要实现以下目标：

(1) 实现黄骅、北京之间的数据库在任何一端出现问题的情况下，另一端灾备数据库接管业务。

(2) 实现黄骅至北京主干网络中断情况下，系统可以正常提供服务。网络恢复后主备之间的数据进行整合，不会有任何业务和数据冲突的问题。

6.4.2 双中心关系与容灾设计

1. 总体设计架构

为提高信息系统业务连续运行能力，提高数据安全保护水平，黄骅和北京的容灾设计将采用数据库复制的方式来实现两地数据中心的容灾，即使用两套数据复制软件实现状态修系统应用级容灾，软件在生产中心与容灾中心通过神华内部的广域网连接，如图 6.10 所示。

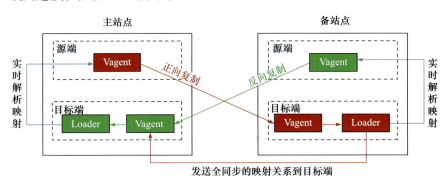

图 6.10　双中心复制原理

2. 数据中心关系

根据双中心关系图 6.11，黄骅数据中心(又名黄骅状态修生产中心)、北京数据中心、北京灾备中心以及下面的维修点之间的关系如下：

(1) 北京数据中心启动数据复制，同时将货车车辆信息监控数据复制到黄骅与北京灾备中心服务器的相应数据表中。

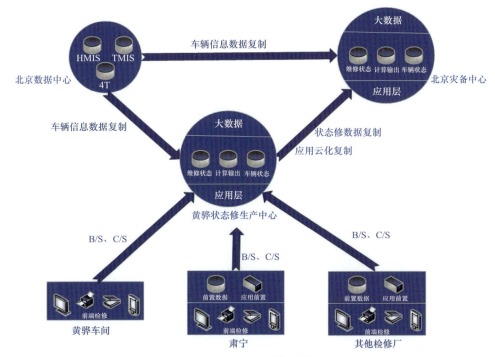

图 6.11　双中心关系图

(2) 黄骅的维修数据通过数据复制技术复制到北京灾备中心服务器的相应数据表中。

(3) 黄骅的大数据平台通过数据复制技术复制到北京灾备中心新建的大数据平台。

(4) 黄骅车间通过 B/S 和 C/S 程序完成对应维修过程。

(5) 其余维修点(如肃宁),为了保证业务连续性,需要在本地架设前置应用和前置数据库,并通过消息机制异步发送数据给黄骅生产中心。

3. 容灾设计优点

1) 按需复制,满足业务需求,降低存储成本和网络成本

根据业务逻辑,很多情况下无须对所有的数据表信息进行复制,而只需要复制那些需要的表内信息,这样可以降低存储和网络带宽的成本。

2) 对生产系统的干扰性低

实时数据复制技术不需要通过任何数据库的引擎来获取变更数据,而是通过数据库自身的信息获取源系统上的改变并传送给目的系统,不会对生产系统造成性能影响。

3) 广泛的异构平台的数据共享

提供逻辑数据抽取和装载功能,不同于传统存储级别的数据复制功能,实现运行在不同平台上的 Oracle 版本之间相互共享信息,不受操作系统、存储系统的限制。

4) 支持多对一的复制关系

支持将多个生产数据库的数据复制到同一个目标端上,实现统一查询平台的建设。

5) 数据实时复制,记录实时查询

通过交易的方式进行复制,所以目标端的数据库是开放的,可随时提供查询,而且查询到的数据是最新的,在秒级或分钟级之前的数据。

6.4.3 灾备切换表述

在黄骅数据中心出现外部网络故障,不能连入整个生产广域网的事故时,可启动北京灾备中心,具体示意图如图 6.12 所示。

1. 正常时

正常运行时,所有用户访问沧州黄骅服务,所产生的数据通过数据复制技术实时同步到北京数据中心。

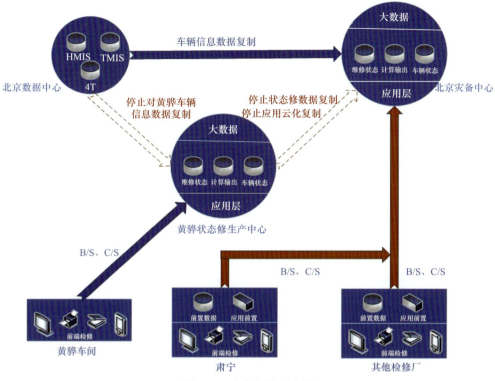

图 6.12　灾备切换示意图

2. 灾难时

发生灾难时:

(1) 北京数据中心继续向北京灾备中心复制数据, 不受黄骅生产中心中断的影响。

(2) 黄骅中断所有对外数据复制, 但是黄骅维修车间由于和数据中心网络连接是通过局域网实现的, 不受广域网中断的影响, 保持工作状态。

(3) 其余维修点(如肃宁), 为了保证业务连续性, 需要将业务切向北京灾备中心, 并完成差异数据的补录工作。

3. 恢复时

系统恢复时:

(1) 北京业务暂停, 修改为访问黄骅数据库。

(2) 等待 DSG 软件将北京变动的数据同步到黄骅。

(3) DSG 软件将黄骅切换为主库, 北京切换为备库。

(4) 所有业务恢复生产。

(5) DSG 软件做一次黄骅到北京的全库同步，保证数据一致。

6.4.4 数据备份策略

当前黄骅数据中心依据不同的使用功能，分为应用区域、大数据区域及数据库区域三个区域，依据不同的特性，应使用不同的数据保护与备份策略。

虚拟化区域主要有应用服务与数据缓存两种类型。应用服务器的主要职责为接收前端响应，依据需求访问后端存储数据并进行相应的数据处理与展现。自身没有数据，只需要在应用上线前做虚拟机克隆，并一天内通过备份软件将克隆的虚拟机影像转存于备份一体机即可。缓存数据由于在后端数据库中都存在，本质上和应用服务器一样，没有数据备份需求，只需要将数据缓存所在的虚拟机克隆并转存到备份一体机即可。虚拟化资源池的服务器没有定时备份和归档需求。

大数据备份由于数据量比较大，通过黄骅、北京双写入方式完成数据保护。

Oracle 是业务系统中最重要的部分，所以采用了多种方式进行备份：

(1) 数据库通过启用归档日志方式，保证记录所有数据的变更。

(2) 每日做数据库全备份，并备份到备份一体机，保证在出现数据崩溃时数据可恢复。

(3) 每日定时将数据库备份数据和归档日志文件备份到指定备份一体机，实现数据的不同设备的备份，在遇到崩溃场景时，快速恢复数据。

第 7 章

大数据驱动下铁路货车状态修实践

7.1　状态修组织系统化

　　信息技术基础设施建设采用双活技术搭建生产中心和灾备中心，具有高可靠性、高扩展性和海量数据存储能力，自动负载均衡，确保不因意外情况丢失或损坏数据。截至 2021 年 10 月，数据中心已经支撑国能铁路货车运营单位的铁路货车平稳运行了 1 年零 8 个月，辅助转换状态修固定编组 439 列，完成状态修列车转换率达到 83.6%。截至 2021 年 10 月，数据中心已经辅助完成 Z1 修 4.8 万辆、Z2 修 1.46 万辆、Z3 修 3000 余辆、Z4 修近 6000 辆货车检修作业过程数据采集，累计完成状态修理等级数据 1800 列、7.3 万辆、20 万个零部件、58 万条工艺卡档案、30 万条检修故障、近 2 万条闭环处理故障等作业写实数据，研究性大数据存储达到 6TB，约 100 亿条记录。实现了状态修相关基础设施、货车装备、生产工艺、生产组织数字化，建立了状态修知识库。

　　梳理状态修业务流程，组织状态修数据，建立状态修运用、检修、监控、检测、地理空间等多维度的基础数据字典，将状态修业务流程与信息化流程进行深度融合，建立工艺流水线配置模块，建成流水线可定义工序名称，可配置分解组装关系、工序发送关系，确保可以快速搭建工艺流程数字模型，使信息化各节点与业务节点一一对应，形成状态修生态数据链。最终形成 C70、C80 两个系列的车体结构模型；Z1 修至 Z4 修四个状态修理等级的车辆检修工艺模型；19 个零部件的工艺流水线模型；短期预测、长期预测两个车辆修程预测模型；沧州、肃宁两个维修分公司、整备线共 3 套人员作业生产组织模型。接收健康诊断模型、失效规律模型等状态修模型，为状态修数字化过程奠定基础。

　　HCCBM 通过信息化手段支撑国能铁路货车运营单位行业内首次实现基于数据驱动的铁路货车"状态修"智能维修理体系，为货车运营单位数字化转型提供支撑，是国能集团智能运维的重要组成部分。目前 HCCBM 状态修数据中心建设应用软件依据状态修各修程业务流程及系统架构设计，建立了 8 个子系统，分别为统一管理平台、数据接口服务、知识库、车辆检修、零部件检修、可视化调车、运用管理、智能分析等。目前 8 个子系统一级功能模块 47 项，二级功能模块 216 项全面投入使用。该系统支持全部车型的 Z1 修的生产过程数据采集，支持 C70A、C80、KM98 系列，以及驼背运输车等 8 种车型 Z2 修至 Z4 修的状态修的生产过程采集，并对 19 类全寿命管理配件，最多每辆车 118 个零部件建立唯一标识 ID，通过零部件唯一标识，实现了对车辆、零部件建立全寿命周期内的生态数据链，并首次实现基于配件唯一标识的点对点监测故障闭环销号流程。

7.2　状态修数据自组织

建立状态修大数据资源池，创立列车"健康码"等系列车辆状态评价指标，为基于数据驱动的检修工艺制定、生产任务调度，优化维修资源配置打下了基础。

建立基于状态修的大数据架构，涵盖状态修知识库、运用数据、检修数据、运行监测数据、决策分析数据 5 大数据应用域。依据数据参与业务将状态修数据划分为 18 个数据主题，每个数据主体分为主数据、事务数据、分析数据 3 类。18 个数据主题形成近 90 个数据维度，1000 个数据项，目前数据中心已积累 90 亿条数据，仅积累车辆轨迹数据就有 13 亿条记录，初步建立了状态修大数据资源池。

数据中心创建了状态修车转换指标、健康状态监测指标、状态修修理预测指标、检修故障数据及检修质量评价指标、健康监测一致性评价指标、生产任务指标等 6 类 123 项，并对指标类别、名称、业务定义、获取方法、分析维度做了相应的明确规定，为状态修生产流程提供了评价手段。

7.3　货车性能状态智能评判

建立了车列、车辆运行健康状态检测指标"健康码"，由车辆运行里程和安全监控状态两部分共同决定健康码颜色，通过状态修车辆运用故障评分规则，实现列、辆、件健康码状态监控。健康码颜色主要反映的是列车的安全状态，与调度扣车作业紧密相关，红线、橙色主要反映离散性故障危害程度和批量性磨耗的情况，对进入修程和安全临界值进行实时预警，指导扣车，消除隐患。

通过数字孪生技术，可实时展现国能集团两千余公里铁路线上运行的所有铁路车列、车辆的健康状态，通过持续跟踪列车状态，合理安排货车检修时机，将最需要维修的货车送去检修，对影响安全的列车实现"动态清零"。2021 年创下

C80 和 C70A 连续 93 天以上沿线无临修的记录，仅以 C80 进行分析，在状态修未启动前 2018 年扣临修数量 820 辆，到 2021 年 11 月底为 27 辆，降低了 97%。

7.4　货车状态修自决策

状态修部分修理等级比原计划修简化了检修流程，缩短了维修时间，减少了不必要的拆卸，但状态修建立了基于数据驱动的精准维修策略，在检修时间成本降低的情况下提高了检修质量。例如，状态修数据中心建立了"多 T"故障及运行典故的闭环点对点精准销号体系，实现了精准施修；通过持续、全量跟踪状态修后的典型故障，对状态修质量进行评价同时及时调整检修工艺细节。通过每辆状态修车修后 300 天典故率进行跟踪，发现 Z1 修后故障率基本平稳，对部分高发的钩身及牵引台裂损、车轮踏面、制动软管等故障进行了专题分析与工艺改进。委托第三方对故障风管分析，确定软管爆裂与材质的关系，同时要求装车单位杜绝过期装车使用。Z2 修后车轮圆周磨耗故障基本消灭；转向架未分解部分的交叉杆弯曲故障逐步产生，目前正在继续跟踪故障趋势；其他故障较段修基本一致。Z3 修取消探伤及尺寸检查的配件如交叉杆、制动梁等，未发生典型故障。与段修后 300 天内的 C80 型车比较，Z3 修后典故率下降 5.31 件/百辆，Z3 修较段修质量有所提升。Z4 修较厂修比较质量提升，故障率下降 2.23 件/百辆，车轮圆周磨耗故障基本消灭，钩缓故障率基本持平，其他故障与厂修基本一致。

状态修数据中心通过数据驱动对 Z1 修启动条件进行验证。例如，通过采集 142544 闸瓦数据，对 Z1 修开启阈值进行辅助验证，结论是在闸瓦材质、配方等信息相对稳定的情况下，在 8 万～9 万 km 开启 Z1 修最为合理，目前 Z1 修的启动条件正确。

7.5　货车生产调度高效化

调度人员可以在列车运行过程中实时监控列车/车辆当前位置、运行方向、健康码、典型故障发生情况、"多 T"报警情况、关键零部件里程、预测检修时机、历次检修记录等，有效支持调度扣车组织。目前状态修列车固定编组率达 95%，状态修列车违编率常态化控制在 1% 以内，扣车组织兑现率由原先的 30% 提高至现在的 70% 左右，减少扣车时长。C80 型和 C70A 型敞车周转时间长期保持在较低位运行，C80 型敞车平均周时 3.26 天，C70A 型敞车平均周时 3.65 天，提升了集团一体化运输效率。

7.6　维修资源配置智能化

根据业财融合的建设理念，在状态修生产过程中通过数据驱动改善维修资源配置，有效降低检修成本。

通过对 2021 年状态修成本进行写实和预算对比，截至 10 月 31 日，Z1 修完成 30502 辆，节约检修成本 666.28 万元；Z2 修完成 5645 辆，节约检修成本 189.54 万元；Z3 修完成 2950 辆，节约检修成本 97.43 万元；Z4 修完成 3909 辆，节约检修成本 87.78 万元；E 轴二级修替代 2471 条，节约检修成本 334 万元。上述五项共计节约 1375.03 万元。仅通过持续跟踪 Z1 修换下闸瓦厚度分析，下发《关于状态修闸瓦使用有关事项的通知》，2021 年 6 月开始不再对全车闸瓦进行整体更换，只更换厚度小于 35mm 的闸瓦一项，闸瓦降耗效果明显，辆均节约 0.74 块闸瓦，共计节约 55.29 万元。

通过对全寿命周期货车计划修成本和状态修成本预测对比，国能集团 23200 辆 C80 型货车在其寿命周期 25 年内仅检修成本将节约近 22 亿元。C80 型车现行计划修规程规定厂修期为 8 年，段修期为 2 年，则其寿命周期 25 年内至少须进行 2 次厂修，10 次段修，铁路货车公司 C80 型货车厂修价格约为 94000 元/辆，段修价格约为 28000 元/辆，因此一辆 C80 型货车在其寿命周期内定期检修费用约为 46.8 万元(新车费用约为 65 万元)，其寿命周期整体运行维护成本几乎占到了新车价格的 70%以上。可以计算，仅国能集团 23200 辆 C80 型货车寿命周期内的定期检修费用高达 108 亿元。实施状态修后，将以车辆状态作为检修依据，检修次数、单次检修成本均可大幅下降，预期单车全寿命周期检修成本至少降低 20%。

7.7　发 展 趋 势

在大数据时代背景下，铁路货车状态修实践之路仍在继续。

第一，持续丰富数据种类，考虑基础设施条件、外部环境条件，增加数据差异性，多维度评判车辆状态。

面临车辆运行过程的路况、天气等目前未采集到数据中心的数据，未来可依靠新引进的设备及系统交互实现数据采集与应用，持续丰富数据中心的数据种类与数据量，从而实现数据的差异性分析，为诊断决策模型提供高质量数据样本。同时，随着铁路车辆监测设备及系统的不断升级，未来可采集或计算得到更多维度的车辆关键信息，如车辆故障图像、破损指数等，优化车辆状态评判模型，更准确实时地掌握车辆状态。

第二，将不同理论方法的专用模型算法集成至大数据中心，深入拓展自学习功能，进一步提高模型精准度与平台的服务能力。

大数据的应用离不开算力和算法的双重加持，状态修大数据中心硬件配置符合行业及市场需求，提供了较好的基础计算能力。未来，可利用人工智能发展的趋势，抓住人工智能从"可以用"逐渐走向"好用"的阶段，快速充盈专用模型算法，可采用"预训练＋精调"的开发范式，让研发过程更加标准化。通过自学习，使得模型在处理新的数据或遇到新的任务时自适应调整自己的模型和行为，从而不断提高计算精准度。

第三，数据中心的支撑作用，扩大数据中心服务能力，增加数据价值创造能力，为"碳达峰、碳中和"绿色发展提供服务。

数据是活的，是流动的，越用越多，越用越有价值。随着数据与业务场景的不断交融，业务场景将逐步实现通过数据自动运转和自动优化，借助自动化实现数据中心服务能力增长。数据来自于业务，并反哺业务，不断循环迭代，未来应全面实现数据可见、可用、可运营，增加数据价值创造能力。